美术 时代画卷

TIMES SCROLL PAINTING

Art Magazine

《美术》杂志社 编

人民美术出版社

以史为鉴 开创未来

作为全国百强期刊、学术界最重要的核心期刊，60 余年来，《美术》杂志与共和国美术事业同发展，与广大美术家共呼吸，始终站在学术前沿，把握时代脉搏，引领发展趋势，倡导具有中国特色社会主义美术事业的健康和谐发展。

1950 年，《美术》杂志前身《人民美术》创刊。在代发刊词《为表现新中国而努力》中，号召全国美术家成为"新人"，尽力描绘对新中国、新社会的美好感受和憧憬。1954 年，《美术》正式创刊，围绕现实主义、传统继承等问题进行的一系列理论争鸣深化了美术理论，引导着美术创作；对外国经典美术的介绍大大拓展了中国美术家的眼界；对新年画、新国画的倡导及对美术服务社会、服务人民产生了积极而重要的作用。

1976 年，《美术》杂志复刊，积极号召全中国美术家总结历史经验，迅速从"左"的路线禁锢中解放出来，积极开展形式与内容、伤痕美术与乡土绘画、传统美术和现实主义的创新、现代派和新潮美术现象等课题的讨论，极大推进了理论争鸣和实践创新。新时期伊始，《美术》杂志沐浴着和暖南风，站在改革开放的前沿，对推动美术界思想解放、传统艺术的继承与创新、现代化探索以及多元格局的形成起到了至关重要的作用。

进入新的世纪后，在新的形势和新的条件下，我国美术事业与时俱进，不断掀起新的发展高潮。《美术》做出了积极反应，广泛深入报道美术界创作、研究、展览情况，推进美术创作的探索和美术理论的争鸣；深化 20 世纪中国美术、新中国美术、美术大家研究；加强中青年美术、外国当代美术家的推介；围绕"国家水准、民族特色、见证当代、写进历史"的办刊方针，为中国美术事业的繁荣发展贡献新的力量。

抚阅 60 余年的《美术》杂志，一幅幅优秀作品依然使我们记忆犹新，它们也随着中国美术和《美术》杂志的发展而沉淀进入中国美术史，一篇篇锦绣佳作也均成为研究近现代中国美术不可或缺的珍贵文献，有的至今仍对我们具有启发作用。几代美术家和理论家的成长与成就尽刊其中，勾画出一甲子岁月中国美术的华美乐章。为此历任主编和编辑团队付出了巨大的心血，做出了重要的贡献。今天，站在历史的新起点，迎着 21 世纪的黎明曙光，《美术》杂志将一以贯之地坚持学术品格和办刊特色，心怀中国梦，走向更新的辉煌。

中国美术家协会常务副主席
《美术》杂志社 社长兼主编

1950

时代画卷

1966

TIMES SCROLL PAINTING

1949

7 月

中华全国美术工作者协会成立。

———

1950

2 月

《美术》前身《人民美术》双月刊创刊。由中华全国美术工作者协会《人民美术》编辑委员会编辑,新华书店出版发行。刊名由茅盾题写,封面由张仃设计。王朝闻、李桦任执行编辑,陈泊萍、何溶任编辑。编辑部地址为北京东城区校尉营八号。

《人民美术》创刊号发行,封面为王朝闻《民兵》。发刊词《为表现新中国而努力》,号召全国美术家成为"新人"。刊登了蔡若虹、李可染、李桦、叶浅予、洪毅然、史怡公等关于新年画和国画改造等文章。

4 月

《人民美术》第二期《年画专号》发行,刊登了蔡若虹、王朝闻、石鲁、李桦、叶浅予等关于新年画的文章。

6 月

编辑部邀请徐悲鸿、王式廓、李桦、冯法祀、艾中信、董希文、蒋兆和、李宗津、吴作人、古元等举行历史画座谈会。

《人民美术》第三期发行,封面为石鲁《变工队》。刊登了王朝闻《精确不等于现实主义》等文章。刊登了王流秋、倪贻德、莫扑、彦涵、石鲁等人作品。

8 月

《人民美术》第四期发行。刊登了门儿黑·尼度雪温、伊果尔·格拉巴尔、丁玲、刘开渠等关于苏联美术和社会主义现实主义的文章。

10 月

《人民美术》第五期发行,刊登了王朝闻《端正我们的创作作风》、力群《新年画的创作问题》、江丰《国立杭州艺专同学创作上的问题》等文章。开辟了"英雄画像"专栏。

刊登了刘开渠、古元、丁正献、胡一川、尹瘦石、潘天寿等人作品。介绍了罗马尼亚美术。

12 月

《人民美术》第六期发行,刊登了力群《论当前木刻创作诸问题》、王朝闻《加强时事漫画的战斗性》等文章。刊登了抗美援朝招贴画及苏联、保加利亚、波兰等国家的美术作品。

中华全国文学艺术界联合会常务委员会通过关于调整北京文艺刊物的决定,《人民美术》不再出版,美术作品分别在《人民文学》《文艺报》和《人民画报》上登载。

———

1953

7 月

中华全国美术工作者协会常委会通过改组机构、整顿工作方案(后又进行了补充),计划出版一种以广大美术工作者为对象的刊物,协助美协出版机构加强画册的编辑和美术理论书籍的编辑;主动向社会推荐优秀的美术作品。

10 月

中国美术家协会正式成立。

———

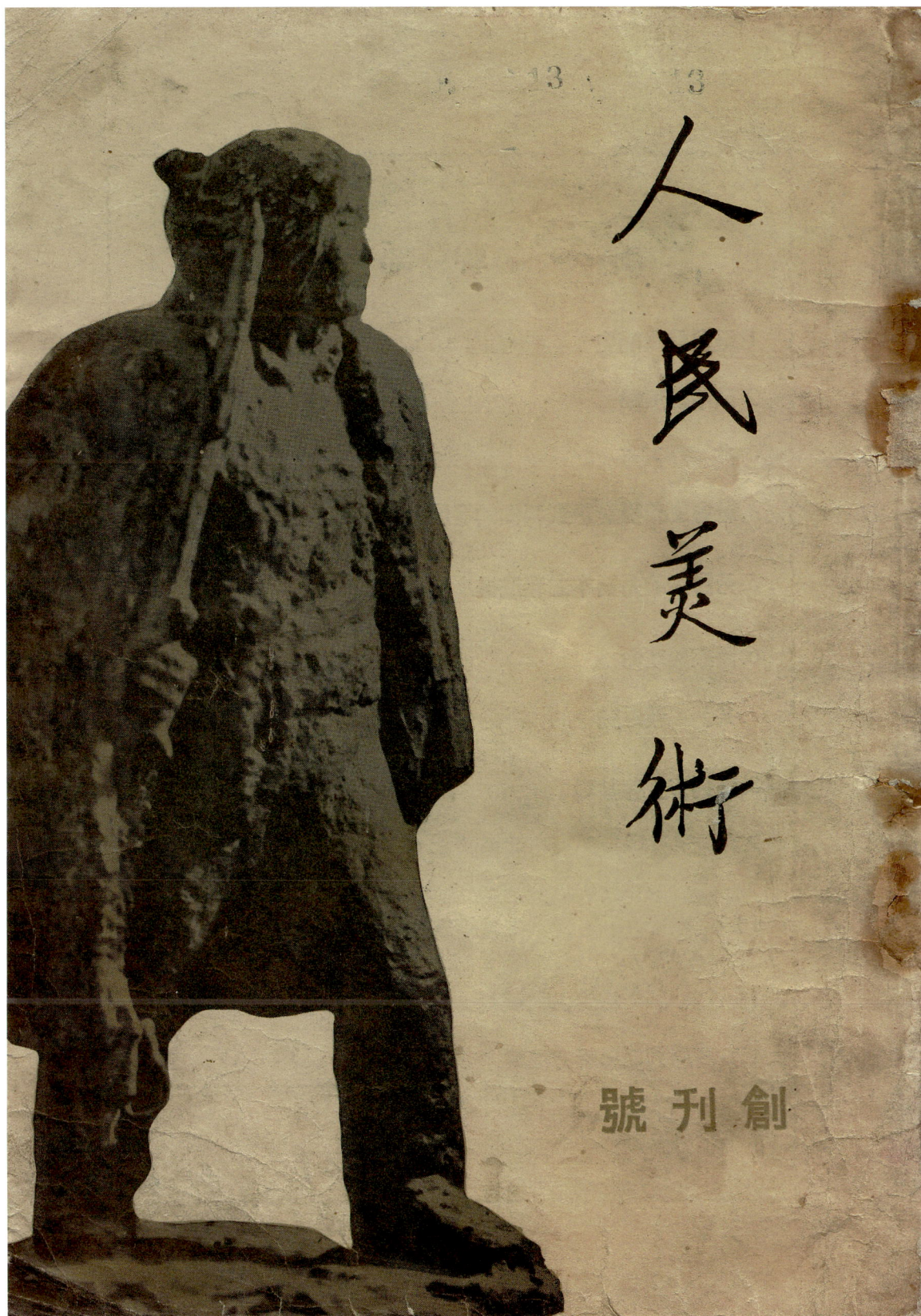

人民美術

號刊創

關於新年畫的創作內容

蔡若虹

一　創作的思想準備

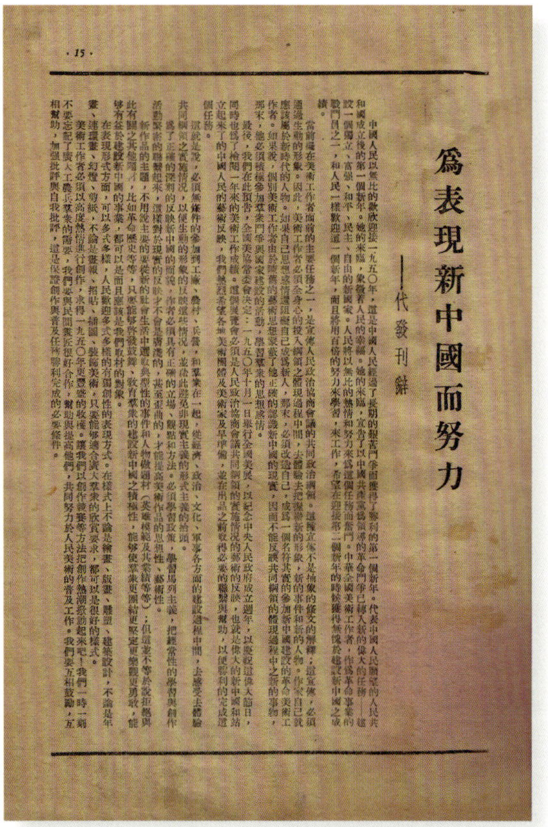

談中國畫的改造

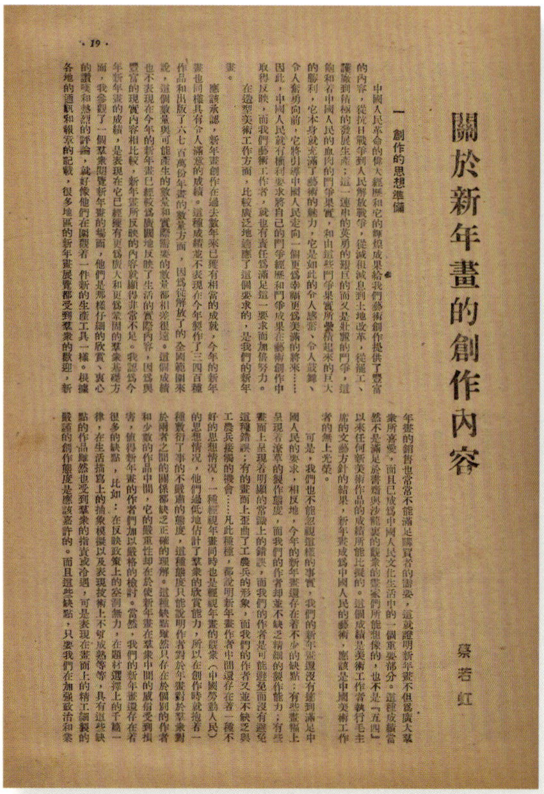

李可染

洛落封建社會的墨弄

必然降臨的冷落

為表現新中國而努力

——代發刊辭

關於連環圖畫的改造問題

——就商於改造連環圖畫的出版家和編繪工作者

蔡若虹

一　前言

二　關於題材的處理

1954

1 月

《美术》月刊正式创刊，刊名采用周恩来总理题字，由中国美术家协会《美术》编辑委员会编辑，人民美术出版社出版。编辑委员会负责人为王朝闻、倪贻德。编辑陈泊萍、何溶、葛路、徐焕如、马克昌、丁永道、吴明永（进修）。编辑部地址为北京东城区校尉营八号。

《美术》本年一月号发行，封面为徐悲鸿《群马》。开辟"徐悲鸿先生遗作"专栏。发表了江丰《四年来美术工作的状况和全国美协今后的任务》、蔡若虹《开辟美术创作的广阔道路》、江丰《对于发展和提高木刻创作的意见》等文章。

2 月

《美术》本年二月号发行，封面为彦涵《志愿军和朝鲜人民在一起》。发表了艾中信《绘画基本练习上的几个问题》、朱丹《在造型艺术中怎样塑造英雄人物》等文章。刊登了张怀江、詹建俊、靳尚谊、刘正德等人作品。

3 月

《美术》本年三月号发行，刊登了蔡仪《斯大林同志昭示我们前进的道路》等文章。刊登了刘开渠《斯大林像》，俄罗斯画家什施金、西班牙画家戈雅、波兰画家柯布兹德依的作品。

4 月

《美术》本年四月号发行。刊登了刘开渠《中国古代雕塑的杰出作品》等文章。

5 月

《美术》本年五月号发行，刊登了何溶《朝鲜人民赠给毛主席的礼物中的美术作品》等文章。刊登了志愿军及反映抗美援朝、中朝友谊的作品。介绍了齐白石的艺术。

6 月

《美术》本年六月号发行，刊登了一系列反映新中国城市风光和人民精神新貌的作品。

7 月

《美术》本年七月号发行，封面为吴作人《将要完成的水坝》。刊登了《连环画创作中的几个问题》《谈学习中国绘画传统的问题》等文章。刊登了汤文选《婆媳上冬学》等作品。

介绍了蒙古和印度美术。

8 月

《美术》本年八月号发行，刊登了江丰《从苏联的美术建设来看"对人的关怀"》等文章。编辑部向全国各地美术机构发出了《征求意见》信。

9 月

《美术》本年九月号发行，封面为吴镜汀《黄山云海》。刊登了童策《端正对待美术批评的态度》，以及倪贻德、吴作人、力群等人关于水彩、速写、版画的文章。

10 月

《美术》本年十月号发行，封面为艾中信《草原上的夏天》。刊登了蔡若虹《一年来的美术创作和美协工作》、江丰《美术工作的重大发展》、启功《山水画"南北宗"问题的批判》等文章。

11 月

《美术》本年十一月号发行，开辟"向苏联美术作品学习"专栏，刊登了艾中信、刘开渠、李桦、胡蛮等人的文章，以及王子野《关于人的精神风貌的描绘》等文章。

12 月

《美术》本年十二月号发行，封面为汉画像砖《车马出行》拓片。

關於國畫創作接受遺產的意見

邱石冥

— 編 著

王遜先生「對目前的國畫創作的理想意見」（「美術」八月號）一文中談到國畫創作家接受遺產出發，反對從概念出發，反對「抄襲」，加贊同接受傳統繪畫的技術和筆墨等的反映現實。

國畫創作必須從現實生活，作者必須從描寫添加現實方面……

一　對於接受遺產的看法和態度

二

• 37 •

如何正確地對待模特兒

倪貽德

談　速　寫

吳作人

• 18 •

繪畫基本練習上的幾個問題

艾中信

一　技術的思想指導

刚刚摘下的苹果 （木刻）　　　　彦　涵作

北京的早晨 （木刻） 古 元作

1955

1月

王朝闻任主编，华夏任编辑部主任。编辑有陈泊萍、何溶、葛路、徐焕如、马克昌、丁永道、高焰、江一波、吴步乃。《美术》本年一月号发行。刊内文字改为横排，开本略有增大。刊登了邱石冥《关于国画创作接受遗产的意见》、鲁兵《基本练习中如何对待人体模特儿的问题》等文章。刊登了李斛《工地探望》、陈昌谷《两个羊羔》、董希文《春到西藏》等作品。

2月

《美术》本年二月号发行，刊登了线天长、潘绍棠《对〈关于国画创作接受遗产的意见〉的商榷》，徐燕荪《对讨论国画创作接受遗产问题的我见》，金冶《关于如何正确对待人体模特儿的意见》，吕斯百《关于素描教学上如何对待模特儿的问题》等文章。选登了"第二届全国美术展览会"作品。

3月

《美术》本年三月号发行，刊登了钟惦棐《必须加意小心地保护创作——为〈东方红〉和〈从前没有人到过的地方〉辩护》、洪毅然《关于国画创作中的两个基本问题》、倪贻德《再谈基本练习中如何对待模特儿的问题》，以及《欢迎苏联油画家康·麦·马克西莫夫》等文章。刊登了申申、李宏仁《浑河水》，刘继卣《武松打虎》，王叔晖《西厢记》《孔雀东南飞》等作品。

4月

《美术》本年四月号发行，刊登了庞薰琹《看苏联一九五四年全苏美展》、王琦《画家应该重视生活实践》、秦仲文《国画创作问题的商讨》等文章。刊登了于非闇《红杏枝头春意闹》、石鲁《古长城内外》等美术作品。

5月

《美术》本年五月号发行，刊登了李桦《为提高版画创作的质量而努力》、孙殊青《对〈孔雀东南飞〉连环画脚本的意见》等文章。选登了"一九五四年全苏美术展览会"作品。

6月

《美术》本年六月号发行，刊登了蔡若虹、张仃继续对国画创作与传统关系进行讨论的文章。

7月

《美术》本年七月号发行，刊登了周扬、马克西莫夫在中国美术家协会全国理事会第二次全体会议上的讲话。介绍了"世界青年与学生和平友谊联欢节国际青年美术竞赛"。

8月

《美术》本年八月号发行，继续讨论国画创作与民族文化遗产的继承问题。

9月

《美术》本年九月号发行，封面为张光宇《无锡太湖后山湾》。刊登了王朝闻《再论多样统一》等文章。

10月

《美术》本年十月号发行，封面为齐白石《茶花》。刊登了王逊《关于概括与具体描写》、张望《鲁迅对人民美术的重大贡献》、姜维朴《〈孔雀东南飞〉画册的缺点及其成就》等文章。刊登了吴作人《流送》等作品。

11月

《美术》本年十一月号发行，刊登了吕恩谊《艺术的真实不是事实的实录》等文章。刊登了张仃《造船厂港湾》、冯法祀《施工中的沙河大桥》，以及"敦煌艺术展"的部分参展作品。

12月

《美术》本年十二月号发行，刊登了冯法祀《要做有思想的艺术家》、何孔德《英雄鼓舞着我们创作》、王流秋《从生活体验到构思的一点体会》等文章。刊登了黎雄才《韶山毛泽东同志故居》、顾生岳《拖拉机到咱社来代耕了》、路坦《高玉宝》等作品。

美術

一九五六年

六 月 号

1956

1 月

王朝闻为主编，力群为副主编，华夏为编辑部主任，何溶为编辑部副主任。编辑有葛路、徐焕如、丁永道、严波、高焰、江一波、吴步乃、王树村、王靖宪、黎朗。

《美术》本年一月号发行，刊登了姜维朴《争取连环画更好地反映现实斗争》等文章。刊登了张文新《入社去》、吴镜汀《秦岭青石岩》等作品。

2 月

《美术》本年二月号发行，刊登了冯法祀《学习苏联专家创作课教学的先进经验》、艾中信《现实主义的油画技巧》、庞薰琹《关于印花布的问题》等文章。

3 月

《美术》本年三月号发行，刊登了王逊、郁风、张光宇、力群、李可染等人关于发扬民间年画优良传统的文章。

4 月

《美术》本年四月号发行，封面为黄胄《幸福的道路》。

5 月

《美术》本年五月号发行，刊登了光植《"如实地"描写不等于现实主义》、朱丹《沿着繁荣国画创作的道路前进》、何溶《关于创造典型人物》等文章。刊登了石鲁《印度旅行写生》等作品。

6 月

《美术》本年六月号发行，封面为于非闇《黄鹂玉兰》。刊登了杨仁恺《论王逊对民族绘画问题的若干错误观点》等文章。刊登了潘天寿《灵岩涧一角》、谢稚柳《猿》、陈半丁《菊花》、王雪涛《双鹰》、王个簃《芭蕉鸡冠》、吴湖帆《云中山顶》等"北京中国画研究会第三届展览会""西北美术作品展览会"作品。

7 月

《美术》本年七月号发行，封面为陆俨少《教妈妈识字》。刊登了刘纲纪《一本庸俗社会学观点写成的中国美术史》、李行百《对〈中国美术史〉（增订本）的意见》等文章。刊登了刘子久《为中国寻找资源》、姜燕《各尽所能》等作品。

8 月

《美术》本年八月号发行，封面为杨克扬《春江木排》。刊登了洪毅然《论杨仁恺与王逊关于民族绘画问题的分歧意见》，岳松、王忱《关于杨仁恺一些论断的商榷》等文章。刊登了彦涵《今日淮河》、黎雄才《武汉防汛图》等作品。

9 月

《美术》本年九月号发行，刊登了胡蛮《论描写人民感情》等文章。选登了"第二届全国国画展览会""墨西哥全国造型艺术阵线油画版画展览会"作品。

10 月

《美术》本年十月号发行，本期为纪念鲁迅先生诞生七十五周年、逝世二十周年特辑，刊登了张望、力群、王逊、王琦、野夫、司徒乔、李桦等人的纪念文章，以及邱石冥等人继续中国美术史讨论的文章。刊登了彦涵、古元、黄永玉、陈烟桥、司徒乔、蒋兆和、莫朴、李宗津、力群、黄新波、张洋兮、程十发、李可染等人作品。

11 月

编辑委员会地址改为北京王府大街六十四号。

《美术》本年十一月号发行，封面为黄永玉《阿诗玛》。刊登了吴凡《布谷鸟叫了》、刘海粟《黄山温泉》、力群《瓜叶菊》、王琦《晚归》、李平凡《花房一角》、吴冠中《北京之秋》、张安治《石工》等作品。

12 月

编辑为陈泊萍、何溶、葛路、徐焕如、丁永道、高焰、江一波、吴步乃、王树村、王靖宪、黎朗、毕克官、陈奇峰。

《美术》本年十二月号发行，刊登了秦毓宗《要正确对待古代遗产》等文章。刊登了关良《翠屏山》、林风眠《风景》，以及"第二届全国版画展览会"部分作品。

一九五六年
十一月号

美術

油 畫 和 油 畫 教 學

苏联 康·麥·馬克西莫夫

要切实搞清楚美术学校在培养掌握现实主义油画方法的艺术家方面的作用，其基本问题，应该是有关油画教学法的一些问题，首先必須明确一下油画的一般理解和油画的本質和特点等专門問題。

同时也將涉及其他一些与油画教学及对油画本身的理解有关联的問題。

油画是什么？油画的基本要求是什么？有些人認为，油画就是用颜色画的素描，就是說，如果画家不是用一枝鉛笔，而是用几枝蘸着不同颜色的画笔，用这些花花綠綠的颜色，考虑到形体的种种变化（有的地方暗一点，有的地方亮一点，有的地方紅一些，有的地方藍一些，等等），把形体描写出来，这就成其为油画了！这是一个大大的錯誤，油画，不等于把物体的形塗上颜色。

只有用色彩表現了物的形，才能算做是油画的处理。

因此，油画的任务，就是研究和理解种种物体的色彩的形，并善于以色彩来再現它們，要表現得像契斯恰柯夫所說的"把物体描繪成它在自然界中存在的那样和像我們的眼睛所看見的那样"。

要达到高度的油画处理，必須經常記住，在自然界中一切都是整体的，一切都处于彼此联系的狀态，無論是一組物体的色彩关系或各个別物体的色彩，都永远是处于統一的——即协和狀态。但他們不仅仅是統一的而也經常处于斗爭、即对比的狀态。然而，不管它們的对比斗爭多么激烈，它們永远也不会是分散的、彼此孤立的。

要在自己的画布上探索到这些或那些物体所具有的各种色彩的斗爭，并使之形成色彩的整体，即使之协調，不是那么簡单的事。而那些認为只要細心地用他們在对象上所看到的颜色来摹写对象就行了的画家們，是永远不能达到整体性和形象性的。必須記住，抄襲自然、摹写自然是不可能的，而且画家也不应該摹写它，而要去"画"它，也就是說要艺术地、繪画性地去处理它。为了达到繪画性的处理，要求画家全力以赴，运用極大的智慧和意志，特別是感覺去追求，因为对色彩的感受，与其說是靠理智，不如說是靠感覺。契斯恰柯夫在談話和写文章时常常說："素描是理論的事；而油画、色彩则是感覺和眼力与笔力的事……，不是用理論和理智寻找色彩，而是用調色板上的种种颜色。"

大自然中每一物体都有它一定的固有色，自然界每一物体又都有一定的映染色。大自然中沒有任何东西是沒有色彩的，一切物体，不是带有鮮艳、燦爛的色彩，就是常

—10—

有文雅的、銀灰色、灰色的色彩（变幻多端的），这种色彩的种种变化是不易捉摸的，这些变化，不是任何一个画家都能分辨的。可是，色彩在自然中不是独自存在的，它永远是和一定的形及其面联系着的，它总是屬于一定的形，因此，艺术家在領会它的时候，应該与形一起来接受。画家在找到了某种色彩后，把它放到画面上去，应該同时注意使之成为物体；也就是要使色彩表現出物体的質感，这一物体的受光性質，它的空間位置，即它处于什么样的空間之中。除了物体本身所有的固有色以外，画家还应該懂得，在这物体上，在这物体的色彩上，还有鄰近的其他一些物体的色彩的影响，而且有时这种影响如此强烈，以致使这一物体染上它們的色彩（在物体的陰影部分这种影响尤为明显），这种染着鄰近物体色彩的部分，我們就称之謂"反射"，这里，必須指出有些画家往往孤立地一部分一部分地画，不將彼此的色彩作比較，把反射画得太亮，亮得几乎跟这一物体的受光部分一样，这就錯了。發生这样的錯誤，是由于当画家画物体暗部时，他的眼睛只看着这个暗部，于是他覚得这部分反射相当强；可是，如果把它与物体的亮部相比，那就可以看出，它并不如此亮。同时，不应該在干的颜色上画反射，不要把反射从暗部中孤立出来画，而要与暗部一起画，同时画，最好是当颜色还湿的时候画。这样，明部和暗部就会显得是处于一个有机的、整体的联系中，这样，才能以色彩塑造出形来。

要在画布的平面上呈現出立体的形，画家应該把他調色板上的"平面的"色，变成能够表現出物体的形、体、大小和物体的空間位置（即这一物体离开画家眼睛的远近）的色彩。缺乏經驗的画家們（特別是青年們），往往在作画的开头就犯錯誤，那是因为他們在观察对象时，想把从对象上所見到的种种色彩的所有各种色調都搬到画布上去。誠然，在自然中，看起来沒有一种东西的色彩是純紅、純藍、純……，而是非常复杂的，有着無穷变化的，單單是紅的色素調子就可能上千，藍和綠的色調也一样，各种灰色及透明的中間調子及其他色調也是同样無穷無尽的。这样，画家在开始作画时，看到了这种色調的無限多样的变化，于是就着手照抄它們，把它們用許多小笔触（一笔接着一笔地）画到自己的画布上去。結果呢，得出的却是一幅五光十色的、不成整体的各种色彩的"磨石嵌画"，而对象的全貌和本色却沒有画出来。同时，儘管画面上有着多种多样的彩色笔触，但高級的、完美的油画效果却沒有达到。

要克服这一缺点，画家（学生）应該像契斯恰柯夫所

馬克西莫夫油画速寫

（上）老人头像

（右）習　作

農　村　速　寫

灵岩涧一角　（國画）　　　　　　　　　　　　　　潘天寿作

黑水藏族婦女（油画速写）

董希文作

1957

1月

《美术》月刊改版，改版后文章以研究美术创作问题为主，减少单独发表的美术作品数量。王朝闻任主编、力群任副主编，华夏任编辑部主任，何溶任编辑部副主任。编辑为丁永道、高焰、吴步乃、王树村、王靖宪、黎朗、毕克官、陈奇峰。

本年一月号发行，封面和内页重点刊登了吴昌硕作品。刊登了董希文《从中国绘画的表现方法谈到油画中国风》、潘天寿《回忆吴昌硕先生》、于非闇《谈吴昌硕的绘画》、葛路《从纪念鲁迅的美术创作中看到的问题》、陈泊萍《读者对纪念鲁迅的美术创作的批评》等文章。

2月

《美术》本年二月号发行，封面为王式廓《〈血衣〉素描稿》，封底为亚明《海滨生涯》。刊登了米谷《掌握漫画艺术特性，创作出多种风格的漫画来》、高焰《更高地举起社会主义现实主义的旗帜——读王式廓同志尚未完成的油画〈血衣〉有感》等文章。刊登了法国印象派作品。

3月

《美术》本年三月号发行，刊登了常又明《库尔贝的现实主义》等文章。刊登了刘继卣《闹天宫》，张乐平、特伟《种瓜得瓜》，力群《丰衣足食图》，古元《拥护咱们老百姓自己的军队》等年画作品。

4月

《美术》本年四月号发行，报道了"全国青年美术工作者作品展览会"和苏联第一届全国美术家代表大会。刊登了吴作人《对油画的几点刍见》等文章。刊登了潘世勋《访问》、张钦若《海边》，马克西莫夫《杭州的傍晚》《正阳门之晨》《人像》等作品。

5月

《美术》本年五月号发行，刊登了华君武《漫谈内部讽刺的漫画》、叶又新《两篇批评人民内部的漫画引起了争论》等文章。介绍了任伯年的艺术。

6月

《美术》本年六月号发行，刊登了《北京中国画画家的意见》、秦征《艰苦的历程——创作随感》、谢稚柳《从杨补之〈四梅图〉、宋人〈百花图〉试论宋元之间水墨花卉画的传统关系》等文章。刊登了李可染《嘉定大佛》、张光宇《西游漫记》等作品。

7月

《美术》本年七月号发行，刊登了华君武《漫画和鼻子》、王流秋《关于自然主义倾向问题的体会和感想》、杨仁恺《关于民族绘画问题讨论中几个主要观点的再认识》、阎丽川《国画和西画的比较研究》、邱石冥《创作讨论会上的扯皮》等文章。选登了"马训班"毕业创作、"华南美术展览会""湖北第一届美术展览会"作品。

8月

《美术》本年八月号发行，封面为潘鹤的雕塑《艰苦岁月》。选登了"建军三十周年纪念美术展览会""江苏省1956年美术展览会""华南美术展览会"作品。

9月

《美术》本年九月号发行，封底为陈树人《细雨骑驴入剑门》。

10月

《美术》本年十月号发行，选登了"建军三十周年纪念美术展览会"作品。

11月

《美术》本年十一月号发行，本期为庆祝伟大十月社会主义革命四十周年专号，封底为前苏联宣传画《从力量的考验到决定性的进攻》。刊登了老舍《首先作一个社会主义的人》等文章。

12月

《美术》本年十二月号发行，封面为齐白石《栗子》。刊登了王朝闻《再读齐白石》等文章。

美術

一九五七年
七月号

嘉定大佛　（国画写生，四川，可参看下期王朝閒的文章）　　　　　　　李可染 作

美術

一九五七年
八 月 号

美術

1

一九五八年

1958

1月

《美术》月刊改版，改变为紧密配合美术现状问题的评论性刊物，一般只刊登与文章有关的插图，保留一页彩页，封面不再刊登作品。

《美术》本年一月号发行，刊登了古元《回到农村去》、邵宇《从上山下乡想起的》等文章。

2月

《美术》本年二月号发行，本期分"更好地塑造革命军人形象""学习劳动，争取思想丰收""学习齐白石"三个栏目，分别发表评论多篇。

3月

《美术》本年三月号发行，刊登了《促进社会主义美术事业大繁荣——周扬同志在上海与美术家座谈》《美术界大跃进》等文章，并开辟"上山下乡"栏目，发表美术家深入生活的感想。

4月

《美术》本年四月号发行，刊登了葛路、黄永玉、薄松年等人关于年画、连环画问题的讨论。开辟"大跃进"栏目报道各地消息。

5月

《美术》本年五月号发行，刊登了《巩固反右成果，在社会主义思想、艺术上大跃进——在京美术家座谈〈文艺战线的一场大辩论〉》等文章。"学习齐白石"栏目发表李可染、叶浅予、娄师白、史怡公等人的回忆文章。刊登了高虹《毛主席在陕北》等作品。

6月

《美术》本年六月号发行，本期分"深入群众，改造思想，大力普及，遍地开花""年画问题"等栏目，发表黄笃维《农村生活给我无比的愉快》等文章。

7月

《美术》本年七月号发行，发表编辑部评论《社会主义现实主义的红旗万岁！——祝"1955 - 1957苏联美术作品展览会"开幕》。开辟"多快好省，画最新最美的图画"栏目，报道各地消息。

8月

《美术》本年八月号发行，分 "社会主义现实主义的红旗万岁！""新壁画在大跃进""群众美术在蓬勃发展"几个栏目。

9月

《美术》本年九月号发行，本期为《农民壁画专号》。刊登了编辑部评论《促进美术大普及大繁荣》。在"共产主义艺术的萌芽"栏目中刊登了关于农民壁画的文章。

10月

《美术》本年十月号发行，刊登了编辑部评论《放出千百颗共产主义的艺术卫星》。

发行增刊《工人美术专号》，刊登编辑部评论《蓬勃发展的工农美术》。主要栏目为"天津的广场史画""工人画家谈创作经验"等。

11月

《美术》本年十一月号发行，本期为《战士美术专号》，刊登编辑部评论《把战士美术活动推向新的高潮》。

12月

《美术》本年十二月号发行，本期为《全国美术工作会议专号》。刊登了蔡若虹《向工农群众学习，从思想跃进中提高创作水平》、王朝闻《工农兵美术，好！》、古元《农村是知识海洋，是红专学校》、亚明《思想必须跟上时代》等文章。

原计划出版的《美术论丛》流产，原征集的部分稿件转移到《美术研究》发表。

彫塑訓練班畢業　　　　記者

文化部聘請苏联彫塑家尼古拉·尼古拉耶維奇·克林杜霍夫任教，在中央美术学院成立的彫塑訓練班，自1956年3月开課，經过二年多的学習，現已完成教学計划，畢業的学員共有来自各美术院校的講師、助教等十九人。

由文化部、中国美术家协会、中央美术学院联合主办的"彫塑訓練班畢業作品展覽"于6月14日开幕，并举行了开幕式。展覽分習作、創作两部。習作部分陈列头像、胸像、人体和穿衣人体等四十余件，其中有几件穿衣人体和石膏像掛布習作，在專家提倡和艺人張景祜协助指导下用民間彩塑的方法上彩，在展覽会場中特別吸引人，創作部分是学員們去年10月便开始制作的畢業創作最后成品，都是一二公尺以上的大件作品。

开幕式由中央美术学院吴作人院長主持，有人民代表大会常委会副委員長李济深、文化部副部長刘芝明，及首都美术界人士共二百余人参加。苏联駐我国大使館代表科尔尼舍夫同志等也参加了开幕式。

吴作人院長首先致詞，对克林杜霍夫專家两年多来的辛勤劳动深致謝意。他說，展出的十九件創作是我国大型彫塑的重要成績。解放以后，劳动人民愈来愈需要彫塑，学員們应努力研究如何發展我国具有民族傳統的彫塑，在各回原来的工作崗位后，要以克林杜霍夫老師忘我劳动和对学生諄諄善誘的精神为榜样。

刘芝明副部長在向專家表达祝賀和感謝之后說：彫塑艺术在中国有悠久的优良傳統，現在，如何用傳統形式来表現社会主义时代的新内容，是一个重要的問題。这也是一个矛盾，必需解决它。專家来教学也帮助我們解决这个問題。二年多来，留下了許多宝貴的經驗，使我們得到很大的收获，今后还要很好地發揚。他談到專家的教学：第一，十分注意表現社会主义生活，这正是"厚今"；第二，很强調学習民族、民間傳統，曾提出研究傳統是彫塑家的責任，把彩塑帶進教室是他很大的成績，他請艺人張景祜与自己合作，并

要求同学学習、尝試；第三，强調世界观的重要性，以政治帶动業务，艺术为政治服务。刘副部長对訓練班学員說：要全面学習專家教給的东西，回去后也要全面介紹專家的經驗，不能片面，不能重技术輕政治、只学外国彫塑不学中国的、或做彫塑不問政治，不問工农兵生活；更不能自高自大。如果那样，只好登报声明，你不是苏联專家的学生，因为那只是你自己的資产阶级思想造成的，与專家毫不相干。刘副部長說，現在正处于大躍進时代，文学艺术也在空前發展，全国各地，农民已經做出了难以数計的社会主义的好詩，許多县里又画开了壁画……这真正是社会主义文化革命，同学們正在文化革命高潮中畢業，应該深入到群众中去，与群众結合，这样一定能得到很快的进步，同时也只有这样才符合專家的希望。

科尔尼舍夫在致詞中說，彫塑訓練班学員所获得的成績，首先是中国党和政府关怀彫塑事業的結果。克林杜霍夫同志尽自己的能力工作，同时也学習了許多东西，应該說，这是中苏人民共同的劳动。希望今后这种共同的劳动合作、互相学習的規模更加扩大，这次展覽无疑有助于中苏两国文化日益紧密的联系。

苏联專家克林杜霍夫概括地介紹了展覽会的内容、介紹他在習作和創作教学上的一些原则。

在来宾們参观了展覽会之后，便开始了畢業創作答辯（另有报道）。

6月17日下午，中央美术学院举行彫塑訓練班畢業典礼，由院長吴作人頒發畢業証书。他祝賀畢業的同学，并勉励他們回原工作崗位后繼續努力学習，做一个又紅又專的美术尖兵。

刘芝明副部長代表国务院向尼·尼·克林杜霍夫專家贈送中苏友誼章；代表文化部頒發感謝狀。

刘副部長在对学員的講話中，提到彫塑与群众結合的問題。他說，多少年来，彫塑沒有能很好地發展，与它还不普及、未能与广大人民生活、与民族傳統紧密結合很有关系。如果能够普及、反映广大人民的生活，就必然会有新的發展和成就。在彫塑上学習外国是必要的，但一定要与中国人民的思想、生活、民族心理結合。这就有一个中国化、民族化、群众化的問題。彫塑的民族形式問題要大家来努力；像河北昌黎县的农民修水庫，想在壩两旁的石崖上做石刻，許多地方农村的壁画現在大大發展，这些形式都是和农民生活、生产相結合的，是民族味道的东西。彫塑也要在这样的基础上提高、發展。他对学員們說，在一生之中，要一有机会就深入到生活里去学習，向群众学

揚青稞 (套色木刻) 李焕民作

1959

1 月

《美术》月刊改版，恢复《美术》1957 年时的基本形式，着重发表反映和促进美术普及运动的文章和作品，"使本刊成为图文并茂的理论月刊"。内容主要分问题研究、作品评论、运动报道、知识介绍四个方面。

《美术》本年一月号发行，刊登江苏省委书记陈光给江苏中国画院全体同志的一封信《反映我国社会主义建设中伟大的现实生活》、傅抱石《政治挂了帅，笔墨就不同》等文章。

2 月

《美术》本年二月号发行，刊登了力群《"社会主义国家造型艺术展览会"巡礼》等文章。刊登了李琦《毛主席在十三陵》、刘开渠《毛主席像》等作品。

3 月

《美术》本年三月号发行，刊登了王式廓《题材与主题，生活与艺术形象》、倪贻德《对油画、雕塑民族化的几点意见》、金维诺《鹿母夫人》等文章。

4 月

《美术》本年四月号发行，刊登了孙奇峰《也谈苏东坡和倪云林兼谈文人画》、贺天健《练眼练手练心经验谈》、蔡若虹《造型艺术问题杂记》等文章。

5 月

《美术》本年五月号发行，封面为齐白石《桃源图》，封三为李可染《阳朔街头》。刊登了政协全国委员王朝闻、丰子恺、叶浅予、傅抱石、蒋兆和等《响应周恩来总理的号召，为提高艺术质量而努力》，倪贻德《"五四"——新美术运动的开始》，邓以蛰《"艺术家的难关"的回顾》，李可染《漫谈山水画》，贺天健《关于意境》等文章。自五月号起，陆续发表关于十年来我国美术事业成就和经验的研究文章。

6 月

《美术》本年六月号发行，刊登了蔡若虹《造型艺术杂记》、王朝闻《不全之全》、石鲁《创作杂谈》、华夏《是不是唯题材论》、王伯敏《谈"文人画"的特点》、范曾《从"逸笔草草，不求形似"想起的》，以及秦仲文《画论选注》、程十发《漫谈中国肖像画》等文章。选登了"社会主义国家造型艺术展览会"作品。

7 月

《美术》本年七月号发行，封面为于非闇《丹柿》。刊登了何溶《牡丹好，丁香也好》、刘开渠《提高雕塑艺术的质量》、吴作人《对油画"民族化"的认识》、吴冠中《井冈写生散记》等文章。

8 月

《美术》本年八月号发行，刊登了葛路《再谈创造性地再现自然美》、俞剑华《花鸟画有没有阶级性？》、李泽厚《炼钢与游公园》等文章。刊登了吴凡《蒲公英》，以及"庆祝罗马尼亚人民共和国国庆十五周年"作品。

9 月

《美术》本年九月号发行，刊登了金维诺《佛教画中的古代传说》、马克西莫夫《苏中友谊万岁》、沃斯柯包伊尼科夫《忘不了在中国工作的两年》等文章，以及贺天健、李可染的山水画作品。

10 月

《美术》本年十月号发行，本期为"庆祝建国十周年"专号，刊登了编辑部评论《欢庆大丰收，继续大跃进》、刘开渠《雕塑创作的新气象》、胡蛮《北京中国画的新发展》、雷圭元《图案教学的成就》等文章。

11 月

《美术》本年十一月号发行，刊登了力群《版画十年成就》，何溶《与群众紧密联系的年画和连环画》，官布《内蒙古美术的十年》，黄新波、杨讷维《广东十年来的美术创作》等文章。选登了"全国工艺美展""北京美展""内蒙古美展""河南美展""山西美展""陕西美展"作品。

12 月

《美术》本年十二月号发行，封面为刘文西《在毛主席身边》。刊登了编辑部评论《为美术创作的更大跃进而奋斗》。

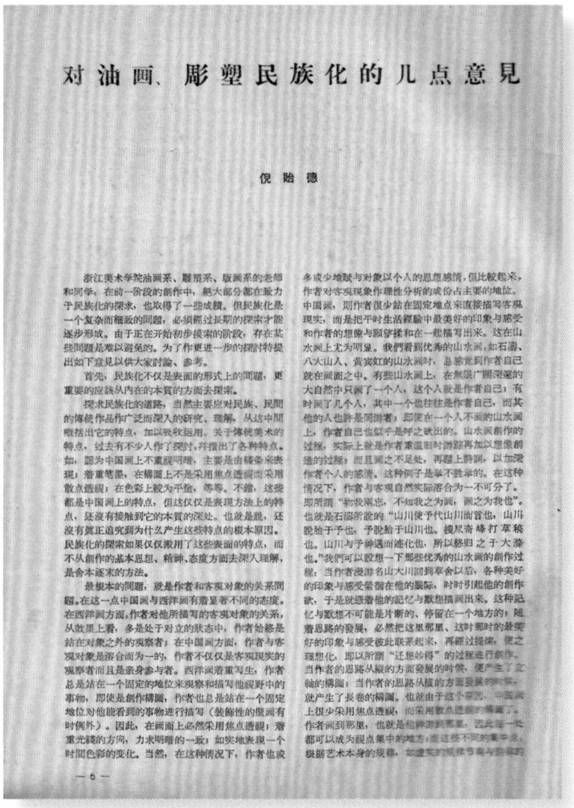

对油画、彫塑民族化的几点意见

倪贻德

浙江美术学院油画系、雕塑系、版画系的老师和同学，在前一阶段的创作中，絕大部分都在致力于民族化的探求，也取得了一些成就。民族化是一个复杂而艱鉅的問題，必须經过长期的探索才能逐步形成。由于正在开始的步接探的阶段，存在某些問題是难以避免的。为了使更进一步的研討特提出如下意見以供大家討論。

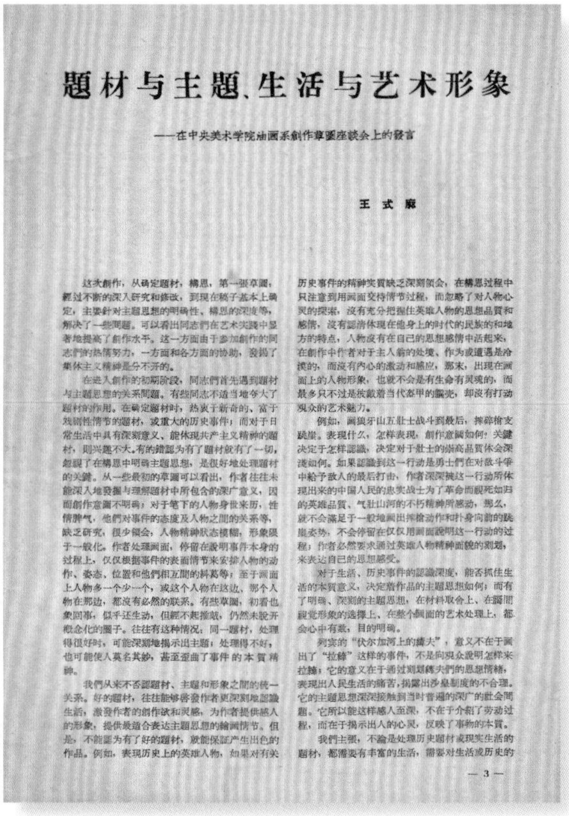

八 大 山 人

侯少君

八大山人（1626—1705年），姓朱，原名由桵，后名耷，字雪个，又号个山、人屋、驴屋、个山驢、驢屋驢，以江西南昌人。明器宗，是弋子后。

題材与主題、生活与艺术形象

—— 在中央美术学院油画系創作专題座談会上的發言

王式廓

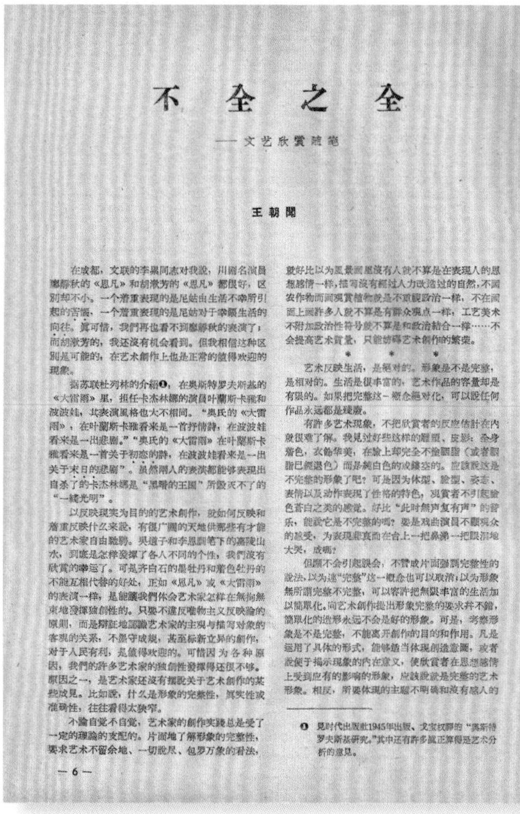

不 全 之 全

—— 文艺欣賞随感

王朝聞

毛主席在十三陵工地 （中国画）（我国参加"社会主义国家造型艺术展览会"展品） 李 琦 作

1960

1 月

《美术》本年一月号发行，刊登了华夏《关于"主要"与"次要"》、夏农《还是应该有主次之分》等文章，就1950年七月号何溶《牡丹好，丁香也好》展开探讨。"从美术出版物看美术事业的繁荣"栏目刊登了李桦、谭树桐、米谷等人的文章。

2 月

《美术》本年二月号发行，封面为哈琼文的宣传画《人民公社万岁》。选登了记者报道《促进宣传画创作的更大发展》等文章。刊登了"朝鲜民主主义人民共和国造型艺术展览会""蒙古人民共和国造型艺术展览会"作品。

3 月

《美术》本年三月号发行，刊登了"中国人民解放军第二届美术作品展览会""美术电影制作展览会"作品。

4 月

《美术》本年四月号发行，封面为黄永玉《列宁像》。

5 月

《美术》本年五月号发行，开辟"反映新时代，歌颂新英雄"栏目。刊登了陈沛《坚持政治挂帅，反对美术创作和教学中的资产阶级观点》等文章。刊登了何海霞《春到江南》等作品。

6 月

《美术》本年六月号发行，刊登了编辑部评论《学先进，赶先进，争取持续大跃进》、程至的《花鸟画和美的阶级性》等文章。

7 月

《美术》本年七月号发行，封面为伍必端、靳尚谊《毛主席和亚非拉人民在一起》。刊登了陆定一、周扬等在全国第三次文代会上的讲话，以及陈毅《绘画五解》等文章。刊登了刘开渠《毛主席像》等作品。

9 月

《美术》本年八、九月号合刊发行，封面为毛泽东题字，傅抱石、关山月合作的国画《江山如此多娇》。在"中国美术家协会第二次会员代表大会特辑"栏目中，刊登了蔡若虹《为创造最新最美的艺术而奋斗》、华君武《七年来的会务工作》，以及刘开渠、吴作人、王朝闻、关山月等人的文章。刊登了李琦《主席走遍全国》、詹建俊《狼牙山五壮士》、艾中信《东渡黄河》、黄胄《载歌行》等作品。

11 月

《美术》本年十、十一月号合刊发行，刊登了何香凝《高松图》、赵友萍《今日当家作主人》、晁楣《装车》、郭味蕖《河山似锦》等作品。

12 月

《美术》本年十二月号发行，集中对"北大荒"美术进行了报道。刊登了古元《不平凡的生活》等文章。刊登了"东三省第二届美展""江苏省油画展"作品。

讓 生 活 發 言

—評何溶同志的"牡丹好，丁香也好"—

王 觀 泉

我們是戰鬥在東北邊陲號稱為"北大荒"上的戰士。這裡在進行着史無前例的社會主義大型機械化農墾事業，大批轉業軍人在黨的領導下，以忘我的勞動，迅速地改變着荒原面貌。僅兩年時間，國營農墾場把這塊荒原上星羅棋布，到處可以看到拖拉机耕作的，打破了亘古荒寞的寂寞。這些飛速的變化，以及農業工人在邊疆獨特的集體主義生產生活風格，時刻為商業美術愛好者，于是，他們在勞動之餘，在田間、在机車旁、在新採伐的地窑子、打谷場或畫室裡、把這些多采多姿的邊疆生活表現出來。這些作品頗爲地反映了豐富多彩的邊疆生活，對邊區廣大羣衆的藝術教育起到了良好的作用。在黑龍江北三個省的分會舉辦革命的美術展覽會上，我們這區的作品獲得了一定的好評，對鼓舞繁榮邊疆起到深遠影響。

我們邊區的自然風貌是非常美麗的。面臨着意境濃郁的大自然，業余美術愛好者的畫家十分活躍。但是他們並不完全熱心作品描繪這個現象，他們更着重于在迅速改變荒原風貌，使大自然更美麗的建設者的衝天干勁。如果業余美術愛好者不是去表現豐富的生活本身的偉大，而是去反映大自然本身的壯麗時，建立大型國營農場，發展社會主義大農業機械化的重大主題，一味地去描繪美麗的風景、奇特的自然界、寂靜的田園……美术……建設者反而會受感影響脱離生活的現象。我們一天到晚忙于事業勞動，當然是十分喜歡吹賞風景畫，它給我們以美的感受，引起……

我們應是呈現美麗的大自然，但是我們的建設者應該要求能反映大躍進時代面貌的生活題材的圖畫，因為這些圖畫能鼓舞建設者們的革命干勁，從而加速我們的建設。

藝術是為政治服務的工具，每一種藝術形式均有它独特的社會作用。風景画有它一定的社會作用，表現生活斗爭翻村的圖摄現代者，同樣，表現生活斗爭翻村的社會作用，具風景畫也現代，但是你一點應承現，現代生活斗爭題材的圖畫的社會作用，即使生活斗爭題材的畫相絜並論，認爲它同之間沒有任何意義，反之把風景畫的教育作用……我和生活斗爭題材的畫相絜並論，認爲它同之間沒有任何意義，反之把風景畫的教育……

藝術，作為上層建築，應該以它對基礎的作用來衡量它的作用。風景画有傾向性，有階級性，可以為政治服務，是為它的傾向性在很大程度上爲政治的、隱晦的，但有些明是很難理解的，但是呈現生活斗爭題材的畫的階級性是鮮明的、強烈的。我們回憶一下，在反動統治年代裡，即時，統治階段得到了風景画，但却需需組級對作用强調的木對，這是什么原因呢？因為新興的木材藝術以其现实的題材，基露了反動派的丑恶面目，思到了摇蹈反动阶级的作用。

主 宏 問 題

何溶同志說："生活里是主要的，在創作題材上就应当是主要的。"我看，是可以研究一下。

要装雕材，就应訳从主題說起。主題是藝術家在生活中感受到的生活意义，是被艺……

— 44 —

雕塑艺术发展中的几个问题

刘 开 渠

解放十一年来，我国雕塑事业有了很大的发展，取得了巨大的收穫。特别是大跃进以来，随着国民经济各项事业的突飞猛进，雕塑事业的蓬勃发展，更是空前的。我们的雕塑创作，不仅数量多了，质量也提高得很快，出现了不少优秀的作品，如《人民英雄纪念碑》、《刘胡兰》、《艰苦岁月》、《母女学文化》、《广岛十年祭》、《李秀成像》、《人民公社万岁》、《跨山海海》、军事博物馆的《陆海空》、《全民皆兵》、《广州五羊石刻》、《力膊像》、彩雕《东方红》、牙雕《五子闹手鼓》、青田石刘《东方红龙》、石刻木雕《煤县工人科察队》等等，都是很成功的作品。

我们的雕塑队伍是不断地在壮大。国民党反动派统治时代，从事雕塑工作的人数很少。而今天由于党和政府的重视，仅从美专院校中，就培养了三百多青年雕塑工作者，加上由民間艺人及各雕塑工厂、工艺美术雕塑工作中培养出来的青年雕塑工作者，就更多了。很多的优秀作品，都是青年雕塑家创作的。

我国的雕塑艺术，在历史上，曾有过光輝灿烂的一页，但后来日漸衰落，到国民党旧中国，已是破落雕零、奄奄一息，雕塑工作者苦无出路，真是学成的改行，后学者聞風却步。在党的领导下，找到了为人民服务的正确道路，因而在短短的时期內，雕塑工作就有这样大的发展。这就雄辩地说明了，雕塑艺术的发展是毛澤东文艺思……

想的伟大胜利。但我们决不自满。雕塑工作还赶不上社会主义建设迅速发展的形势和需要。随着不断高漲的国民经济的巨大发展，今后必然要出现更多更大的公共建筑、公园、广場，要求安装雕塑品；为了纪念革命历史、表彰革命先烈，为了纪念社会主义革命和社会主义建设的伟大胜利，今后势要建立更多的纪念碑、伟大时代的无数的英雄人物与英雄事迹，更有待于雕塑家去歌颂。我们雕塑工作者今后的任务是更巨大而光荣的。

为了更好地完成今后的雕塑任务，我们必须作千百倍的努力。

首先，我们雕塑工作者今后必须坚決貫彻为工农兵服务、为社会主义、为共产主义服务的方向。雕塑创作，主要是塑造英雄人物的典型形象。为了在作品中反映时代精神，表现英雄人物的高貴品质，就要求我们雕塑工作者深入群众斗争，彻底改造世界，加紧提高我们的政治觉悟和思想水平，否則就不可能正确、深刻地反映出我们的时代，和英雄人物的精神。其次，如果我们不恰当地强调了雕塑这一艺术形式的特殊性，或者既不能像文学作品那样容納太多的情节来表现事件的具体过程，就得出雕塑家不可能不同于文学家，无须对事物有很深的认识的結論，因而很糊政治学习、思想改造和深入群众生活，对于伟大的社会主义建设事业漢不关心，都是非常錯誤的。雕塑艺术对于表现题材、突出主題是更加要求高度的概括与集中的；正因为如此，就更要求雕塑工作者……

— 21 —

关于发展油画的几点意见

吴 作 人

（一）

中国的油画是从本世纪十年代以后才开始在美术学校里传授，到现在只有半个世纪的历史。比起我国传统的绘画来，不知要年輕多少。在牛封建半殖民地的社会里，一般的油画家由于生活的困难要改行，更不就在困难的环境里掙扎着。加以没有找到正确的艺术方向，所以過着在自己的事业上有所成就。只有到全国解放后，最近的十年来，油画在中国共产党和人民政府的关怀和培养下，才有了明确的发展道路。油画只因为它是外来的新画种而由之它为工农兵服务的作用。而在今天的西方资产阶级文化市場上，油画也和其他的形形色色的腐朽的造型艺术一样，呈现了没落景象，走向了絕路。和我们的蓬勃发展的油画形成了一个鮮明的对照。

在我们的国家里，由于油画掌握在人民手里，它就成为反映人民的斗争武器，反映劳动人民的新的生活面貌，以自己特有的表现形式歌頌在社会主义建设的火热斗争中的英雄人物，它则刻的是人民生活中最最高昂、意气风发的英雄气慨，说的是人民群众昔语话。广大人民群众对油画并不感到陌生而日漸熟悉，这主要由于我们优秀的油画家，他们的或者专业的，其例守了党的文艺政策和毛主席的文艺思想，热烈响应了党的伟大号召；由于专业的油画家下下厂工、下农村，下部队，与广大群众共同生活和劳动，熟悉了他们的……

思想感情，找到了真正的创作源泉和服务对象，因而在油画创作上能取得迅速的发展。

建国不久，油画家们以革命的激情歌頌在嚴苦斗爭的岁月里的无數英雄史跡，和举国欢庆的人民政权的創立。在这时期的油画作品中，群众对《井崗山会师》（王式廓）、《地道战》（罗工柳）、《开国大典》（董希文）等作品表示了特別的欢迎，这些作品体现出英雄战斗的人民在伟大的党和毛主席领导下历尽艰难辛苦，終于消灭了凶恶的敌人而获得徹底的解放的革命精神和巨大的理想。

1958年全面大跃进以来，在三面紅旗的光輝照耀下，随着经济发展的大好形势，国家热情高漲，投入迅途天动地的社会主义建設浪潮中，因而也出現了美术大跃进。周揚同志在报告中指出了美术方面的成就。许多新的油画作品，都較深刻地反映了社会主义不断发展的新变貌，生动地描绘了劳动人民为建設祖国的社会主义进行的战斗，一方面大壮丽的祖国的自然面貌如日新一年一木。油画俨然后者信似的具有旺盛的生命力。走上了一个在飞跃地向前发展的新阶段。

我们为十大建筑和建国十周年献礼进行了大量的创作。全国美术家人人振奋，以前所未有的热情高漲，投入这个充满干劲的社会主义创作中互相琢磨，彼此推动，充分表现了互相竞賽，又互相协作的集体主义精神，从而提高了作品的质量。在油画作品中，我们高兴地看到《毛主席在陕北》（高虹）、东……

— 23 —

表现人民群众的英雄时代

王 朝 聞

为了維护邪惡的资本主义制度和殖民主义统治，世界上一切反动的资产阶级分子和帝国主义者，本能地仇視无产阶级革命，也仇視宣传无产阶级革命和有利于无产阶级革命的文学艺术。他們污蔑社会主义艺术是"過了时的陈腐的艺术"，标榜抽象主义等現代派"艺术"是"最先进的最新的艺术"。

什么叫做新，什么叫做旧，什么叫做先进，什么叫做落后，我們和他們之间没有共同的语言。这就是从两种完全不同的世界观、完全不同的服务对象和标準中体现出来的。目前在美国等国家流行的抽象表現景等反动画派，提倡"起底的含糊"、"有計划的混乱"、"原始的本能"、"爆发的激情"，把烟熏和身体当成画板，让毛驴、蚂蚱、蜗牛、公馬当当画家，是他們所謂的"新"。在我们看来，这种不是什么新，只不過是接近死了的现代资产阶级精神崩潰的一种具体表現。帝国主义要家们崇拜的，就是用这种所謂"艺术"来事奉人和欺騙人民。給帝国主义服务的修正主义者，为了反对无产阶级的革命文艺，一方面宣传资产阶级的人道主义、和平主义，模糊无产阶级的阶级意識，瓦解人民的革命斗志，一方面极力提倡抽象主义等反动艺术，在创作中互相观摩，又反提倡象征主义和虚无主义的思想。从这里，我們可以看到资产阶级艺术最最反动、最最糟朽的实质。我們所說的新，是指一定历史发展过程中出現的符合先進阶级要求的东西。我們的艺术，是无产阶级革命事业的一部分，是为千千万万劳动人民服务的，是歌頌创造世界的劳动人民，体现最先進的理想——共产主义理想的。它體現的是历史上任何大艺术家都没有描写过的题材，它塑造的是历史上任何大艺术家都没有塑造过的形象。它是最革命、最富于战斗力的艺术，也是最富于創造性的艺术。

共产主义理想是人类最崇高最先进的理想。周揚同志在《我国社会主义文学艺术的道路》的报告中指出："共产主义理想应当是我們文艺創作的最高理想。在造型艺术中体现这一伟大的理想，是我們最重大最先荣的任务。"

在造型艺术不应只是描写在现实中已经存在的事物，而且应表現人民憧憬中的可能存在的事物；但是，这是不是说必須用描绘题材中的未来景象呢？一般說来，不完全是，至少这不是主要的方式。共产主义对我們說来不是远不可及的，在我們社会主义社会的实际生活里，已經在更广闊的范围內孕育了共产主义因素；我們的艺术家能够站在共产主义思想觉悟的高度来观察、体情的燃地、却要突出地加以反映，其作品就有可能体現共产主义理想，具备革命的浪漫主义精神，這就是社会主义艺术向未来輝煌灿烂的未来贡献一切力量。

我以为出現在1958年的、人們一再称誉过的群众艺术，是富有革命浪漫主义色彩的的……

— 30 —

主席走遍全国
（中国画）

李　琦

主席走遍全国
山也乐来水也乐
峨嵋举手献宝
黄河摇尾唱歌

主席走遍全国
工也乐来农也乐
粮山棉山冲天
钢水铁水成河

——河北民歌

江山如此多娇

美術

一九六〇年
八、九月号

狼牙山五壮士
（油画）
詹建俊

1961

2月

《美术》月刊改为双月刊，"美术"刊名由周恩来题写。主编为王朝闻，副主编为力群，编委有力群、王朝闻、方成、叶浅予、古元、艾中信、吴镜汀、陈沛、雷圭元。编辑为丁永道、吴步乃、潘絜兹、毕克官、何溶、黎朗、王靖宪、高焰、陈奇峰。郁风负责装帧设计。由北京印刷厂、新华印刷厂印刷，邮电部北京邮局发行。

《美术》本年第一期发行，刊登了王朝闻《雕塑谈》、罗功柳《关于油画的几个问题》等文章。刊登了杨之光《毛泽东在全国农民运动讲习所》、黄胄《庆丰收》、何香凝《梅花》等作品。

4月

《美术》本年第二期发行，刊登了潘絜兹《期望于新人像画》、叶浅予《刮目看山水》、老舍《迎春画展》、雷圭元《做好生活日用品的美化工作》等文章。刊登了傅抱石《陕北风光》、钱松嵒《青衣江上万木流》、潘天寿《初晴》、徐匡《嘉陵江上》、李苦禅《荷花小鸟》、吴镜汀《蜀江云》、亚明《华山》、彦涵《王贵与李香香》等作品。

6月

《美术》本年第三期发行，由人民日报印刷厂、新华印刷厂印刷。报道了美术界对古代十大画家艺术成就、工笔重彩与时代精神、社会主义建筑艺术方向、基本练习中的素描问题、古代雕塑的人民性等问题的讨论。刊登了贺天健《提高中国画创作水平的我见》、朱狄《谈历史题材的美术创作》、金维诺《花鸟画的阶级性》等文章。刊登了陈半丁《花卉》、潘天寿《花卉》、齐白石《花卉》、晁楣《北方的早晨》等作品。

8月

《美术》本年第四期发行，刊登了朱杉《主题的独创性与多元化》、华夏《胸中自有雄师百万》、何溶《革命风暴中的英雄形象》等文章。在"关于革命历史画问题的探讨"栏目中刊登了侯逸民的《〈刘少奇同志和安源矿工〉的构思》、朱狄《光明在前》等文章。刊登了叶毓山《毛主席像》、罗工柳《毛泽东同志在井冈山》、石鲁《转战陕北》《南泥湾途中》、侯逸民《刘少奇同志和安源矿工》、王恤珠《金田起义》等作品。

10月

《美术》本年第五期发行，刊登了李桦、陈烟桥回忆鲁迅的文章，郭沫若写给毕加索的信和艾中信《祝毕加索80大寿》。刊登了李焕民《过草地》、林风眠《秋鹭》、叶浅予《穆桂英挂帅》等作品。

12月

《美术》本年第六期发行，刊登了靳尚谊《创作〈毛主席在十二月会议上〉的体会》、贺天健《画语别解两载》等文章。刊登了石鲁《东方欲晓》、何海霞《古木幽林》、赵望云《秋林归牧》等作品。

轉战陕北（中国画，中国革命博物館藏） 石鲁

毛泽东同志在井冈山上 （油画，中国革命博物馆藏） 罗工柳

刘少奇同志和安源矿工 （油画，中国革命博物馆藏）　侯逸民

从油画《罪恶的审判》谈起　　　马克

不少观众在展览会的意见簿上写下了对《罪恶的审判》的好评。他们认为这是一幅反映阶级斗争的好画，能够发人深思，激起大家对旧社会的无比仇恨，增加大家对新社会的热爱。这种来看群众的意见，我认为是最好的，也是最高的评价。

《罪恶的审判》的作者阿孜叉买拉是一位维吾尔族的青年画家。关于他和这幅画的创作过程，我知道的不多，但是从画中的情节处理和人物塑造，便可以清楚地看到，他并不是泛泛地罗列生活现象，单纯地描绘阶级斗争的过程，而是以鲜明的阶级观点和饱满的政治热情，抓住两个敌对阶级的斗争事件，概括地揭露了当时社会的主要矛盾——封建地主阶级对广大贫苦农民的欺压和剥削，站在贫苦农民方面，对旧的社会制度进行了愤怒的控诉，对方面的地主阶级进行了有力的批判和鞭笞。我们能够为画中丰富的思想内容和强烈鲜明的时代气氛所感染、所激动，从而引起对阶级和阶级的阶级斗争。

这件作品的具体情节是从地主阶级罪恶的审判的结果展开的。在这里，作者精心地塑造了三方面的人物：首先是佩带手枪，身穿罪恶的地主，正坐在椅子上看着他们身穿华贵的...皮靴的恶棍打手，正在给被审判中被无理断绞地主的贫苦农女。作者对受害的老年贫农和少女的突出刻划，把这场生死离别，骨肉分散的悲剧，表现得很深刻，令人悲痛而愤慨，这正是旧社会无数贫农生活的集中写照。《白毛女》中的杨白劳和喜儿，《血泪仇》中的王仁厚的一家老小，不都是这样的遭遇：老贫农眼看着女儿被人抢走，无力地伸出白己的手，仿佛要挽回但又无法挽回这悲惨的结局。在能耐衰老的皱纹生活风霜的面庞上，流露出悲愤的辛酸和痛苦。那侧侧在地上的帽子，挣扎呼救的手势，说明她对这场苦冤人痛的不屈的态度。画中作者还出色地塑造了一系列的群众形象。他们紧紧捆绑在清算的大门口。...

《艰苦岁月》创作余得　　　潘鹤

在共产党领导下的中国革命史，是一部亘古未有的充满革命浪漫色彩的壮丽史诗，可歌可泣的事迹说不尽，画不完、恨不得岁月拉慢一些，让他们尽情地歌颂般；恨不得把自己各方面的修养提高得快一些，让我们真实地更生动地来表现她。

几年来，党给了我不少创作机会，使我如愿以偿地投身到历史画的创作里。现在结合《艰苦岁月》的创作经过来谈一些体会。

一

创作一件作品很难明确地触及它的酝酿过程。从创作的直接起因来看，有时是因为及理性上认识到某一主题值得表现，然后才开始寻求具体的题材；有时却与生活中某一现象所激动，然后才开始研究如何突出主题。但无论起因是怎样，创作的出发点总是离不开已了有些情感更露诚的也意及要表白。

1956年，我应约画一幅关于崖岛斗争的油画，开始接触海南游击队的历史。在这过程中，唤起了我自童年以来一直萦绕在脑中的红军的形象《也许是某自过去对长征的一点见闻，也许是来自童年时候从《苏联见闻录》里得来一点对社会主义社会的憧憬），形成了一种对红军精神的体会：充满信念和意志力、坚毅不屈的性格；这是长期以来为我所敬仰，和我一个时间在面对上非常热爱的基本主题思想之一。但在解放前，由于我根据自己小资产阶级的思想意图，以小资产阶级的思想感情去描写对象，不愿表现个人奋斗和为个人面奋斗的"有志者事竟成"、"安...

二

我们广东人把六神无主、闷非所答的人叫作无主、又把一些终日无聊的人叫作无主孤独。人的行动必须有思想感情来指挥，人的思想感情也必须通过整体的行动来表现。在创作上也一样，存在作者心中意念朦胧的思想感情及抽象的主题思想，也同样需要寻找一个恰当的题材来体现。当时我虽然找到了创作主题，但求来去去去在我脑里所出现的具体形象只是一些版型概念、所谓笼统不甚清晰。后来才知道并不是这种形象特别感动了我，而是由于我没有到的形象能代替它，就只是以概念出发来代替对生活的观察。没有丰富的生活基础却没有对事物的正确认识和理解，就不能在生活中发现具体题材。

关于《延河边上》的创作体会　　　钟涵

（一）

《延河边上》这幅革命历史画是去年着手制作的，到今年夏天完成，前后经过了一年。

我很喜欢革命历史画。十几年中，我曾经有比较多的机会沉浸在革命前辈的亲切教导下，学习和熟悉党领导革命斗争的历史。同许多同志一样，这些鲜红的历史篇章使我产生了感情，深深地铭记在心里。对于我们革命的青年一代说来，党史、四十多年人民的斗争史，就是我们的家园，它的每一页都充满着伟大壮丽的画面，都散射出共产主义思想的光辉。正当我共特别对美术学习的时候，几乎是同时自然地产生了一个由衷的愿望，党史，党史，党史我们的。尤其是近几年来，当着国际形势的发展更有力地证明，我们的党是伟大的、光荣的、正确的时候，要求我们党更高地举起马克思主义的革命旗帜的时候；同时，也是当着国内阶级斗争的形势要求把无产阶级和劳动人民的革命传统更加发扬光大的时候，宣传革命历史的意义，就更加推到了新的高度。而且是一个严肃的政治责任。

这幅画的酝酿时间比较久。一九五八年底，为庆祝建国十周年准备创作献礼，我...开始思到到关于党中央在延安时，革命队伍中的生活题材，有了一个关于毛主席在河边同人们谈话的构思。后来，因为画另外一张以毛主席到陕北，着见大雪时的情景为题材的创作，就搁了下。去年在准备这一次的创作时，我翻检过过去的构图材料，加上当时政治形势的启发，愿先的那个构思又渐渐在我心里显起跃热了。我想用绘画的语言好好表现一下"延安作风"。当时革命圣地延安生活的精神面貌，也就是中国共产党领导的革命根据地在革命斗争中所形成与发展起来的传统的共产主义风格。毛主席在讲到社会主义革命时曾提起过，要在全国范围内形成一种既有纪律又有自由，既有集中又有民主；既有统一的意志又有个人心情舒畅，生动活泼的政治局面。而延安时期的生活里就已经留下历史的榜样了。

在酝酿这个主题的时候，很自然地找到了延河边上的情景作为题材。这是因为自己对这种情景比较有些生活感受之故。一九五七年和去年的夏天，我曾经随着到延安两次去到延安。现在的延安已是一片社会主义建设的新气象了，然而，延安的山和水，山坡上的窑洞和一草一木，处处使人怀想起当年的情景。我们常在河边流连。当夕阳西下的时候，清川暮色，东边的...

《刘少奇同志和安源矿工》的构思　　　侯逸民

《刘少奇同志和安源矿工》一画，经过了两次不同表现手法的尝试，现在告一段落。但仍觉力所不从心，结束仓促，感到没有画够，没有达到理想。在创作中接触到的一些问题，现仅就其中几点，把下已探讨的过程。

随着反复研究历史材料，到刘安源生活了一个时期，我进行着对主想及人物的探索。整个过程中，心情是日益激动的。概括的青年革命者的形象；处在奴隶地位的工人阶级为争取解放 而凡呼疾走，势博雷霆乾坤的怒潮。和我一个时间在感到上非常亲切，使我产生了歌颂英雄，再现这光辉的历史面貌的强烈愿望。

领袖形象如何表现，是一个重要问题。为刻划少奇同志的形象，在构思过程中，我感到观众的要求和当时少奇同志的外貌特点总是有距离的。若按当时的少奇同志去画，结果人们将根本认不出这是谁。因为青年时代的少奇同志的外貌，人们不熟悉，熟悉的是今天的少奇同志。但是若画成与今天的少奇同志，又必然失去历史画应有的生活的真实性。因此我觉得，形象不仅应当以当时的真实生活为根据，而且还应该符合群众今天心目中的、为少奇同志多年的革命活动丰富起来的基础上，赋予理想的成分，使之与今天观众心目中少奇同志的形象相吻合。...突出地表现领袖，是这个题材的内容所要求的。但如何突出呢，第一次构图是描写少奇同志去谈判。少奇同志一身在组织代表工人去谈判的，是一件非常动人的事件。描写谈判的构图不容易展现大罢工的磅礴气势，也不容易体现它的意义和中国矿工所受的深重压迫。领导者的形象虽然能突出显来，但未能表现出他和群众的联系。我的创作意图，也找不到较有力的表现形式。

第二次构图时，放弃了这个谈判的情节，力图使主题的倾怀更更加强烈，想表现出中国早期的工人阶级在党的领导下走上了政治舞台；同时也想进一步揭示出为什么要革命的深刻原因，传达出"我们不能作奴隶，我们要做人"这激动人心的口号的力量。起初把少奇同志的形象画在正中，虽然中心人物突出了，可是我发现并不能切不自然。这不等于"突出"重要的是如何正确表现领袖与群众的关系和在运动中的作用，并要根据领袖的政治素养和气度以及在特定场合中的感情，来塑造鲜明个性，从中突出领袖的形象。少奇同志的形象要具有普通工人的气质，在精神方面和行动方面都是和工人一致的，是群众之中的一个，和群众一样的煮吞又是工人中最坚定、最成熟不关切不自然。二十三岁的青年革命者抱着对阶级的赤胆忠心，为导青年产主义思想所武装，知道斗争，掌握着斗争的战略与策略，因而就比别的工人显得格外明晰、从容、严肃而自然。从这一方面看，领袖和...

1962

2 月

《美术》本年第一期发行，刊登了李文吾《评论与创作》、贺天健《中国山水画的美学问题》等文章。刊登了叶浅予、华君武、古元、方成、江有生、江帆等人的诗歌和漫画，以及林岗《狱中斗争》、全山石《英勇不屈》、黄新波《年轻人》、陈之佛《鸣喜图》等作品。

4 月

《美术》本年第二期发行，刊登了艾中信《油画风采谈》、罗工柳《油画杂谈》、董希文《绘画的色彩问题》、吴冠中《谈风景画》、倪贻德《读〈苦瓜和尚画语录〉的一点体会》、俞剑华《以形写神》等文章。刊登了卫天霖《白芍药花》、吴作人《藏女负水》、林风眠《静物》、徐悲鸿《抚猫女人》、董希文《哈萨克牧羊女》、艾中信《紫禁城残雪》、倪贻德《秋晴》、吴冠中《扎什伦布寺》等作品。

6 月

《美术》本年第三期发行，刊登了何香凝、叶浅予、丰子恺、华君武、古元、钱松嵒等人的题词或文章，纪念毛主席《在延安文艺座谈会上的讲话》发表 20 周年。刊登了胡一川《前夜》、赵友萍《代表会上的妇女委员》、林风眠《风景》等作品。

8 月

《美术》本年第四期发行，刊登了魏凉《关于宗教艺术中有无反宗教的问题》、柳溪《艺术批评要考虑到艺术特点》、余真《百花齐放不能忽视题材问题》等文章。刊登了蒋兆和《杜甫像》、官布《幸福的会见》等"全国美术展览会"作品。

10 月

《美术》本年第五期发行，刊登了李平凡、黄永玉等关于为儿童创作绘画的体会。

12 月

《美术》本年第六期发行，刊登了顾炳鑫、晁楣、费声福等关于生活与创作的文章。

诉　苦（素描，《全国美术展览会》作品）　王式廓

藏女負水（油畫，一九五四年）　吳作人

油画風采談

艾中信

—2—

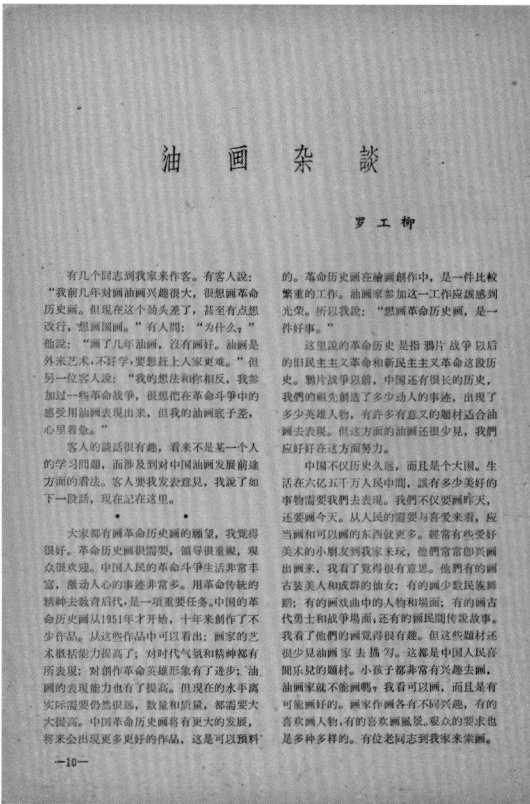

油 画 杂 談

罗工柳

—10—

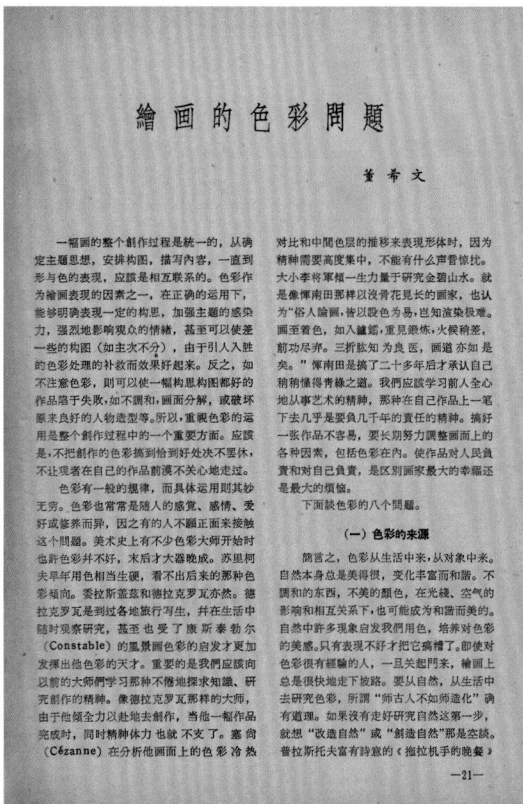

繪画的色彩問題

董希文

—21—

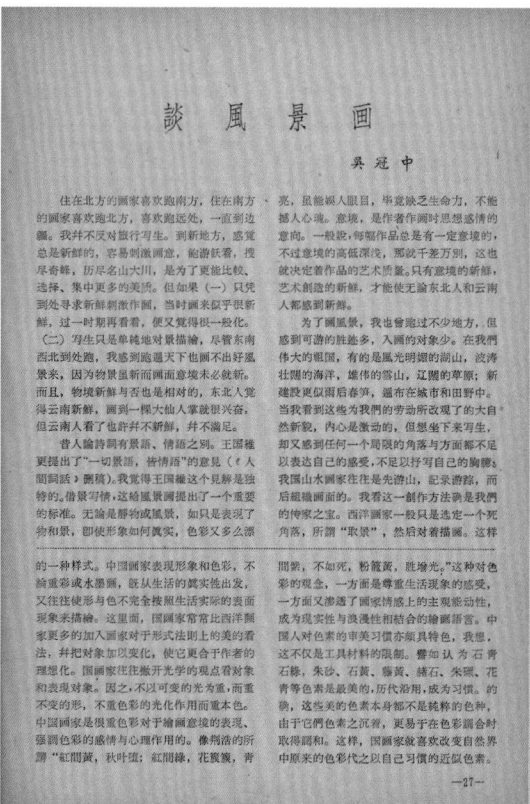

談 風 景 画

吳冠中

—27—

代表会上的妇女委员 （油画）　　赵友萍

哈萨克牧羊女　（油画，1948年）　　　　董希文

其青不知老将至，富贵於我如浮云，千载堂知堂旅世，寿民欢唱大同时；我本少陵情酷昙，搜笔如何画愁眉！一九五九年 兆和

杜甫象 （中国画，《全国美术展览会》作品）　　　　蒋兆和

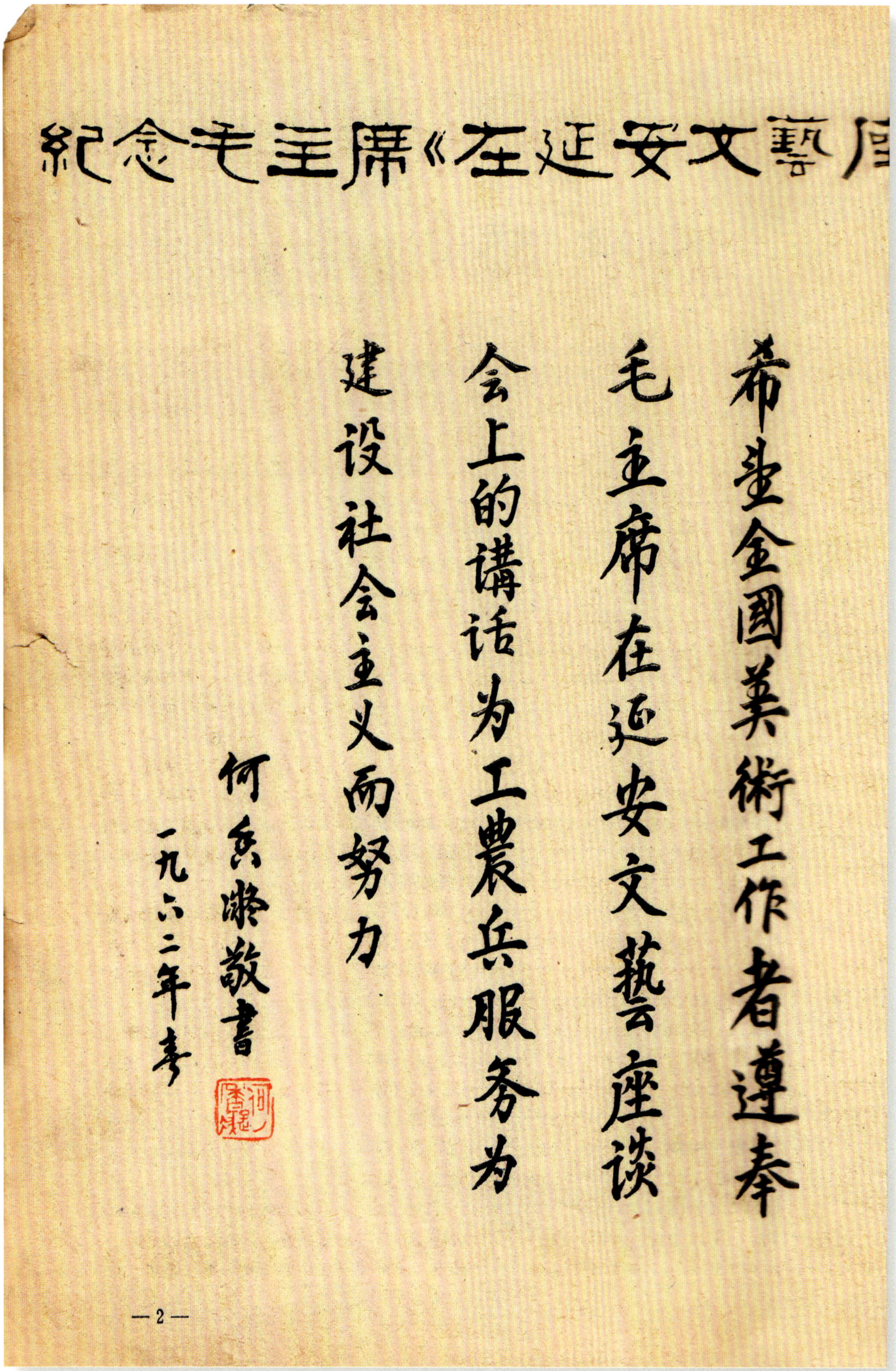

纪念毛主席《在延安文藝座

希望全国美術工作者遵奉

毛主席在延安文藝座谈

会上的讲话为工農兵服务为

建设社会主义而努力

何兵㳍敬書

一九六二年春

「在延安文艺座谈会上的讲话」发表二十周年纪念 书感

创作先须顶谄之场　毋看事业多谁忙
名花纵此辞温室　移植平原遍地香
创作源泉何处寻　人民生活最关心
繁红一树花千朵　无限生机东此根
思想长兮技术长　士先识读后文章
芒兰扑鼻不香千里　毒草解妍叶落旁
名言至理可青神　艺苑逢春气象新
二十年来多雨露　百花齐放百家鸣
壬寅花朝　丰子恺

然要尽量去美化农民，丑化地主，表现我的爱憎。结果，地主是丑化了，可是农民也带着几分丑相。当时自己并不觉得。

在文艺整风期间，把想思挖了一挖，原来我在土改中站的是第三者的立场，对地主既不痛恨，对农民也不真爱。地主的丑相，正好和我的习惯笔墨相符，看不出有什么破绽，而农民的形象，暴露了我的马脚。

毛主席教导我们：有出息的文学家艺术家，必须到群众中去，必须长期地无条件地全心全意地到工农兵群众中去，到火热的斗争中去。要我们抱着和农民同甘苦共命运的精神到农村中去。去观察，去体验，去研究，去分析，去熟悉农民。只有这样，才能感受到农民的心脏和脉搏的跳动，才能真正对农民发生好感，才能真正爱农民。不然的话，就不能具体地感受到泥腿的可爱，也就没有去表现它的激情了。

经过几次下乡，接触了很多农民，才逐渐缩短了知识分子和泥腿之间的距离。我在一九五三年所画的那幅《夏天》，画了一个在玉米林中的老农民，看起来纯朴自然多了。

直到现在，我笔下的农民形象，总感到还不够理想，这说明我还不够熟悉他们，和他们还有距离。但是，可以肯定，农民的一双泥腿在我的审美趣味中已经占领了一定的地位。这是我思想改造中的重要收获，今后必须巩固它，扩大它，使它成为我审美趣味的主导部分，真正和工农兵结合。

— 4 —

1963

2月

《美术》封面进行调整，该年度封面刊登的均为版画作品，封底均为实用美术作品。

《美术》本年第一期发行，刊登了艾中信《"法"和"变"——就油画的形式、风格等问题复友人》、叶浅予《我爱速写》等文章。刊登了钱松嵒《红岩》、宋文治《山川巨变》、李可染《漓江雨》、郭味蕖《熏风》等作品。

4月

《美术》本年第二期发行，刊登了蒋兆和、张安治、辛莽等《什么是新，如何创新》，周韶华、刘纲纪《略论中国画的笔墨与推陈出新》等文章。刊登了刘文西《祖孙四代》、谢稚柳《莲塘鹣鹩》等作品。

6月

《美术》本年第三期发行，刊登了黄胄《和边疆的亲人在一起》、黄笃维《对中国画继承传统与革新的看法》等文章。刊登了李焕民《攻读》等作品。

8月

《美术》本年第四期发行，刊登了阎丽川《论"野、怪、乱、黑"——兼谈艺术评论问题》、程至的《关于意境》等文章。刊登了林风眠《花》等作品。

10月

《美术》本年第五期发行，刊登了《油画〈耘天〉引起的一场争论》、张安治《纪念徐悲鸿先生》等文章。刊登了钟涵《延河边上》等作品。

12月

《美术》本年第六期发行，刊登了李平、林峰《艺术的"新"与"旧"》，王朝闻《探索再探索——石鲁画集序》，方成《反帝漫画的新生活》等文章。刊登了石鲁《高原放牧》、李可染《万山红遍》等作品。

延河边上 (油画)　中央美术学院油画研究班　钟　涵

1964

2 月

《美术》本年第一期发行，刊登了王朝闻《为适应需要创造根本性条件》、叶浅予《长江大桥和长江三峡》等文章。刊登了华君武、方成等人的漫画作品，以及贺友直《李双双》、吴凡《小站》、李焕民《重走黄金路》、齐白石《葫芦》等作品。

4 月

增加朱丹为编委。

《美术》本年第二期发行，刊登了李醒尘、叶朗《意境与艺术美》，辛未《形似与神似》等文章。刊登了苏天赐《江南秋熟》等作品。

6 月

《美术》本年第三期发行，刊登了关山月《从大寨之行想起》等文章。刊登了钱松嵒《常熟田》，以及四川雕塑家作品。

8 月

《美术》本年第四期发行，刊登了何溶《这是什么阶级的艺术观点？——对王琦学术〈论艺术形式的探索〉一文的质疑》等文章。刊登了部分"第三届全军美展"作品。

10 月

《美术》本年第五期发行，刊登了刘纲纪《马克思主义美学与资产阶级形式主义美学的根本对立——评王琦对马克思主义美学的看法》、马湘一《群众化，还是化群众——与王琦先生讨论》等文章。选登了"全国日用品美术设计展览会"部分作品。

12 月

《美术》本年第六期发行，刊登了编辑部评论《让英雄人物的精神力量更加发扬光大》等文章。刊登了官布《听毛主席的话》、王玉珏《山村医生》等作品。

一九六四年　第二期

美術

罪恶的审判（油画）　新疆　哈孜·艾买提（维吾尔族）

发扬抗日战争时期
革命美术的战斗传统

今年九月三日，是抗日战争胜利二十周年，也是整个反法西斯战争胜利二十周年。

中国人民历时八载的抗日战争的伟大胜利，是在中国共产党英明领导之下取得的，是在伟大领袖毛主席的人民战争思想的指导之下，依靠广大人民群众英勇战斗而取得的。在整个抗日战争时期，尤其是在毛主席《在延安文艺座谈会上的讲话》发表之后，各抗日根据地的美术工作者，响应党的号召，遵循了党的文艺方向，投入人民群众的火热斗争，利用一切可能利用的美术形式，利用一切可能利用的物质条件，进行了抗日战争的宣传活动，积极配合伟大的战斗，发挥了革命文艺团结人民，教育人民，打击敌人，消灭敌人的政治作用。

回顾抗日战争和解放战争时期的美术工作经验，进一步发扬革命美术的战斗传统，对于我们当前的革命斗争，特别是反对全世界人民的头号敌人美帝国主义及其走狗的斗争，具有十分重大的意义。我们必须努力学习毛泽东思想，深入工农兵，学习工农兵，改造主观世界，磨砺战斗武器，坚决贯彻党的文艺方向，为工农兵服务，为社会主义革命和社会主义建设服务，为世界人民的革命斗争服务！

编者

· 1 ·

夺回我们的牛羊（木刻）   沃渣（1944年作）

榜样（漫画）   华君武（1945年作）

不让敌人抢走粮食（木刻）   彦涵（1943年作）

部队秋收（木刻）   古元（1943年作）

踏雅（木刻）   夏风（1945年作）

八路军一二〇师在华北（连环木刻之一）   李少言（1940年作）

美術

双月刊　　一九六六年　第一期

1965

2 月

《美术》编辑委员会迁到北京汉花园大街 31 号办公。

《美术》双月刊改版，本年第一期出版，封面为孙纪元《青春》。

4 月

《美术》本年第二期发行，刊登了方增先《说红书》、华三川《白毛女》等作品。

6 月

《美术》本年第三期发行，刊登了何山碧《社会主义时代的主题》等文章。刊登了袁晓岑《送儿当红军》、刘国枢《县委书记》、蒲国昌《天下大事》等作品。

8 月

《美术》编辑委员会迁回北京王府大街 64 号办公。

《美术》本年第四期发行，本期刊登了江有声《在抗日的战斗中》和《夏风》等抗日战争时期美术作品 6 幅。

10 月

《美术》本年第五期发行，刊登了常沙娜《做贫下中农的忠实勤务员》等文章。

12 月

《美术》本年第六期发行，重点介绍了四川省大邑县地主庄园陈列馆《收租院》大型泥塑创作。刊登了编辑部评论《全国美展的回顾与前瞻》、姜全贵的创作谈《从塑泥菩萨到参加〈收租院〉》等文章。

1966

2 月

《美术》编辑部迁到北京王府大街 38 号办公。

《美术》本年第一期发行，刊登了中国美术家协会致全国美术工作者的一封信《学习焦裕禄，彻底革命化》等文章。

4 月

《美术》本年第二期发行，刊登了鲁迅美术学院师生集体创作的素描《毛主席叫我来看您老人家》等以焦裕禄及其事迹为题材的作品。

6 月

《美术》停刊。

1976

3 月

根据毛主席批准，《美术》复刊，为双月刊，由《美术》编辑委员会编辑，人民美术出版社出版，新华书店北京发行所发行。主编华君武、副主编李松涛。复刊第一期封面为关山月的中国画《俏不争春》。《创刊词》提出了"繁荣创作、活跃评论、提倡争鸣……调动一切积极因素，开门办好刊物"的思路。刊登了大型泥塑《农奴愤》等作品。

5 月

《美术》本年第二期发行，刊登了汤小铭《永不休战》、徐匡《草地诗篇》、李焕明《草地新姐妹》、晁楣《红妆素裹》等作品。

7 月

《美术》本年第三期改由北京市邮局发行。刊登了邓春《巴黎的无产阶级革命美术》等文章。

9 月

《美术》本年第四期发行，封面为徐匡《亲切的指导》。刊登了关山月、阿鸽等人的文章，纪念和哀悼毛主席逝世。刊登了薛永年《"当革命时，版画之用最广"——学习鲁迅关于版画的论述》、赖少其《一木一石》等文章。刊登了刘文西《知心话》等作品。

11 月

《美术》编辑部迁至北京市东四八条 52 号。

《美术》本年第五期发行。刊登了马振生、朱理存《重上井冈山》等作品。

创　刊　词

　　在毛主席革命路线取得伟大胜利的凯歌声中，在反击右倾翻案风的战斗中，《美术》与广大工农兵群众，专业、业余美术工作者见面了。

　　《美术》创刊号上，刊登了毛主席一九六五年写的二首光辉诗词《水调歌头·重上井冈山》和《念奴娇·鸟儿问答》。毛主席的这些雄伟壮丽、气势磅礴的诗篇，高度概括了国内外**"风雷动，旌旗奋"**，**"天地翻覆"**的大好形势，热情歌颂了中国人民和世界人民**可上九天揽月，可下五洋捉鳖**的大无畏的革命精神，深刻揭示了马克思主义终将战胜修正主义的历史规律。是我们进行阶级斗争、路线斗争和反修防修，把无产阶级专政下的继续革命进行到底的锐利武器，具有深刻巨大的政治意义和现实意义。在当前这场无产阶级同资产阶级的大搏斗中，必将极大地鼓舞全党、全军和全国人民的革命斗志。毛主席的宏伟诗词，在艺术实践上，达到了革命的政治内容和完美的艺术形式的高度统一，为我们树立了革命现实主义和革命浪漫主义相结合创作方法的光辉典范。

　　经过无产阶级文化大革命和批林批孔运动，经过无产阶级专政理论学习运动和评论《水浒》，在毛主席革命路线指引下，以革命样板戏为标志的文艺革命春潮滚滚，新人新作大量涌现。无产阶级文艺园地，万紫千红，百花盛开，**到处莺歌燕舞**，一派大好形势。社会主义美术创作也在蓬蓬勃勃地向前发展。美术创作坚持为工农兵、为社会主义、为无产阶级政治服务的方向，在广大工农兵中有了更加深厚的群众基础。美术从少数"美术家"的小圈子里解放出来，成为广大工农兵手中的战斗武器。美术作品和美术展览在工矿、农村、部队，在三大革命斗争第一线发挥着积极的战斗作用，成为反修防修，巩固社会主义经济基础，巩固无产阶级专政的有力工具。美术队伍发生了很大变化，工农兵登上了美术舞台，涌现了以上海、阳泉、旅大工人，户县农民为代表的工农兵群众性业余美术创作的先进典型。这些社会主义新生事物，对全国美术创作起了很大的推动作用，对于在上层建筑领域里无产阶级对资产阶级实行全面专政，对于限制资产阶级法权，逐步缩小三大差别有着深远的意义。

　　近几年来，广大专业、业余美术工作者，努力学习马克思主义、列宁主义、毛泽东思想，以毛主席《在延安文艺座谈会上的讲话》为指针，批判资本主义，批判修正主义，批判刘少奇、林彪修正主义文艺路线，深入工农兵火热斗争生活，认真改造世界观，学习革命样板戏的创作经验，努力塑造工农兵英雄形象，热情歌颂伟大领袖毛主席和毛主席的革命路线的伟大胜利；歌颂无产阶级文化大革命和批林批孔运动的丰硕成果；歌颂社会主义革命和社会主义建设**"工业学大庆"**，**"农业学大寨"**的辉煌胜利；歌颂社会主义新生事物，努力表现阶级斗争和路线斗争，热情描绘社会主义祖国**旧貌变新颜**的景象。创作了许多好的和比较好的美术作品。一九七二年至一九七五年，根据美术展览"要一年比一年好"的精神。在全国各地广泛发动群众的基础上，举办了四届全国美术作品展览和《户县农民画展览》、《上海、阳泉、旅大工人画展览》。这些展览是无产阶级文化大革命在美术战线取得的胜利成果，受到了广大工农兵观众的热情赞扬和好评。新作者不断涌现，**老作者换发了革命青春**，少年儿童美术作者正在茁壮成长。美术创作群众性广泛，战

大型泥塑《农奴愤》

《农奴愤》创作组

刑场斥敌

徐匡

草地诗篇（木刻）

1977

1 月

《美术》本年第一期发行。刊登了谌北新、刘文西等《你办事我放心》等作品。

3 月

《美术》本年第二期发行。刊登了本刊社论《抓纲治国，百花齐放》。刊登了苏高礼、林岗、庞涛《周总理是我们的贴心人》，邱瑞敏、宋韧、肖锋《战斗在罗霄山上》，黄新波《怒向刀丛觅小诗》，吴作人《大海新貌》等作品。

5 月

《美术》本年第三期发行，封面为罗工柳《毛主席在延安作整风报告》。刊登了杨先让、刘千《解放区木刻，革命的传统》，闻立鹏、李化吉《〈血衣〉和王式廓的创作道路》，侯一民《〈毛主席和安源工人在一起〉一画的创作经验和一些体会》等文章。刊登了侯一民《毛主席和安源工人在一起》、王式廓《血衣》、李琦《主席走遍全国》、古元《烧地契》、彦涵《不让敌人抢走粮食》、牛文《丈地》、李焕民《攻读》、黄永玉《雷锋同志像》、阿鸽《华主席和翻身农奴心连心》、董希文《千年土地翻了身》等作品。

7 月

《美术》本年第四期发行，封面为李秀《毕业归来》。刊登了《中国共产党第十届中央委员会第三次全体会议公报》，转载了《人民日报》社论《历史性的会议》。刊登了杨之光《略论中国画人物画中线与皴擦的运用》等文章。刊登了尼玛泽仁《绿色的冬天》等作品。

9 月

《美术》本年第五期发行，封面为毛主席纪念堂雕塑组创作的《伟大领袖毛主席像》。刊登了叶毓山《亲切的关怀，巨大的鼓舞》，黄凤州《回忆"农讲所"》，陈逸飞、魏景山《〈蒋家王朝的覆灭〉一画的创作体会》，金维诺《从楚墓帛画看早期肖像画的发展》等文章。刊登了杨力舟、王迎春《太行浩气传千古》，李可染《革命摇篮井冈山》，陈逸飞、魏景山《蒋家王朝的覆灭》等作品。

11 月

《美术》本年第六期发行，封面为靳尚谊《数风流人物还看今朝》。刊登了周湘《画是无声诗——谈谈山水画的推陈出新》、刘凌沧《中国人物画的线描》等文章。刊登了毛主席纪念堂系列雕塑，黎雄才《韶山朝晖》，关山月《井冈山》，钱松嵒《枣园曙光》，亚明、秦剑铭《北戴河》等作品。

中国美术家协会副主席、美协浙江分会主席、浙江美术学院院长、著名中国画画家潘天寿先生，因受林彪、"四人帮"的摧残迫害，于一九七一年九月五日逝世，终年七十五岁。最近在杭州举行了潘天寿先生追悼会，并为潘先生平反、昭雪、恢复名誉。为了纪念这位在民族美术事业、艺术教育事业上作出了重大贡献的著名画家，本期在西页中选刊潘先生四幅作品，发表潘先生遗著《中国传统绘画的风格特点》（讲稿），并发表邓白教授的论文《略说潘天寿先生的艺术特点》。

——编者

中国传统绘画的风格特点

潘天寿（遗著）

风格，是比较固存在的。现在姑且将中国绘画与西方绘画所表现的技法形式，作一相对的比较，或许可以概清楚中国传统绘画风格之所在。

东方系统的绘画，最重视的，是概括、明确、全面、变化以及的种种气韵诸点。中国绘画，尤根据以上诸点。中国绘画不以简单的"形似"为满足，而是用高度提炼强化的艺术手法，表现经过国家处理而加工的艺术的真实。其表现方法上的特点，主要有下列各项：

一、中国绘画以墨线为主，表现画面上的一切形体

以墨线为主的表现方法，是中国传统绘画最基本的表现特点。笔在画面上所表现的形式，不外乎点、线、面三者。中国绘画的画面中，虽然三者相互配合应用，然用以表现画面上的基础形象，每以墨线为主体。它的原因：

一、为点易于零碎；二、为面易于模糊平板，而用线易能迅速灵活地胜任一切物体的形象，而用线来划分物体形象的界线，最为明确和概括。一、中国绘画的用线，与西洋画中的线不一样，是充分发挥毛笔、水墨及宣纸等工具的各部多变的特殊性能，经过高度提炼加工而成。同时，又与中国书法艺术的用线有关，以书法中高度艺术性的线应用于绘画上，使中国绘画中的用线具有千变万化的笔墨趣味，形成高度艺术性的线条美，成为东方绘画独特风格的所在。

西方油画主要以光线明暗来显示物体的形象，而画面来表现形体，这是西方绘画的一种传统技法风格，从艺术成就来说，也是达到很高的水平而面不可宝贵的。线条和明暗是东西绘画的两种风格和优点，故在互相吸收学习时就更需值得研究。倘若将西方绘画的明暗技法照搬运用到中国绘画上，就会失去以墨线明暗概括的传统风格，而变为西方的风格。倘若采取线条与明暗兼而

16

美术工作者热烈庆祝
党的十届三中全会胜利召开

·本刊记者·

七月的北京，一片欢腾。

为庆祝党的十届三中全会的胜利召开，毛主席纪念堂工程美术组、中央五七艺术大学美术学院、庆祝中国人民解放军建军五十周年美展办公室、中国美术馆、文化部文学艺术研究所、北京画院等单位美术工作者，和全国人民一样，格外比激动，纷纷举行庆祝会、座谈会、学习会，并映着万盏华灯，冒着大雨，顶着盛夏的烈日，连日连夜上街游行，欢呼三中全会开得好！欢呼人民的心愿实现了！

参加毛主席纪念堂美术工作的同志，带着精心制作的作品，从全国各地赶到北京敬献给伟大领袖毛主席。他们有的在飞机上，有的在火车上，有的在天安门的毛主席像前收听广播，立即欢腾起来。第二天，参加这一光荣任务的部分同志又压抑不住兴奋的心情，聚集在中国美术馆的会上畅谈。座谈会由美术组负责同志主持，参加座谈的有：江苏的钱松岩出、亚明、宋文治、伍霖生、秦剑铭、金志远、尚君砺、等；广东的关山月、黎雄才、陈洞庭、雅道支、梁世восен、陈金章、陈寥静、林丰俗等；山东烟台城绣厂的朱国元、杨愁林、李福昌、谭福顺、刘泽文、张建华、王长良等；上海的金逸等；北京的吴作人、丁井文、陈叔亮、李可染、刘开渠、吴劲、周今钊、雷圭元、吴小彭、袁运浦、王路、李行简、刘東江、秦龙、乔十光等四十多位同志。大家热烈赞扬，这是决定中国前途的历史性的大会。年届八十的钱松岩同志说，"来到北京"，三中全会上十届三中全会胜利闭幕，看到这样的盛况，无比激动，今天下大雨，有的同志说我年纪大了，不要参加

会了，我说，这样大块人心的事，我这个不会喝酒的人也要饮酒庆贺，这个会一定要参加。"有的同志说，听了广播，止不住落下泪来。

大家回顾九个多月来我国的巨大变化，一致拥护华主席为首的党中央抓纲治国的战略决策，一卷赞扬华主席是毛主席的好学生、好接班人，是我们的好领袖、好统帅。同志们说，去年是一件令人伤心的事，今年是一件又一件的开心事。粉碎"四人帮"、出版《毛泽东选集》第五卷、建立毛主席纪念堂，召开工业学大庆、农业学大寨会议、十届三中全会胜利召开了……我们的心愿一件件实现。华主席挽救了中国革命，避免了一次历史的大倒退。宋文治同志说，我们在完成毛主席纪念堂的中国画作品时，节日和星期天都不休息，有的同志哪里是含着药片作画，许多业余作者和群众都来支援，有台绣绣厂的朱国元同志说，为了完成毛主席纪念堂的大壁毯工作，工人同志不顾吃饭、睡觉，把怒道到现场，妇女安置好家务，孩子都顾不上看，这是什么力量；就是粉碎了"四人帮"，大家

·7·

亲切的关怀　巨大的鼓舞

叶毓山

全国亿万军民怀着万分喜悦的心情，纵情欢呼党的第十一次代表大会胜利召开。我们作为一个雕塑工作者，被选为四川省的代表，参加这次具有伟大现实意义和深远历史影响的大会，感到无比激动，这是党和同志们对我们的培养，也是对我们雕塑工作者的巨大关怀和鼓舞。这终身难忘的幸福，使我更加热爱伟大领袖毛主席，更加热爱英明领袖华主席和我们伟大、光荣、正确的党。

华主席在政治报告中高举马列主义、毛泽东思想的伟大旗帜，精辟地阐述了毛主席提出的无产阶级专政下继续革命的伟大理论，全面地总结了党的第十一次路线斗争的经验，高举地分析了国际、国内斗争形势，提出了实现抓纲治国的八项战斗任务。这次党的代表大会，充分体现了团结的胜利的精神，全党团结在以华主席为首的新的中央委员会周围，继承毛主席遗志，高举华主席的伟大旗帜，把被"四人帮"破坏的我党我军的革命传统优良作风恢复了过来。

万恶的"四人帮"被坏文艺革命，践踏毛主席的无产阶级革命文艺路线，扭转毛主席提出的对文艺为工农兵服务的方向，把文艺作为他们一小撮野心家搞阴谋的舆论工具。一九七六年，"四人帮"加紧了篡夺党和国家最高权力的罪恶活动，为了打响一大批中央和地方的党政军领导于部，抛出"老干部是'民主派'，'民主派'就是'走资派'"的反革命谬论，妄图借"批邓"掀起反革命冷清清，广大军令文艺工作者心愤压抑，十分愤慨。

粉碎"四人帮"，雕塑大解放。来自全国各地的一百多名雕塑工作者接受了毛主席纪

导，为反党夺权制造舆论。"四人帮"安插在文化部的死党于会泳集亲王于的意图，立即派人四处活动，鼓吹这是"一项最大的战斗任务"，甚至强令正在进行的创作无图，都来画"与走资派作斗争"的题材。妄图把美术创作变成"四人帮"反党夺权的侍声筒，成为阴谋文艺的组成部分。他们为了在文艺运动推行反革命修正主义文艺路线，对广大文艺工作者实行法西斯专政。一九七二年，我们四川省搞雕塑的同志们创作了"遵义会议放光芒"的"长征组雕"，由于这件作品表现了毛主席形象、朱委员长的光辉形象，就触犯了他们的天条。送到北京之后，"四人帮"的余党百般刁难，不予展出，借此发泄他们对毛一塞无产阶级革命领袖的刻骨仇恨。

"四人帮"所搞的"阴谋文艺"罢害在于抓纲误，文艺只不过是推行其反革命政治纲领的工具。他们在文艺创作上推行唯心主义、形而上学的"创作模式"就是不从生活出发，而从主观臆想出发，从篡夺夺权的阴谋需要出发，提造人物，篇造情节，这在文艺理论上和创作实践中造成了极大的混乱。他们不准读文艺创作的细节中艺术形式，搞模型的不准读草图，许多久历史传统的我国雕塑事业被"四人帮"搞得冷冷清清，广大军令文艺工作者心愤压抑，十分愤慨。

粉碎"四人帮"，雕塑大解放。来自全国各地的一百多名雕塑工作者接受了毛主席纪

·5·

0

今年九月二十五日是徐悲鸿先生逝世二十五周年纪念。徐悲鸿先生曾任中国美术家协会主席，中央美术学院院长，是我国现代著名的美术家、进步思想家，很有影响的杰出画家，并对我国艺术教育事业有着不可磨灭的贡献。毛泽东主席曾对徐悲鸿先生作过肯定的评价。为了纪念徐悲鸿先生，本期在西页中选刊他的作品四幅，发表吴作人到教授提供的徐先生论中国画遗稿，并发表艾中信教授的纪念文章《怀念徐悲鸿老师》。

——编者

徐悲鸿论中国画

（遗稿）

吾于"中国画展序"中，述中国绘事演进略史；举唐代 Intellectualisme[①] 为中国美术之中兴。吾今更言此派之流弊及其断送中国美术之主。

夫一派之成功，均因所含之各 éléments[②] 成熟之混合。成熟之为用，亦不能长持，久则腐败，理之固然。吾中国唐代中兴绘画者，为阎立本、吴道子、李思训、王维、郑虔等人。而王维、郑虔，尤诗人之杰出者。观察之精，超轶群流，所写山水，极徐缓曲，遂大为士大夫所重（前于绘事，衹推为工匠之徒）。故后世特张此说，诗人而兼具工匠之长者也。国家画风必工作，但以诗人之资，研精绘画，必感觉敏锐，品物务本，而不屑于庸俗，可断言也。故宋人之善画者，亦皆一时俊彦，如范宽、李成、米芾等所作山水，高妙无伦。而米芾首创点派（Pointilisme），写雨中景物，可谓世界第一位印象主义者（ImPressioniste）与"文人画"。顾在当时，已写山水十二世纪人也（北京故宫博物院有一幅[③]）。

中国最古之画，如汉书所裁光武图功臣于麒麟阁[④]，又毛延寿之淄写明妃古事[⑤]，必如今

日之 Fresques[⑥] 及 Gouache[⑦]。中国相传造纸始于蔡伦[⑧]，二世纪人也。初造之纸不能作画。

三、四、五世纪，佛教盛行中国。画家辈出，如曹弗兴、卫协、顾恺之、陆探微、张僧繇等人作品，俱属装饰庙宇墙壁间佛教画，皆 Fresques 也。苟欲精于绘画，必须长时间之研究。中国传统习惯，首重士夫，学治国平天下之道，以上流社会，苟非子弟立志学画，决不令辍诗书。在昔时敢有方兀习国但不读书，描画赫，实无有所艺果也，恰文人画者山水，高妙无伦。乃画家面描摄山画，始大成已有之艺术，又创新格，且多第一流人物从事于此，所以有中兴之业也！

至诗人王维，创水墨山水，破除旧格。刘明府之山水槽，捆大诗人杜甫所赞；"元气淋漓障犹湿，真宰上诉天应泣"之句。于历来绘画之方术大多。故唐画既大成已有之艺术，又创新格，且多第一流人物从事于此，所以有中兴之业也！

美术

4
1977

蒋家王朝的复灭（油画）   陈逸飞 魏景山

1978

1 月

《美术》本年第一期发行。刊登了本刊社论《战鼓催春》等文章。刊登了赵友萍、李天祥《山花烂漫时》,潘天寿《红莲》《松鹰》等作品。

3 月

《美术》本年第二期发行,刊登了纪念周总理 80 诞辰系列文章,以及单国强《为百花传神——介绍宋人〈百花图〉卷》。刊登了卢沉、周思聪《清洁工人的怀念》,石鲁《南泥湾途中》等作品。

5 月

《美术》本年第三期发行,封面为钱绍武《人像素描》,封三为吴凡《蒲公英》。刊登了蔡若虹、钱绍武、杨辛等论素描的文章,以及钱绍武、王式廓、韩书力等的素描作品。介绍"法国十九世纪农村风景画展",并刊登了法国画家米勒的部分作品。

7 月

《美术》本年第四期发行,刊登了蔡若虹、郁风、关良、张仃纪念郭沫若的文章,以及夏硕琦《从生活到艺术——四川版画家访问记》、林树中《范宽及其作品》。介绍了闻一多、东山魁夷的艺术。

9 月

《美术》本年第五期发行,封面为陆俨少《井冈山》。对《白求恩在中国》《我要读书》等连环画作品展开讨论。报道鲁迅美术学院恢复用"模特儿"进行人体写生教学。刊登了王叔晖《西厢记》、贺友直《山乡巨变》、华三川《白毛女》、傅抱石《井冈山》、吴冠中《长江山城》等作品。

11 月

《美术》本年第六期发行,封面为徐悲鸿《毛主席像》。刊登了蔡若虹、张安治、艾中信等纪念徐悲鸿、潘天寿、何香凝的文章,以及徐悲鸿遗稿《徐悲鸿论中国画》、潘天寿遗稿《中国传统绘画的风格特点》、何香凝《何香凝诗选》。刊登了顾生岳《周总理》,以及徐悲鸿、潘天寿、何香凝的作品。

清洁工人的怀念（中国画）　　　　卢　沉　周思聪（女）

东郭先生（连环画）刘继卣绘

东郭先生连忙从口袋里取出高粱饼给狼吃，可是狼不吃。

对不起，我从娘肚子出来就是要吃肉的。

你吃黙這個吧。

西厢记（连环画）王叔晖绘

只见红娘把莺莺轻轻一推。

1979

1 月

《美术》本年第一期发行，封面不再刊登作品，刊名"美术"由毛泽东题写改为周恩来书法。刊登了本刊社论《为伟大的转变创作美好的图画》、江丰《鲁迅先生与"一八艺社"》、刘绍荟《感情·个性·形式美》等文章。刊登了王式廓《转战陕北》、钟涵《延河边上》、何孔德《井冈山会师》、靳尚谊《毛主席在十二月会议上》、刘海粟《黄山西海门》、黄永玉《雀墩》等作品。

3 月

《美术》本年第二期发行，封底为吴凡《羽》。刊登了刘开渠《要按艺术规律办事》、叶浅予《要大框框，不要小框框》、江丰《民主靠争取，不能靠恩赐》，以及庞薰琹、王朝闻、古元等的发言。刊登了涂克《迫切需要解决源泉问题》、江丰《鲁迅先生与"一八艺社"》（续）、聂崇正《戏拈秃笔扫骅骝——谈李公麟的〈临韦偃牧放图〉》等文章。刊登了钟涵《东渡黄河》、艾轩《保卫》、郭怡孮《烂漫山花》、黄胄《养鸡》、庞薰琹《花》《鸡冠花》等作品。

4 月

《美术》恢复为月刊，并计划增编出版《美术季刊》和《美术研究丛书》。

《美术》本年第三期发行，刊登了王朝闻《行成于思》、陈丹青《漫谈动作》等文章。刊登了迟轲《我国油画的先驱——李铁夫》及李铁夫作品数件。介绍了墨西哥版画艺术、罗马尼亚画家巴巴的艺术。

5 月

《美术》本年第四期发行，刊登了《鲁迅1930年2月21日在上海中华艺术大学的演讲》（记录稿）、许幸之《回忆鲁迅先生在中华艺大的一次演讲》、卢鸿基《关于鲁迅先生与新美术运动的一点史料》、闻立鹏《交流、借鉴、发展——瑞典绘画雕刻展览观后》等文章。刊登了李化吉《藏族姑娘》、詹建俊《石林湖》、晁楣《北陲屏障》、袁运生《傣女》、司徒乔《放下你的鞭子》等作品。

6 月

《美术》本年第五期发行，刊登了吴冠中《绘画的形式美》、潘絜兹《复兴工笔重彩的殷切期望》、朱朴《探索创新必须从生活出发——评上海〈十二人画展〉》、王伯敏《读画偶录》、温肇桐《初唐画家阎立本》等文章。刊登了潘絜兹《琴心》、韦启美《宇宙信息》、周思聪《周总理视察邢台地震灾区》等作品。介绍了法国雕塑家罗丹的艺术。

7 月

《美术》本年第六期发行，封面为陈之佛《玉兰鹦鹉》。刊登了力群《论美术的主题与题材》、吴似鸿《中国左翼美术家联盟活动片段》、宣文杰《抗日战争时期的漫画宣传队》等文章。刊登了吴冠中《向日葵》《太湖群鹤》、张仃《大连新港》等作品。介绍了沈伊默、余本、黄新波的艺术。

8 月

《美术》本年第七期发行。刊登了张望《英烈花开花永在——忆张志新烈士》，高小华《为什么画〈为什么〉》，钱绍武《谈艺术札记——和小型雕塑展的作者们聊天所得》，崔锦、孙宝发《试论扬州画派的形成及其艺术特点》等文章，报道了"日本现代绘画展览"。刊登了王流秋《转转》、秦征《家》、高小华《为什么》、黄永玉《春天来了》《黄梅》、方君璧《北京雪景》《苏州枫桥下望》等作品。

9 月

《美术》本年第八期发行，封底为徐匡、阿鸽《主人》。刊登了刘凌沧《巍然古树放新花——谈"工笔重彩"画派》，何溶、迟轲、栗宪庭等人关于连环画《枫》的专题讨论等文章。刊登了李焕民《换了人间》、徐匡《大江之源》等作品。

10 月

《美术》本年第九期发行，刊登了张树勇《周恩来同志介绍法国美术》等文章。刊登了闻立鹏《大地的女儿》等作品。

11 月

《美术》本年第十期发行，封面为杜健、高亚光、苏高礼

《不可磨灭的记忆》，扉页为张仃《哪吒闹海》。报道了首都国际机场候机楼壁画落成。刊登了韩书力《西藏来信》等文章。刊登了闻立鹏《红烛颂》、孙滋溪《草原夜宿》、詹建俊《高原之歌》、叶毓山《毛主席在陕北》、韩书力《毛主席派人来》等作品。介绍了郭全忠、日本画家平山郁夫，以及罗马尼亚的艺术。

12月

《美术》本年第十一期发行，封面为祝大年《森林之歌》。专题报道了第三次全国美代会，刊登了江丰《关于中国画的一封信》等文章。刊登了关山月《龙羊峡》、周思聪《人民和总理》等作品。

美術

1979/ 3
MEISHUYUEKAN

· 创作通讯 ·

创作需要勇气

——四川美院学生的几件创作

范 朴

要解放思想、大胆创作，在创作实践中并非易事。我们在组织建国卅周年献礼美术创作中，深深地感到：文艺创作的繁荣，还只是初露头，要达到一个真正生动的、百花齐放的局面，还需要作很大的努力。特别是当前林彪、“四人帮”极左路线的精神枷锁和极左思想的流毒远未肃清，解放思想、放开手脚大胆创作，提倡点勇气很有必要。

早在1978年，在教师、同学中就形成了一批草图。作品涉及的题材比较广泛，特别是学生中一批反映林彪、“四人帮”为害十年、国家横遭戕害、人民饱受折磨的草图，引起了人们的重视。众说纷纭，有赞成的，也有反对的，也有担心的。

这批草图反映出青年同学具有一种创作上的胆识。相对来讲，他们头脑中的条条框框比较少。他们中的许多人在文化大革命开始时还是戴着红领巾的少年，文化大革命十年的风云变幻、波涛汹涌般的社会动乱，使他们懂得了一些真理，目睹了许多意想不到的悲剧，他们好象从恶梦中惊醒，在痛苦的思索中寻找答案。那条极左路线、害了年轻的一代，并把国家推向了苦难的深渊。许多往事孕育了他们创作的欲望，急切地想用刚刚学会使用的画笔反映内心的真情实感。“创作欲望”是一个十分重要的东西，而我们多年来已在疏远它，回避它，现在青年同志们获得了这个动力。因而，过去美术创作中很少触及的题材他们敢于反映，在创作的路子和艺术处理上为了创新他们勇于探索，使人眼目一新。

我们四川是林彪、“四人帮”挑动武斗最激烈的地方之一，油画《为什么》（见本刊第7期）、《孤儿》、《新娘》、《1968年×月×日雪》（本期）等反映的都是文化大革命中人们耳闻目睹的事件，向人们提出了发人深思的问题。如同样是以揭露林彪、“四人帮”挑动武斗，给人民造成的伤痕和牺牲的创作《为什么》一画是以特写的手法集中刻划了四个不同个性的年青人在一场武斗遭到失败后的痛苦、失望和觉醒，那么《1968年×月×日雪》这一日记式的标题则是通过众多人物的大场面真实地再现了两派群众组织对立和武斗的画面。画面上，“胜利”了的一派在押送另一派的“失败者”，俨然像在战争年代、战争结束后押解俘虏一样。那胜利了的一派有的负伤包扎却象勇士一样自豪；而另一派，如那位头发被剪、衣衫破碎的女学生，是一派的小头头，仗虽然打输了，但她认为为真理而战，宁死不屈是光荣的，她仇视着对方、步履艰难地走着。有的伤残后互相搀扶着、吼叫着……。画面上塑造了许多有个性的人物，是真实可信的。这里吼叫声、笑声、武器、工事、伤残者的身躯、鲜血……把观众的思维引向了难忘的1968年全面武斗时期的深沉回忆中，使人思索：这是谁之罪？使恬静、优美的校园，变成了硝烟弥漫的战场，教学楼变成了武斗工事，过去的学习挚友，如今成了冤家仇人。林彪、“四人帮”为了篡党夺权，煽动的现代迷信的狂热，利用青年对党的热情，把他们引向了歧途，酿成了一代悲剧。画面中的那些年轻人，殊不知不论是胜利了或败了，他们都成了“文攻武卫”的牺牲品。这就是作品向人们提出的一个严肃的主题。有意义的是作品画完后，作者曾经找来当年参加过武斗的几位青年人请他们提意见。参加者看后触景生情、深有感触，认为画得还不够残酷，并且希

37

《蒋家王朝的复灭》一画的创作体会

陈逸飞 魏景山

油画《蒋家王朝的覆灭》，是为中国人民革命军事博物馆解放战争馆的陈列而创作的。《美术》杂志的同志要我们谈谈这幅画的创作体会，我们就趁这个机会向同志们汇报一下创作过程，并提出一些创作上的问题，算是一个抛砖引玉的发言吧。

我们接受创作任务后，听取了军事博物馆同志的介绍，看了有关资料和纪录影片，到部队深入了生活，访问了南下的老同志。革命前辈光辉的战斗业绩深深地教育了我们。我们感到，作为一个美术工作者，有责任尽自己的力量把老一辈革命者在毛主席领导下，为中国人民获得解放而进行的艰苦卓绝的伟大斗争、他们的英雄形象和他们建树的丰功伟绩再现在画面上。

我们曾几次去南京收集创作素材，对油画的创作有几种构思。南京伪总统府是国民党反动派的老巢，是蒋家王朝的象征。我们想选取人民解放军占领伪总统府这样一个特定的情节，来表现蒋家王朝的覆灭和人民的胜利。如何表现占领？根据领导的要求，先后画了几种不同的构图。有视平线定得很低，一组战士肃立，向上升的红旗致敬的；有从正面对伪总统府进行冲击的；有一群战士已经冲上伪总统府即将把红旗升上旗杆的。为了使将来的画面有一定的艺术感染力，使观众觉得可信并引起共鸣，我们征求了很多同志的看法，请他们谈谈自己心目中感到占领伪总统府应该是怎样一个场面，接着我们把这些意见集中起来加以分析。最后，我们在第三种草稿的基础上经过反

草图之一

·37·

读·作·编

DU ZUO BIAN

为什么画《为什么》

高小华

我是四川美术学院七七级油画班的学员。随信寄去我创作的油画《为什么》的照片。去年九月份，它还是素描稿的时候，曾托人转给你们提意见，但没有得到积极的支持。不过我还是坚持把它画成了油画。

今年，在四川美术工作会议上，美术界的许多同志（包括素不相识的同志）看了《为什么》，都热情鼓励我，期望我能早日将《为什么》最后完成。但我对《为什么》的命运并不十分乐观。从我画出初稿到现在，它已经历了三个“历史时期”了。去年九月草图刚完，就有人对我说，你画这样的画可是暴露“黑暗面”，是“禁区”。所以这第一“时期”《为什么》被叫做“凶险”作品；第二时期是去年天安门事件平反前后，当时文学、戏剧和电影都出了一批以揭露林彪“四人帮”罪恶为题材的作品。这时又有人说，这下《为什么》可吃香了，于是它又成了“时髦”作品；可是刚刚进入今年，听说国内工作的重点转移到“四化”建设上来，美术也要转向表现“四化”的题材了，当然《为什什》就跟不上形势的发展，变成“过时”作品了。我不理解：难道在我们美术创作中，就不能反映“悲剧”，就不能“暴露”黑暗？难道这样的作品就同“四化”有什么矛盾，而不能为其服务？《为什么》不就是描写了点真实的历史场合，说了点真话。难道偌大一个“百花园”中就不能容忍这样一朵小小的花（就算带点刺吧）同别的花一齐开放吗？

说实话，我从开始构思到后来创作出这幅画，还一直没有想要赶什么“风头”和“时髦”呢。记得1976年初，我看到一本《上海民兵美术作品选》，封面就是一幅名为《巩固红色政权》的画。画中居然打出了“文攻武卫”的旗子，为“文攻武卫”唱赞歌，我看了很反感，真想画一幅画回击它。当然，这在那时是不现实的。再次唤醒我这一想法的，是打倒“四人帮”后，随着形势的发展、随着文学、戏剧反映“文革”时期作品的出头，人们思想的逐步解放，我的构思也逐渐地成熟起来。我常常想：我也是这场悲剧的目睹者，参与者和受害者：那深留在我们身上、心灵上的每一条“伤痕”都是历史的见证。我们这一代人有权利和义务来发言，来记载这一历史事实。我就是凭着自己的这种责任感和良心，去描写这一真实事件，控诉、揭露、批判林彪“四人帮”鼓吹“文攻武卫”的罪行。让后一代人记住这个血的教训——历史悲剧不能再重演了！同时也应该想一想，今天的安定团结来之不易，再不能乱了，倒退是没有出路的，青年们应为“四化”而献身！

1979年4月

（上接第36页）

面也是为了思想内容表现的要求。永乐宫壁画和藏族佛画将云彩组织成彩带状旋涡状，到底有现实对象为蓝本，同时这种装饰风的处理，也是为了更好地表现宗教的庄严华丽的主题。所以，装饰风是艺术形式上的问题，而何尝和思想内容无关；民间年画的装饰风不正是为了表现迎春纳福除旧更新的思想内容吗？中国民间绘画的装饰风是特别鲜明、特别强烈的，我们今天的艺术家可以在民间创作的宝库中找到民族形式的典范。这里，劳动人民在自己的创作中，最鲜明地表现了真实与装饰有机结合的艺术风格。在这有机结合中，它表现社会的生活，反映人民的愿望，同时它用艺术来美化生活，来装饰生活，使人们的日常生活充满美的感觉，造成一种欢愉乐观的气氛。民间艺术的这种真实与装饰巧妙地结合在一起的艺术风格，具有很高的美学价值，在研究中国画发展问题时，对如何发扬民间绘画的这种优秀传统，值得我们作进一步的探索。

* 本文是《中国画研究》中的第二、十章，全书将由云南人民出版社出版）

7

创作谈

关于创作连环画《枫》的一些想法

程宜明 刘宇廉 李斌

小说《枫》发表之后，我们很快接受了《连环画报》编辑部把它改编成连环画的约稿。

小说写的真实、动人，似乎就是在当时的位置上记述了这一场武斗，立即把人们带回到那史无前例的年代，重新回味和感受那震撼人心的一切。人们对这些是记忆犹新的，而和丹枫同样经历过这场红卫兵运动的这一代人，大概会尤其感到痛切。一直到若干年之后，我们才会发现，我们是通过自己的双手，断送了自己的将来，并给整个民族造成了极其严重的后果。可是在当时，我们确实坚信是在破坏一个旧世界。红卫兵运动冲击了从学校到社会的固有秩序，破坏和打击了我们曾经尊重、向往和追求的一切。而所有这些，却是出于一种基本是无私的和虔诚的动机，毫不犹豫地服从于一种空前巨大的精神力量。

这可能就是我们这一代人的悲剧。在用绘画重新表现这个主题时，有一种很大的激情，促使我们竭力如实地去表现这一代青年在当时的纯洁、真诚、可爱和可悲，用形象和色彩，用赤裸裸的现实，把我们这一代青年最美好的东西撕破给人们看。

卢丹枫、李红刚这样的形象在当年的红卫兵中是有代表性的，我们可以在以往的记忆里找到许多清晰的身影。他们是在一种正统的正面教育中成长起来的，真诚而简单，好学而无知。无数的青年象丹枫一样，从标准的好学生成为毛主席的红卫兵，以一种疯狂的热情投身于这场空前规模的运动，甚至奋不顾身地葬身于互相残杀的武斗之中。这是一些十分具体的有血有肉的形象，他们既不是昔日“四人帮”模式中那种大智大勇的英雄，也不是某些新模式中青面獠牙的暴徒。他们只是六十年代的学生，有知识，有思想，有各别的性格特征，也有细腻的感情世界。虽然我们最后仍然没有能画出人物应有的厚度，但确实觉得对作品的人物个性，是一定要努力追求的。

对于人物和环境，我们安排了一些对比的处理，造成了

风眠、黄永玉等的作品后受到启示，老画匠的玻璃画也可以说是传统技法上的一种突破，可能将来玻璃画也有它的发展前途。它的颜色都藏在玻璃与油漆的夹层中，除非打碎，几千年都能光亮如新，而且工具技法也都可以创新。玻璃画的题材目前不够广，群众最喜欢的就是西湖风景、长江大桥、颐和园、天安门，在题材方面是可以更多样化的。这也许是老画匠对玻璃画的一种偏爱，但这是不是也涉及到向民间传统学习、更密切地与群众要求相结合，使作品更能发挥教育与鼓舞作用的问题呢？我在想。

老画匠下乡后获得的启发、想到的问题是很多的，这里说得很零散，而且自己对理论问题从来就是个小学生，年已古稀，没有能力再做出什么探讨，希望能引起高明者的议论与指教，老画匠就预致敬礼了。

34

为什么　（油画）　一九七九　高小华

狗　（1976.4.5组画之二，石版画）　1979　王公懿

如今灾区
要成了新
村俺们
天仏等啊
勒情就的
看那一
天……
——记粉台
以震架尾一住
老乡的哭诉
一九七七年
八月初稿
提起

人民和总理 （中国画） 1979 （151×318厘米）   北京 周思聪

主 人 （木刻） 1979 （58×59公分） 徐 匡 阿 鸽

美術 月刊
（总第140期）
编辑者 美术编辑委员会
（北京东四八条五十二号）
出版者 人民美术出版社
（北京北总布胡同32号）
印刷者 人民美术出版社印刷厂
中国青年出版社印刷厂
总发行处 北京市邮局
订购处 全国各地邮局
另售代销处 全国各地邮局和新华书店
国外总发行 中国国际书店
（北京399信箱）
出版日期 1979年9月25日
本刊代号 2—170 本刊编号 0658
定价 每册0.35元

美術

1979/十二月号

MEISHUYUEKAN（第 十一 期）

1980

1 月

《美术》杂志编辑部邀请中央美术学院、中国美术研究所部分研究生举行座谈会，畅谈当前美术创作有关值得研究的问题。

《美术》本年第一期发行，刊登了陈宜明、刘宇廉、李斌《关于创作连环画〈枫〉的一些想法》等文章，继续开展关于连环画《枫》的讨论。

2 月

《美术》本年第二期发行，封面为林风眠《荷塘》。刊登了贺友直《关于"做戏"和"制造"情节——连环画创作问题探讨之一》等文章。

3 月

《美术》本年第三期发行，报道了"中华人民共和国成立三十周年全国美术作品展览"。刊登了栗宪庭《关于"星星"美展》、吴冠中《梵高》等文章。介绍了刘海粟的艺术。

4 月

《美术》本年第四期发行，刊登了江丰《鲁迅是中国左翼美术运动的旗手》、胡一川《怀念张眺同志》、黄可《中国左翼美术家联盟简介》等文章，纪念中国左翼美术家联盟成立 50 周年。刊登了吴冠中、邵大箴、程至的等关于"正确对待人体美术问题"的笔谈讨论。

5 月

《美术》本年第五期发行，报道了"中国画人物画创作问题讨论会"，并刊登了叶浅予、李可染等的发言。介绍了维也纳分离派的艺术。

6 月

《美术》本年第六期发行，封面为李可染《浓荫牧归》。刊登了侗廑《对中国画几个问题的我见——与江丰同志商榷》，以及《正确对待人体美术问题——关于在雕塑、绘画中表现人体问题的讨论》等文章。

7 月

《美术》本年第七期发行，封面为傅抱石《湘夫人》。刊登了奇棘《谈"社会主义现实主义"在美术创作中的一些问题》等文章。介绍了傅抱石、潘天寿、乔十光的艺术，以及中日、中法美术交流情况。

8 月

《美术》本年第八期发行，刊登了何溶《中国的油画大有希望——纪念中央美院建院 30 周年油画展览的一点观感》、陈金陵《清代卓越画家王石谷》等文章。介绍了美国 20 世纪艺术。

9 月

《美术》本年第九期发行，刊登了叶浅予《花鸟画的推陈出新》、郭怡孮《郭味蕖对花鸟画创新的认识与实践》、吴俊发《江苏水印木刻浅谈》、刘纲纪《关于美术理论研究的一些看法》、李福顺《梁楷和他的减笔画》等文章。

10 月

《美术》本年第十期发行，封面为张大千《丹山春晓》。刊登了叶浅予《关于张大千》，吴冠中《关于抽象美》，曾景初、林凡《也谈中国画的几个问题——与侗廑同志商榷》等文章。

11 月

《美术》本年第十一期发行，刊登了邵大箴《现实主义精神与现代派艺术》，孙运魁《关于中国画的问题——读侗廑同志的〈我见〉有感》，曾景初、林凡《也谈中国画的几个问题——与侗廑同志商榷》（续），刘纲纪《略谈"抽象"》等文章。

12 月

《美术》本年第十二期发行，刊登了洪毅然《艺术三题议》、丁兆成《对中国画创作的两点看法》、高焰《不是对话，是谈心——致星星美展》、叶朗《从黑格尔对人体美术的看法谈起》、郑荣基《艺术并不等于生活》、马鸿增《人体美术之花与中国"土壤"》等文章。

▲一九六八年×月×日雪 （油画） 一九七九 四川 程丛林

戈壁静悄悄 （油画） 1979 （75×150厘米） 甘肃 田友庄 胡远骏

评 论

灵与肉的离合

谈人体艺术

邵绍君

人体艺术是对人自身价值的特殊形式的确认。中国文化对人体艺术的回避并非中国人天性的产物，乃文化史的结果。走出中世纪的中国文化接入人体艺术呼唤出来，是必然的事，但也必定历经"千呀万唤始出来"的过程。

20世纪中国人体艺术的创作与欣赏，向来有三方面的障碍，官方的礼教、民众的习俗和艺术家的素质。高水准鉴赏的人体艺术创造与高水准鉴赏的欣赏，以及它们的良性循环，还有待时间。中央美术学院的"油画人体艺术大展"是人体艺术大展接公开化的标志。它的轰动效应应引起美术界的思考。人体美术如何由文化冲击性进入更纯深的艺术层面？

三个层次

区别开人体艺术的不同层次，是当代人体艺术创作的迫切课题。

正如其他形式形态的艺术品那样：人体艺术事实上启功能有价值能上的分上为层次。就美术而言，可大略分为通俗性人体美术，艺用人体美术和艺术人体美术三层。所谓通俗人体美术，指那些商业化的（或伴随着强烈商利目的的），它纯在娱乐性...

[以下内容难以辨识]

20

作业，即艺用层次的，尽管有些作品具有一定的艺术性。新时期十年来，有请摆艺术追求意识创造的人体美术渐渐增多，但并没产改变上述的格局，而伴随着品位化潮流，通俗性人体美术却显越画来。

中国的人体艺术只有一个参照系—西方。西方的人体艺术既悠久又丰富，我们借鉴它是不言言的。但我们首先要对借鉴对象加以认识和分析，以笼统地西方人体美术的价值的肯定还不够。我们迁面看到问题的另一面。科林伍德说，西方的人体艺术经历了由"神"到"恶魔"再到"玩具"的过程（大约是说从希腊罗马到中世纪再到近现代）。这种说法当然还十分简单了的，譬如"恶魔"阶级结束后，裸女一度成为"人""理性"的化身，而后才化为"玩具"的...

[以下内容难以辨识]

14

正确对待人体美术问题

——关于在雕塑、绘画中表现人体问题的讨论

编者按：

近来在美术创作中表现人体和在出版物上刊登或介绍国内外人体美术作品日见增多，已引起社会各方面的注意。最近，本刊曾邀请部分在京的美术工作者座谈，交换意见，以求对此问题取得一个比较正确的认识。本期先发表三位同志的意见（其他的将在今后陆续刊出），希望大家都来发表意见。

造型艺术离不开对人体美的研究

吴冠中：

文学表现人的内心，需要剖析心理，这是理所当然的，科学的。丑也好，善也好，挖到了人底心灵深处，善恶乃人的形象，同样要解剖人，脱去外加的衣服，人体总赤裸裸的！用形式表现外形，用文字刻划内心，都是殊...

[以下内容难以辨识]

15

块或少一块石头是无所谓的吧，但在大师眼中那却是生命攸关的脑髓问题！书法也一样，一撇一捺，骑墙没有？跨墙？同穿？或是弱弟，或是微美...

[以下内容难以辨识]

根本的办法是多做工作

邵大箴：

人体美不仅是个美术创作和理论问题，而且是社会学的问题，美学问题。社会上人们关心这个问题，反对人体美术的人也有，赞成这个的人很多，这都于关心革命事业，关心青少年成长。但是，到底怎么办呢？是禁呢还是禁掉，需要通过讨论求得比较正确的看法。

人体美包括两方面。一种是自然美，一种是艺术美。这个问题要搞清楚，弄地把它讲清楚。人体机能是最完备、最美的，完整谐调，富有生机和力量...

[以下内容难以辨识]

33

体，裸体能最充分、最真诚、不隐蔽地表现人的情绪和内在的面貌（不是一切都可以加上裤衩的）。

"对美好的人体的正确态度，应该成为社会主义美学的一部分（关键在于艺术家本人对人体采取什么态度）。"

人体与时代

程至的：

最近看到一件叫《勇士》的雕塑，表现张志新烈士裸体骑马上拉引...

[以下内容难以辨识]

（下转13页）

绘　画　的　形　式　美

吴冠中

美　与　漂　亮

我曾在山西见过一件不大的木雕佛像，半躺着，姿态生动，结构严谨，节奏感强，设色华丽而沉着，实在美极了！我无能考证这是那一朝的作品，当然是件相当古老的文物，拿到眼前细看，满身都是虫蛀的小孔，肉麻可怕。我说这件作品美，但不漂亮。没有必要咬文嚼字来区别美与漂亮，但美与漂亮在造型艺术领域里确是两个完全不同的概念。漂亮一般是缘于渲染得细腻、柔和、光挺，或质地材料的贵重如金银、珠宝、翡翠、象牙等等，而美感之产生多半缘于形象结构或色彩组织的艺术效果。

你总不愿意穿极不合身的漂亮丝绸衣服吧，宁可穿粗布的大方合身的朴素服装，这说明美比漂亮的值价高。泥巴不漂亮，但塑成《收租院》或《农奴愤》是美的。不值钱的石头凿成了云岗、龙门的千古杰作。我见过一件石雕工艺品，是雕的大盆瓜果什物、大瓜小果、瓜叶瓜柄，材料本身是漂亮的，雕工也精细，但猛一看，象是开膛后见到的一堆肝肠心肺，丑极了！我当学生时，拿作品给老师看，如老师说："哼！漂亮呵！"我立即感到难受，那是贬词呵！当然既美又漂亮的作品不少，那很好，不漂亮而美的作品也丝毫不损其伟大，只是漂亮而不美的庸俗作品倒往往依旧是"四人帮"流毒中的宠儿。

美术中的悲剧作品一般是美而不漂亮的，如珂勒惠支的版画，如梵高的《轮转中的囚徒们》……。鲁迅说悲剧是将有价值的东西毁灭给人看。为什么美术创作就不能冲破悲剧这禁区呢！

创　作　与　习　作

解放以来，我们将创作与习作分得很清楚，很机械，甚至很对立。我刚回国时，听到这种区分很反感，认为毫无道理，是不符合美术创作规律的，是错误的。艺术劳动是一个整体，创作或习作无非是两个概念，可作为一事之两面来理解。而我们的实际情况呢，凡是写生、描写或刻划具体对象的都被称为习作（正因为是习作，你可以无动于衷地抄摹对象）。只有描摹一个事件，一个什么情节、故事，这才算"创作"。造型艺术除了"表现什么"之外，"如何表现"的问题实在是千千万万艺术家们在苦心探索的重大课题，亦是美术史中的明确标杆。印象派在色彩上的推进作用是任何人否认不了的，你能说他们这些写生画只是习作吗？那些装腔作势的蹩脚故事情节画称它为习作倒也已是善意的鼓励了！

当然我们盼望看到艺术性强的表现重大题材的杰作。但《阿Q正传》或贾宝玉故事又何尝不是我们的国宝。在造型艺术的形象思维中，说得更具体一点是形式思维。形式美是美术创作中关键的一环，是我们为人民服务的独反映的一些意见，此外，他们还谈到了如何对待裸体画，我们需要什么样的美术评论等问题。有的以后还要组织专题讨论，这里就从略了。在和中国美术研究所研究生的座谈中，比较集中地探讨了什么是绘画语言，如何运用绘画语言等问题。他们后来陆续整理成文，那末，就让我们直接听听他们的意见吧：

让造型艺术用自己的语言说话

陈 醉

语言，是人们用来表达感情、交流思想的手段，艺术家常常借用这个词，将自己艺术门类的表现手段，也称作"语言"，如"绘画语言"、"雕塑语言"、"舞蹈语言"等等，这是很形象的。

文学艺术中不同的门类，各有其不同的语言，尽管都有其一定的局限，但是，每种语言自身的特色，却是任何其他语言所不能代替的，也正因为如此，这种艺术才能够独立存在下去。雕塑所表达的内容，用油画不一定合适，小说能描写的题材，造型艺术不一定胜任得了。如看米开朗基罗的雕刻《奴隶》，那剧烈扭曲的形体，紧绷着的肌肉，隆起的肩膀，似可以顶起千斤重负，使人感到一种力的美，从作品中可以体会到一种苦闷、搏斗和不屈不挠的精神，可以感受到一种悲剧的情调。这些，全是凭雕塑的语言——人的形体、体积"说"出来的。同样，列维坦的作品，也富于一种感伤、忧郁的悲剧情调，如《深渊旁》、《墓地上空》等等，而它则是通过风景油画特有的语言——典型环境的提炼和丰富的色彩对比"说"出来的。虽然都能表达类似的情感，但是，如果硬要米开朗基罗使用列维坦的方法，那就难免要闹出笑话。

造型艺术的这个语言，一方面，欣赏者是"听"得懂的，并且能够感应的，虽然各人的程度不一样；但是，另一方面，它的能力又是有一定限度的。譬如，它往往仅传递给欣赏者某种意境，某种情绪，甚至还有很多是只能意会而难以言传的情感因素，至于具体的内容，则留给观众去补充了。它不可能把什么事情都直接地说出来。譬如，如何从米开朗基罗的作品的悲剧情调中联想到文艺复兴时期的反封建、争取个性解放的时代精神，则取决于欣赏者的知识、修养、经历等因素了。这些，就是造型艺术语言的能力和局限。超越它的局限，强迫它说自己不能说的话，必然会造成艺术的"性变态"。

长期以来，我们的造型艺术存在的公式化、概念化倾向，其根本原因，恐怕是片面强调"为政治服务"——实际上，就是为政治运动服务的缘故。不考虑艺术语言本身的特殊性，硬要它喊出政治口号来，艺术成了政治的简单传声筒。这种形而上学的做法，在创作方面、理论方面，都留下了很深的"后遗症"。

在创作方面，对题材的范围加以控制，首先就使许多艺术门类失去了存在的意义，如花卉翎毛，无论它的艺术语言多么优美，但它是无法道出重大题材的政治内容来的。其实，造型艺术语言大部分都缺乏这个能力，但迫于"为政治服务"，只好去求助于文学语言、戏剧语言，不得不在有限的空间中挖空心思去构思"情节"，臆造"冲突"，有的指望取一个带有双关意义的标题，将政治点出来，有的干脆靠画面贴标语，有的靠题跋，有的忙于"紧跟形势"，怎样能说明政治内容就怎样画，艺术特色是无暇顾及的，干脆就用新闻报道的语言说话，至于山水花鸟画为了生存，只得仰仗"革命圣地"、"瓜果丰收"之类的标签了……于是，题材越来越狭，"艺术性"不敢提，中国画不敢谈笔墨，雕塑不敢提雕塑感，几乎是清一色的政治图解，造型艺术的语言越来越少，长此下去，确有导致造型艺术自身的衰退和没落的危险。

理论方面也是一样。本来，艺术批评应该侧重艺术语言的批评，评价它是怎样感染观众

的。但是，我们却以当前的政治需要为标尺。本来是艺术品，但因为不符合这个标尺，一概排斥，反之，盲目吹捧。最明显的例子是对印象派艺术的指控，对于这个具有精湛艺术语言和巨大贡献的流派不但不认真研究，反而斥之为反动、颓废甚至扣上"马赫主义"的帽子，这除了横蛮以外便是无知。至于一般的作品评论，也存在很多框框，有的文章，罗列了大量的时代背景、史料考证，尤其中国画，大量引用画家的诗文题跋进行评介，而谈到造型艺术本身，则没有几句话，几乎成文学评论了，没有让艺术语言说话。这种评论，只是政治上的喇叭，艺术上的哑巴，读完了，人们也不知道作品好在什么地方。

在这种艺术语言贫乏的艺术的长期熏陶下，广大观众也逐渐习惯了、麻木了，以为艺术本来就如此，有的干脆认为造型艺术就是政治的图解，所以竟然有人给美术展览提意见，问为什么没有讲解员。最近，一些群众自发组织的画会，突破了固有的题材范围，并在艺术手法上进行摸索，这本来是好事情，但由于同样的原因、也引起了干涉和非议。当然，不是说这些都是好作品，但是，它们在探讨如何使用造型艺术自身语言来说话这一点上，是值得提倡的。希望今后的创作家、理论家和艺术活动家，能够尊重艺术规律，首先将造型艺术从政治的传声筒的地位中解放出来，恢复它自身的"发言权"，让它用自己的语言说话，也让观众逐渐懂得它的语言、熟悉它的语言以至热爱它的语言。

绘画语言与艺术个性

郎绍君

绘画语言是人类表达审美情意的一种工具，是画家进行形象思维并把这种思维转化为物质形式的手段。

艺术思维是注入艺术家个性的思维，思维的个性在相当程度上决定着表达的个性，所以，一个思想意志和审美情感不能独立的人，一个不能用自己的眼睛观察，不能用自己的头脑认识世界的画家，他的绘画语言最多是熟练，——可是熟练地陈词滥调和鹦鹉学舌，是更讨人嫌的贫乏。

只有充分的艺术个性解放，才会有充分发展的绘画语言。在"双百方针"名存实亡、现代造神说弥漫大地的那些年代里，画家的创作个性被窒息了、被囚禁了、被消融到原则里去了，连她的呻吟声都听不到了。粉碎"四人帮"后，党中央提倡解放思想，一片荒凉的文艺土地又花木繁生，被压抑的艺术个性也开始苏醒了。仅一年来的各种画展——包括"星星画展"、"北京油画研究会画展"等，以及首都机场的壁画新作，已能看到新老画家创作个性的成熟、转变和闪光，以及他们对于绘画语言的大胆探索。从某种意义上说，正是艺术个性的解放，带来了绘画语言的新的声息，以及对它探讨的迫切要求。

艺术个性成熟的画家， 他的绘画语言必定独具风格。艺术个性的形成，除了画家的素质条件之外，主要靠长期的生活实践与艺术实践，画家只有在这两种实践的磨炼中，在发现与表现人的心底奥秘的过程中，才能认识自己作为艺术家的独特处，包括自己用怎样的绘画语言、又以怎样的方式表达自己所获取的审美感受。当然，发展绘画语言，还需要借鉴。借鉴时的模仿对青年作者往往是有益的。模仿的拐棍是为了学步，一旦能独立行走，就应当抛掉它。此外，不同艺术流派、个性的竞争，对绘画语言的各种探讨，探讨中的相互学习、渗透乃至合理的排斥（不是恶意中伤、不是以势压人），欣赏者和批评家不同观点的争论，都是正常而又必要的，可惜我们还缺乏这种风气。

艺术个性不是绝对的"自我"，绘画语言也

不能特殊到不可知。我们提倡的艺术个性，应与广大人民的审美要求合拍。实际上，任何创作个性都是时代的产物，都自觉不自觉地奉行或符合着某种艺术原则，适应某一部分人的审美需要。艺术家要拿出自己对生活的看法来，这种看法总要接受人民的检验。同样，绘画语言既是表现对象、表达情感的手段，既是画家和观者审美交流的桥梁，那么它的任何变革、创新、借鉴，都不能脱离表现和交流这个目的。绘画语言尽可以独具风格，尽可以变，尽可以含蓄或泼辣，尽可以强调语言本身的形式美感，但也应当明了、清晰，让人看懂，——那怕需经过一番思索。固然，让观者看懂，并不是要照相式的摹拟、看图识字式的图解，也不是去迎合某些群众的低级趣味。绘画语言要使观者和画家在思想感情上发生共鸣，进行无声的心的交谈，而且这种共鸣、交谈应是独特的，不一般化的，趣味健康的，真挚的，高尚的。画家当然不可能和所有的观者产生共鸣，因为观者的审美爱好、艺术素养、欣赏习惯有差异甚至对立，画家永远不可能也不必要去追求人人满意的绘画效果，但应争取多数或大多数人的理解。热爱人民的画家，负有提高和引导观者审美能力和趣味的责任，——作品就是引导，这引导可能有益，也可能有害。这里唯一的关拨是画家要和人民心心相印，通过自己的语言传出他们的声音。探索，总是走着曲折迂回的路，只要你的脚步是踏在现实生活的土地上，你的艺术个性终会起飞，也会唱出只有你自己才能唱出为人民所欢迎的歌。

绘画语言中的形式美问题

邓福星

多年来，有一种倾向，过分地强调艺术作品的内容，忽视表现形式。因慑于被扣上形式主义的帽子，人们对于有关艺术形式问题，多有讳言。绘画语言中的形式美问题，一直很少得到认真地研究和探索。

绘画作品的内容必须通过画面来表现。从成功的绘画作品中可以看出，一定造型因素，如点、线、色彩、明暗等，以某种特有的组合、形成一种韵味，通过视觉，给人以美感享受（作品从而发生社会作用），这就是绘画语言中的形式美。

在我国传统的绘画语言里，形式美早就成为一个重要的特征。从彩陶上的图案、青铜器的兽纹、汉砖石画像，到后来绘画中的构图、用线、设色、造型等，都显而易见。随着历史的发展，艺术本身的相对独立性渐强，形式美在绘画中成为更重要的因素。如中国画用线的十八描、金银色的配置、笔墨趣味，等等。到清代的"四王吴恽"，对形式美就更为注意了。近现代的中国画大师如吴昌硕、黄宾虹、齐白石、潘天寿等，都深谙绘画语言的这一重要特征，我国民间年画也是以其鲜明的形式美，深受群众欢迎。

西方绘画自古希腊的瓶画就已有了很强的装饰味道。文艺复兴时期很多画家如拉斐尔的绘画，形式美很强。到后期印象派，一些画家对形式美产生了极大的兴趣。塞尚是一个有代表性的画家，他说："绘画不在奴隶般地去抄录题材，而在于无数关系中去寻找和谐。"①同时期的一个美学家克莱夫·贝尔说："线条、色彩在特殊方式下组成某种形式或形式的关系，激起我们的审美感情。这种线、色的关系组合，这些审美的感人的形式，我称之为'有意味的形式'"②他所谓"有意味的形式"恐怕就是形式美了。象贝尔等美学家从造型艺术的感性形式出发，探讨艺术作品的客观组织结构同人的知觉、情感等心理因素的关系，不能说是毫无科学价值的。因而这类理论对西方近现代艺术、美学都有过相当的影响。

绘画的形式美，同机械地摹写自然相对立。它是对造型因素的特定组合（因而不是随心所欲的），即以生活为基础，凭借画家的认识、感受，按照美的规律，突破现实生活中形、色的

局限，而对某些造型因素加以变形和取舍，恰到"似与不似之间"的好处。塞尚说的"我们既不太细，也不太诚实，又不太顺从大自然。可是，我们多少总是自己的模特儿的主人。"③算是道出了有关形式美实质的话。换句话说，把握绘画形式美的特征，是美术创作中从生活美升华为艺术美的重要环节。

形式美受作品内容，进一步说受生活的制约，同时，也受作者主观因素的制约。脱离开具体内容，难以判定形式的优劣，形式美更无从谈起了。把某些作品显出的形式美当作万能的，滥加套用，会使绘画语言失去个性和新鲜感。"四王吴恽"的绘画就出现了这种偏向。西方一些画家和美学家把形式美看成是纯客观的、自然属性的东西，排除它的历史的、社会的意义，割断它同现实生活的联系，也就必然走入歧途。此外，绘画语言的形式美同绘画的物质材料、制作手段都有关系，这里不详述了。

总之，我们应该充分认识形式美的特点，使绘画语言的特征更明确、更鲜明，使绘画语言更生动、更丰富。

①引丢文里《走向现代艺术的四步》74页（1957年纽约英文版）
②引贝尔《艺术》8页（1913年纽约版）
③《世界美术》70页（1979年第二期）

啊！长城（中国画） 薄 云

关于"星星"美展

本刊记者 栗宪庭

1979年11月23日——12月2日，"星星"美展的展出，几乎成了观众与美术界，尤其是青年议论的重要话题，赞成的、反对的，意见尽管不一，但反映都很强烈。

这个展览由23人组成，大多数是青年的业余作者，作品163件，有中国画、油画、版画、木雕等，作品基本分两类，一是干预生活的作品，一是对形式美的探索。但引起强烈反映和争论的是第一种作品。

展览是怎么组织起来的？一些引起强烈反应的作品的创作意图？观众对展览究竟有哪些看法？这些都是评价这个展览，探讨它引起强烈反应的原因所必需的情况，我带着这种愿望，访问了他们之中的王克平、马德升、黄锐和曲磊磊等。

我向他们提出的第一个问题是，结合前言谈谈你们举办这次展览的想法和你们的艺术观点。下面是他们谈话的综述：

前言是展览的基调，包括两个方面，第一艺术家要介入社会，只有和人民的命运结合到一起，艺术才有生命。前言有句话："过去的阴影和未来的光明交叠

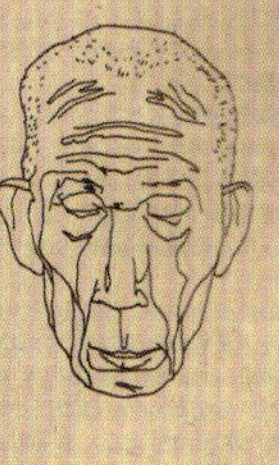

踏平板的 钟阿城

万万岁（木雕） 王克平

MEISHUYUEKAN '80/ 3

美術

要有感而发

刘文西

有时一张速写比郑重其事的创作还要感人，就是因为它有生活味，画出了画家的感受。可是，我们有时搞起创作来，因为总想说明许多东西，讲理多于抒情，结果效果往往不好。比如，要画机械化，就让人物手上拿本机械化的书，周围放一些机械化的道具，没有真情实感，也没有描写出人物来，只是图解，不感人。中国画讲情、理、法、趣。我们往往重理不重情，只从意义出发，从道理出发，从概念、公式出发，不太重视表达感情。

我过去的很多创作常常从某一个熟悉的人物或生活中某一点感受开始。我画《祖孙四代》时就是这样。这幅画中间的那个人物，就是我在陕北二十里铺村熟悉的一位农民，他叫杨成禄，曾跟刘志丹、谢子长同志干过革命，是个有斗争经历的老红军。从形象上看很有思想，感人，能代表那一时期陕北农民的性格。我总想把这个人物介绍出来，让人们都知道他。就是从这个人物开始，又经过一段酝酿，我搞了这件创作。我认为人物画就是介绍人。

我去陕北深入生活二十多次。生活在黄土高原上的千千万万陕北人，待人是那样的真诚，那样的淳厚。我们去老乡家吃饭，他们有时吃的是汤汤水水，却要拿出过年用的一点白面给我们吃。他们劳动极重，而享受却很少；生活是那样的艰苦，可他们从无怨言；他们总是那样乐观，那样风趣。老区人民的这种坚强性格，我很佩服，不表现他们，心里过不去。与他们生活在一起，就会给你一种力量。表彰他们，我觉得这是我们美术工作者的责任。作画要有感而发，感从何来？从生活来，只有深入生活，才能画出生活中的真情实感。

有了生活感受，不等于就有了艺术品，还有一个表现生活的艺术技巧问题。中国画人物画的技法，主要是运用笔墨传神。我除了看画、临画以外常常是在写生中锻炼技巧。我看到苍劲的陕北老农的气质，就启发我下笔刚健有力，多用中锋、干笔、破笔、战笔，下墨浓厚，有时用焦墨、浓墨，表现纯厚、刚强的性格。在用色上多用赭石、赭墨、赭黄，同时吸收民间色彩，使其更有泥土味，给人从乡土气息中得到美感。生活总是启发艺术不断的创新。我想用笔墨之美来表达性格之美，用塑造不同的性格美来探求不同的笔墨美，不断提高笔墨表现力，并力求使二者完满地结合在一起。由于生活的千变万化，也促使我们寻找笔墨表现上的丰富多彩。当然，这是极不容易的，要付出艰巨的劳动和毕生的精力，只有通过勤奋的实践才能有所收获。我很不满意自己的现有水平，正吃力地走在探索的路上。

我想无论是大题材、小题材都会出现好作品。只要是好作品，都同样会受到人民的欢迎。好的作品总要具备这样一些条件：有生活味，有思想性，有情趣，有艺术感染力，有积极的效果，有历史价值。蒋兆和先生的《流民图》，描写了抗日战争时期敌占区一代人的遭遇。还有一些别的画家的作品。解放后，如黄胄同志的许多画，画风独特，给我们留下了深刻的印象，他的《洪荒风雪》、《丰乐图》、《载歌行》、《巡逻图》等创作，描画了生活的诗情画意，很美，很感人。这都是由于黄胄同志过去坚持深入生活的结果。去年他还带病两次到新疆，付出了巨大的艺术劳动。据说有时他一年要画廿刀宣纸，可见他的成就不是偶然得来的。黄胄同志还恰当地处理了生活和创作、创作和习作、小品和重大题材的关系，一切出自自然，他的大创作也毫不做作，是有感而发的。

（下转16页）

在中国画创作组谈人物画的刍见

吴作人

搞基本功、素描练习，为的是锻炼创造的手段，使手段为自己的艺术创造服务。造型基础是个手段，不要把手段当成目的。我们常说"师造化，夺天工"。要有一定的造型基础，就是要先"师造化"。"造化"可以说是自然，是客观存在。如何"夺"？"夺"的方法各有不同。首先我们要了解天工，就是我们要深入向造化学习，也就是先要"师"而后才能"夺"。我们对自然不会是百分之百的认识，但是我们要争取多认识一些，尽可能认识得深入一些。比如我们认识了百分之九十，而在用的时候，就是在造型的过程中，也许只用上百分之三十，或者百分之五十，或者更多一些。也就是在创造过程中必然会体现出自己的要求。所以我说：在人生观方面，在思想境界上应当"无我"，而在艺术表现上，在艺术境界上，要"有我"。我们谈艺术中"有我"，不是象西方现代派那样，连现实都没有了，连造化都没有了。我们所说的"有我"不是脱离现实，不是脱离群众。我们要拿自己的感受通过自己的艺术创造，也能使别人有所感受。"师造化"是严格的基本锻炼，掌握了这个手段，然后我们的创造才能进入"随心所欲，不逾矩"，达到"有我"的艺术境界。过去曾经有过一段偏向，"师造化"始终是"师造化"，一直"师"到底，而不敢去"夺天工"。我们要拿"师造化"作为自己"夺天工"的动力。

一个有能力、有志气的艺术家，应该对于现实、对于造化很忠实地去研究它。应该做自然的儿子，但千万别做自然的孙子。为什么？你要自己从自然中拿来，而不要去从别人手中拿来，从别人手中拿来，就变成自然的孙子了，儿子的儿子嘛。我曾看到有人画了一张画，画里面什么古人都有了，什么老师都有了，就是没有自己的东西。画马要"师厩中之马"，而不是摹别人的画马；画松要写千山万壑里千姿百态的松，而不是画古人已经归结出来的成法；人物画，不管是画古人或今人，都要求能形神兼备、生命流露，而不是概念的人物。我们记得不久前不但我们作画者头脑里存在着概念化的人物形象，就连群众似乎也受了这个影响。今天看到同志们画的画，我感觉我们中国的人物画是有前途的，因为画中有自己的东西。所谓有自己的东西，并不是达到一定的程度就不动了。没有一种东西是不动的，必然在变。我们看"明四家"，以吴小仙为例。吴小仙在成为吴小仙之前，比成为吴小仙之后的东西好的很多，这是我个人的看法。因为成为吴小仙之后，他定型了。艺术这东西不能定型。怎样才能不定型呢？就是要不断地、虚心地以造化为师，不断地在师法造化的过程中有新的发现，得到新的启发，使自己的艺术，从内容到形式都不断有新的境界，这才能避免定型。没有矛盾，没有变化，就会衰亡。虽然人还活着，可是艺术已经不活了。

齐白石七十多岁、近八十岁时还要衰年变法。他感到他那套东西不变就要僵，决定要改变。齐白石对青藤、石涛是很尊敬的，但他一定要有他自己。"四人帮"诬蔑他，但我们必须承认他是代表了一个历史时期，是有巨大贡献的。

我对古为今用的理解：要学古人如何以自然为师，而不是学古人如何表现它。我们可以从他的成果里得到很多营养，很多参考，很多借鉴。但借鉴仅仅是借鉴。借一面镜子照一照，还不是真正的自己。我理解古为今用，至少在艺术上应是如此。你说今天有没有接受洋的？我

谈人物画创作的几个问题

叶浅予

同志们对建国三十周年全国美展有不同的看法、不同的估价，我的看法恐怕可以说是比较折衷的。展览会把各个画种都摆在一起，观众会自然而然地进行比较。我的意见是要看从什么角度来比较，是从题材内容来比较呢，还是从画本身的艺术表现来比较。如果从题材内容来比较，很显然，油画所表现的生活范围较广，题材面较宽；若拿艺术反映生活的表现手法来比，那是没有法子进行比较的。因为各画种都有自己的特点，也各有艺术表现上的局限性。油画与中国画不能比较，中国画不但在艺术表现上有自己的特点，就是在题材上也有自己的特点。比如花鸟山水，就不能相互代替。这次展览中有幅油画画的是"仙人球"，仿照中国画的写意笔法用油彩来画，这是不是油画的中国化呢？我不能肯定，只能说是一种尝试。把中国画惯用的题材、手法用油彩来画，我觉得油画的中国化主要还不在这一方面。所以，我认为评价这次全国美展中中国画的好坏，不能拿画种来比较，只能用中国画自己的标准来比。自己的标准是什么呢？我们三十年来所提倡的中国画的推陈出新的方针在这次展览中体现得怎么样呢？从这个角度来看，我以为还不是挺差的。有好些作品是体现了我们的文艺方针的，特别感到兴奋的是，大部分作品反映了新的题材和新的思想感情，老一套的东西比较少。可以说中国画在执行社会主义文艺方针方面是作出了贡献的。当然从整个画的艺术水平来讲，还是不能令人满意的。

结合着全国美展中中国画人物画的创作实际，我想提出几个问题和大家研究。

有同志在座谈中提到，当前中国画人物画创作存在一些问题：一个是形式上缺乏独创性，一个是缺少诗情画意；还有一个问题是，有人认为时代在前进，我们的思想不能僵化，光写实已经不能满足群众对艺术上的要求，要回过头来向传统学习。我认为这些问题接触到了中国画创作的某些弱点，提出了我们需要追求的新的方向。特别是后面一个问题，提法比较新鲜，是符合改进创作现状的一个必要步骤。现状是什么呢？在题材上、在表现技法上所反映出来的尽管有些新的面貌，但突破的程度是不大的。我们不能满足于现状。现状里边有一个写实与写意的问题（我所指的写意不是画法上的写意，是指诗情画意这个意）。我们有些画，满足于说明一个问题，或叙述一个事件，图解而已，缺少精深的表现。有些画仅仅告诉观众我们社会主义社会里有这么一件新事物，或在历史上曾发生过这么一件事情，到此为止，不能给观众更多的感染，不能给观众以想像和启发。这条路我自己也走过，现在我们不能满足于此了，应提出进一步的要求。怎样更深刻地反映生活？主要就是要创造更富有想思性、更有深度的艺术形象，给观众以启发，帮助他们认识生活，认识美，不能停留在事物的表面现象上面。有些画已经克服了这样一种缺点，全国美展中有几幅画看了使人有回味，有想像的余地。而有的画却干巴巴，仅仅说明情节而已。我们的绘画创作还少魅力，不像我们的文学、戏剧那样有种感动人的力量，这是值得我们非常注意的问题。

怎样提高艺术形象的思想性，怎样更深刻地表现我们所采取的题材的深度呢？我想就下面几个问题谈谈我的看法。

关于诗情画意的问题。诗与画虽有区别，但有很多共同的地方。我常常说，给诗画插图比较困难，说明诗与画有不同的地方。但诗情画意是两

生活·传统·修养

李可染

深入学习传统，深入认识生活，全面的艺术修养，这三个方面很重要。真正的学术可以说没有什么奥秘，它不是宗教，正确的道路就是奥秘。

对于一个画家来说，第一要有个正确的道路。什么是正确的道路呢？我以为现实主义的道路是正确的道路。正确的道路不应当是自然主义的，也不应当是形式主义和一些忽视生活、传统任意涂抹使人不能理解的所谓什么派。第二要有正确的方法。正确的方法就是科学的学习方法。科学不是随随便便的，客观事物的发展都有规律性，按客观规律去做就是正确的方法。任何事物都有规律，如自然季节的春夏秋冬，社会发展的阶段：原始社会，奴隶社会，封建社会，资本主义社会，社会主义、共产主义社会。学数学要先学加减、后学乘除，不能颠倒混乱，要有正确的方法。第三还要有坚强的毅力。一个人要想有点成就，必须做到这三点。这三点说起来简单，是老生常谈，真正做到很不易，能做到的人很少很少。

一个画家要坚持现实主义的正确道路，就要认真学两本书：一本是大自然和社会，它包罗万象、无穷无尽，上自天文，下至地理。任何一个现象，都是一门无尽的学问，深钻进去，都可成为个专家。画家要精读大自然、社会这本书，要真正深入客观实际，要熟读你要表现的那个范围内的大自然。第二是精读传统这本书。传统包括历史，历史本身是传统的一部分。人离开了客观世界，离开了传统，你不能创造出任何东西。传统包括古今中外，包括一切间接的经验，就是除了你自己直接经验以外的一切间接经验。传统是自有文化以来数千年亿万人智慧的结晶。不接受前人的经验是愚蠢的，不接受就是把自己退到了原始野蛮人的地位。说是这么说，我们是否真正认真学习传统了呢？大科学家牛顿说："我所以看的比别人远点，因为我是站在前代巨人的肩头上。"把前代人的经验总结了，接受过来，变成了你自己的，你的立脚点就高了。大自然更是一个无限的东西，是永远探索不尽的。传统与大自然相比是微乎其微的。传统不过是前人对客观事物认识的一个局部，前人已发现了很多东西，这是很可贵的，但未发现未认识的东西还很多。已经发现和认识的部分与整个客观世界相比是很少很少的。不学传统是愚昧，学了传统又认为传统已经到了认识的尽头，以为不得了，不去学习自然，那也是愚蠢的。人类有文化才四五千年，与宇宙的年岁相比，真是微乎其微。一万年以后回顾现在可能认为我们还处在一个极其幼稚的愚昧时代。传统要尊重，但学传统不能认为是到了顶点。我们对待传统的态度是尊重而不迷信。到生活中去是第一义的，传统是第二位的。传统（包括传统技法）是否对，还要到生活中去检验是非曲直，吸收其精华。鲁迅先生说的"拿来主义"是对的。站在传统的基点上观察世界，发现前人未发现的东西，因而产生创造，新的创造就是贡献。我劝大家认真学习传统，认真到生活中去发现前人未发现的东西。离开生活离开传统，你的想象力等于零，不能创造任何东西。有些青年没有一点基础，前人的东西没有研究，也不深入生活，就侈谈创造，就要去讲什么个人的作风了，这怎么行呢？

传统和生活有很丰富的内容，这就是全面修养的内容。发现前人未发现的新的规律，才能有新的创造。要有对于传统的全面修养，对生活的全面修养，就必须有坚强的毅力，要攻关，攻很多关。追求一个真理并不容易。唐僧取经，闯过七十二魔难，才取回了真经。一个

争　鸣

谈谈艺术的内容和形式

——兼与吴冠中同志商榷

洪毅然

世间一切存在着的事物，都是本质和现象、内容和形式的矛盾统一体。既没有无本质的现象，也没有无现象的本质。既没有无形式的内容，也没有无内容的形式。易言之，凡现象，总不能不是某种现象的本质；凡本质，总不能不是某种现象的本质。凡形式，总不能不是依某种内容而现出的形式；凡内容，总不能不是通过（凭借）某种形式而体现出的内容。空洞的纯现象、纯形式，正如赤裸裸的纯本质、纯内容一样，都是人们头脑中的抽象概念，在客观世界里其实并不存在。

实际上，所有一切事物的本质和现象，或其内容和形式，尽皆始终不可分割，原本互为表里。艺术其物，自亦不例外。然就其内外表里的实际关系而言，却又统一体内有诸内而形诸外的（有诸内才能形诸外，无诸内则无以形诸外）。是故本质、内容，总不能不是矛盾双方经常起主导作用的方面；现象、形式，毕竟处于派生的从属地位（形式对于内容的反作用，自亦不容忽视）。是故，艺术创作总不能不处处受决定形式、而绝非相反。我国传统画论一贯主张"意存笔先"，盖非无所据而言焉。

根据以上基本认识，不难理解，艺术创作中出现的内容主义（杜撰的名词）或形式主义，两种偏颇倾向，同样都是不正确的。

过去——特别"四人帮"横行时期，对于艺术创作，曾经偏重内容，甚至只重内容而轻

视、忽视形式，不仅放松，或竟放弃对于艺术形式的讲求，殊不利于艺术质量的提高，造成损失极大。不消说那是全错误的。粉碎"四人帮"以后，拨乱反正，彻底纠正、克服以前那种错误偏向，继续清除其流毒，强调艺术形式的应有重要性，固然十分必要。但是，矫枉未必定须过正不可。可惜近年相继见于一部分作品和理论的某些现象，却又不免或多或少、这样那样地确实有点"过正"了！

例如，关于艺术"形式美"的讨论，不少人们往往误把艺术"形式"之美的相对独立性，夸大成为绝对独立性，甚且明显的表现出——

近读《美术》1981年第三期刊登北京油画研究会学术讨论发言摘要，见到吴冠中同志对于"内容决定形式"的艺术原理，公开表示怀疑（不公开的怀疑者，恐必也有），明白提出相反主张，干脆认为典型艺术观是"专门讲形式"的所谓"形式的科学"云云，就颇值得商榷。

首先值得商榷的是：音乐诚为诉诸"听觉"的艺术，美术诚为诉诸"视觉"的艺术。但是，是否因此前者就只是仅"为听觉服务"？后者就只是仅"为视觉服务"呢？果真如此，那么，不仅在其社会效果（据说目前其他人不乐闻此词），岂非相去太远了？同时，艺术的审美功能，岂不也就仅仅被局限于并保住到只给耳朵或眼睛"吃冰淇淋"而已？

然而须知：只给眼、耳等"吃冰淇淋"——只刺激（作用于）感官所生起的那种舒服、快适

争　鸣

谈美与形式

程至的

罗立中的油画《父亲》引起了观众广泛的好评，作者在227×154公分的画布上，以淳厚而细腻的笔触，描绘了农民的形象。这幅具有艺术魅力的作品，也使人引起对美和艺术问题的一些看法与探索。

绘画与照相

由于《父亲》的形象刻划细腻，有真实感，而使人联想到了绘画与照相（照相非指摄影艺术）的问题。曾有人认为：自从历史上有了照相机之后，就造使绘画另找新的表现途径。这话也有一部分的道理。确实画家画出来的作品，不能同照片一样，不能重复人家所做的事情。一个富有智慧和才能的艺术家，决不愿意自己的创作等于一种机械的产品。不过，也要注意，不能把艺术的细腻描绘、有真实感，跟照相完全等同起来，否则的话那就是"照相"，说他们是"摄影师"。这样，也似乎觉得，这些画家幸运出生于照相机发明之前，否则他们的本领被照相机所代替，就没有用当技师了。但，如果这样看待这些西方艺术家，那是不公道的，片面的。象伦勃朗这类画家，对于形象的塑造，确实比较细腻、富有真实感。但决不是照相式的形象塑造来说，也不是外表的真实。马克思说，"伦勃朗把圣母画成尼德兰农妇的样子"（《马恩全集》中文版1卷83页），这位荷兰画家善于通过宗教故事表达社会下层的生活，在画面中流露出对穷苦受苦者的深厚同情，和鲜明的民主思想倾向。因此，其作品在历史上产生了深远的

影响，这和画家对时代具有正直、敏锐的观察力表现力是分不开的。显然，这还不是所谓照相机能办得到的。显然，这不是说，画得细腻，就是好画。细腻或只过是一种表现手段。绘画上自然主义，不求形象内在的深刻刻划，只为了表皮细腻而细腻，是不能令人赞赏的。《父亲》之所以有艺术性，也就是画家以细腻的表现手法，深刻地触及到将生活环境中农民的内在心灵。这幅画不仅把汗珠画得清清楚楚，就是手指甲刺伤的血痕也显示出来。这些细腻不是无足轻重的累赘的描绘，这些血与汗他含着经过概括、提练而成为人造描的高贵品质，是画家经过概括、提练而成的，浸透着创作的激情和严谨的构思。有人说，这幅画吸收了超级现实主义的表现手法。不错，但不是超级现实主义的表现手法。因为超级现实主义自然主义又更加单纯追求雕塑刻的形象外表的表现。所以我们欣赏这幅油画时，不能单纯从形式上来看。也正因为如此，有的画家生怕自己的作品象照相，故意去自然主义，就把人的眼睛画成一高一低，弄得五官不正。这美不美智且不谈，其实也未必能解决异于照相的问题。现代摄影技法发达，各种形式都能拍得出来。如果单从形式来看，即使夸张，最变形的绘画也难免被照相拍住说："这也象我"。所以根本问题不在于形式。如果说画得细腻，有真实感，就等于照相，那么，不仅使《父亲》这类作品得不到应有的肯定，而且也是将细腻、有真实感的绘画表现形式，排在艺术园地之外。这对创作是不利的。

没有离开内容的形式上的抽象美

这里，也使人想起了如何看待美与艺术形式的问题。列宁引黑格尔的话说，"形式是具有

4

略谈"抽象"

刘纲纪

过去，一提起绘画艺术中的"抽象派"，我们（包括笔者在内）总觉得是完全荒谬的。不错，抽象主义的理论和作品都有荒谬的东西，但我们不应因此而否定"抽象"是绘画艺术的一种重要的表现手段。只有正确认识"抽象"的真正根源以及它的应用的限度，那么"抽象"就决不是什么可怕的东西。视"抽象"为洪水猛兽，实在大可不必。

什么是"抽象"呢？当然不是那种概念的抽象。概念是构不成绘画艺术的，所谓"概念化"是在拿艺术不开玩笑。绘画艺术上的"抽象"，指的是把许多具体事物所共同具有的形状、线条、色彩这些具体事物相对独立开来加以观察，感受它们所具有的美。并在绘画艺术中脱定它的应用的限度。例如，现实中的红色是同红花、红宝石、红霞、鲜血这些具体事物联系在一起的，但我们不可以把红色

和这些具体事物相对独立开来加以观察，感受红色的美。一片涂在纸上的红色，可以是用来描绘某一红色的事物（如一只红苹果），也可以是不描绘任何具体的红色的事物的。在前一种情况下，这红是具体的，在后一种情况下就是"抽象"的。说它是"抽象"的，是说它不和某一具体事物的描绘直接相联，而不是说它不可感知。再如画它张上所画的一个圆圈，它可以是同对圆形的镜子、车轮等具体事物的形状的描绘联系在一起的，也可以不描绘任何一个具体的圆形的事物，就只是一个圆圈。在后一情况下，这圆形即是"抽象"的。如果我们再想一想几何学上各种并不具体描绘任何事物的图形（这里是指可见的图形，不是指关于图形的几何学的概念），那么绘画艺术中的"抽象"就更容易理解了。

绘画艺术中的"抽象"并不是什么神秘不可解的东西，而是人类在长期的社会实践和艺术实践的基础上发展起来的，并且很早就用于装饰图案。原始的装饰图案，即是在对具体的各种抽象事物的形状、线条、色彩的抽象的基础上构成的。这种抽象的能力，以及随着装饰艺术的发展不断发展起来。正是通过这种抽象，人类认识了那相对独立于具体事物的形状、线条、色彩本身的美，并把它表现在各种各样的装饰图案中。红色不只在它同蔚蓝的天空、海洋等事物联系在一起时才是美的，它并不描绘任何具体事物任何事物的匀称、鲜明的对比，也能引起我们一种美和宁静的美感。在建筑中，有时我们给我们给绘画的墙壁涂上均匀的浅蓝色，就可造成一种柔和宁静的气氛。人类能够相对独立于具体事物来欣赏形状、线条、色彩的美，这在人类对形式美的感受上，是一个重大的飞跃。

黑色曲线　康定斯基　　鲁阿近的公园　克来　　西德"达候集中营"广场纪念碑

11

残荷翠鸟　石涛

关于抽象美

吴冠中

对于美术中的抽象美问题，我想谈一点自己的理解。

有人认为在首都机场壁画中的《科学的春天》是抽象的。其实，它只能说是象征的，它用具体形象象征一个概念。犹如用太阳象征力，用敏锐校象征和平一样，这些都不能抽象。抽象（法文 abstrait 或 nonfigurative），那是无形象的，虽有形、光、色、线等形式组合，却不表现某一具体物象或情感。

无论东方或西方，无论在什么社会制度中，总有许多艺术工作者总通地表现了自己的真情实感，这未远是推进人类文化发展的主流。印象派画家们发现了色彩的新天地，野兽派强调了艺术创作中的个性解放，立体派开拓了造型艺术中的形式结构的宽广领域，——这种种的装饰图案，即是在对现实中各种抽象物体的形状、线条、色彩的抽象的基础上构成的。数学本来只是由于生活的需要而产生的，但人们要分配产品、要记账，听说源于实用的数学早已进入纯理论的研究了。疾病本来是附着在人身上的，实验室里研究细菌和病毒，岂不是了彻底解决病疾问题。美术，本来是起源于模仿客观对象吗，但除描写得像不像的

问题之外，更重要的还有个美不美的问题。"像"并不一定美，并且对象本身就存在美与不美的差别。一个松、不一定美同是花朵，也所猫有别，这是什么原因？如果形式法则来分

析、化验，就可找到其间有美与丑的"细菌"或"病毒"在起作用。要在客观物象中分析构成其美的因素，将这些形、色、虚实、节奏等等因素抽出来进行分析和研究，这就是抽象美的探索。细菌学及其他各种科学的研究同样需要不可缺少的老老实实的科学态度了。

"红间绿，花簇簇"，"万绿丛中一点红"，古人在绿叶红花或其他无数物象中发现了红与绿的色彩的相互对比，寻找构成色彩美的规律。江南乡镇，人家密集，那白墙黑瓦参差错落的民居建筑往往比高楼大厦更吸引画家。为什么？我们曾斥责画家们不画新楼画旧房，简单地批评他们是资产阶级思想。其实这是有点死抗的，我遇到过许多热爱祖国、热爱人民的老、中、青年画家，他们自己也都愿意往清洁漱，有卫生设备的新楼，但他们却都爱画江南民居，虽然那些民房内破破烂烂了，还是要画。这不是爱其破烂，是被一种魅力吸引了！什么魅力呢？除了那浓郁的生活气息之外，其中白墙、黑瓦、黑门窗之间的各式各样的、疏密相间的黑白几何形构成了具迷人魅力的形式美。将这些黑白多变的形式构成及其间的美的条件抽象出来研究，这也正是早期立体派所曾探索过的道路。

谁在倒洗澡水时将婴儿一起倒掉呢？我无意介绍西方抽象派中各种各样的派系，隔绝了

苏州园林

苏州园林

37

创作谈

《我的父亲》的作者的来信

××同志：

你好，自你离开重庆后，省青年美展就闭幕了。在这段时间里，我陆续收到不少素不相识的同志的来信，给了我热情的鼓励。

来信中的以他们各自的生活经历和思想来剖析、理解这幅画，很多比我本人更多、更理性地谈到此画。有的来信则只说了我些朴实的观感。相比之下，我更接受后一种。为我压根儿就没有想到那么多的理念，也不是从粗理想出发的。说到此画的全部特殊的结局，我想的就是要给农民说句老实话，因此，我的激情很高，这和当时37、8度的夏天，只穿一件裤头在一间五楼顶阁里把它画出来。我用最大的努力来表现我熟悉的一切—农民的全部特殊与细节，这是我作画全过程中的唯一念头。

找巧我没有想到，我以是想尽量的细，愈细愈好，我以前看过一位美国照相现实主义画家的一些肖像画，这个印象实际就让了我这幅画的形式，因为我感到这种形式是最利于地传达我的全部感情和形象。东方的艺术从本质上是与互相吸收与借鉴的。形式、技巧是传达我的情感、思想等的语言，如果说这种语言把自己想说的话说出来，那就显得像。

除我平常对农民的了解、接触之外，这张画触动思的产生，是在看到一位寒冬过年的农民后头在给农民倒尿老实话，因此，我的激情很高……

...

现实主义精神与现代派艺术

邵大箴

现实主义是一种创作方法，也是一种表现手法。作为创作方法，它的基本要求是要反映现实生活，用鲜明、生动的艺术形象给人们以精神上的鼓舞和美的享受；作为表现手法，它如实同一概念，只是一种艺术的写实，用于排斥凭藉想象的夸张，其基本要求是明白易懂。现实主义的创作方法和写实的表现手法是不能等同的两个概念，不能混为一谈。现实主义创作方法和作品认识世界的方法，即世界观和艺术观有密切的联系。创作者对待现实生活和人民大众的态度，决定着现实主义创作方法的基础。坚持现实主义创作方法的艺术家决不会仅仅把艺术作为一种赏心悦目和自我娱乐的手段而工具，去满足自己的作品只有少数知音者而赏了大群众的需求、接受能力与欣赏水平于不顾。相反，这些艺术家坚持从现实生活出发，真诚地表达在复杂的社会生活中的所见，所感，抒发自己的内心感受，以自己的创作干预现实。这样的艺术家对于生活都不是一句话，真正把老实巴脚的农民，一定固然太老实，才叫他们干这份差事。事情常常是这样的，老实的农民总是干这份差事。事情常常是这样的，老实的农民总是......

...

世界在变，自然也在变。科学技术在迅猛地发展，昨天人们还视为万古不变的定律和原理，今天可能为新的科学试验证明为谬误。微观世界和宏观世界的研究，揭示了自然界的无比丰富和微妙。...

创作谈

让艺术说话

陈丹青

我觉得这篇稿子很难写。因为不久前已经给"美术研究"写了一篇，文字比较多，对我几张西藏风俗小画的创作过程作了回顾，好些话已经说过了。但现在回想起来，其中有些意思没讲明确，不妨再说一说。比如我注意去写平凡生活里遂琐碎题材，但并没有使每一幅画得到成功。"洗发女"进城"康巴汉子""牧羊"就为画枝平凡，自己也不满意。平凡的生活有的以只有了和空虚，有些觉得模了之。...

是我个人的偏好，是为西藏给我特有的感受而作出的选择。今后是否老这样画，我想不一定。我不喜欢追逐时尚知粗糙造作的画风，我只欢赏真正的大胆独创。我偏好古典风的写实手法，但我的审美趣味也不仅仅限于此。我不希望我目前的写实作品拿来排斥其他风格流派的作品，特别是民办画展中一些很有才华的作品。...

母与子

牧羊女

再论"牡丹好，丁香也好"

何溶

一

题材、形式、风格、流派、方法、手法的多样化问题，是新时期艺术创作所面临的重要课题。它的解决，不仅关系到艺术创作的繁荣和艺术思想的解放，而且是衡量百花齐放，百家争鸣方针是否贯彻认真贯彻的尺度。因此，应当大力提倡和热情支持艺术家在这方所进行的一切有益的探索和尝试，反对墨守陈规，反对固步自封。然而，在美术界，大家的认识似乎并不一致，这就有必要进行讨论，交换意见。我这样动笔写这篇文章的缘由。大约二十一年前，我以《牡丹好，丁香也好》为题，做过一篇文章，现在我谈的，主要仍然是那些意思，故名《再论》。

围绕着我的《牡丹好，丁香也好》的艺术主张，颇有过一点风波。那是五十年代和六十年代之间的一桩早已被废了的公案。事情是这样，看恐于山水、花鸟画与百花齐放，百家争鸣方针的关系问题。我在1959年先后写了四篇文章，第一篇题为《山水花鸟与百花齐放》，发表于《美术》二月号；第二篇题为《美哉大自然风景》，发表于《美术》四月号；第三篇题为《牡丹好，丁香也好》，发表于《美术》七月号；第四篇题为《比自然更美》，发表于《美术》八月号。后来文艺界爱"反右倾"，需要"靶子"。《文艺报》编辑部便把这四篇文章编入一本专供批判用的小册子。小册子散发出去了，各方面的舆论已经纷纷扬扬，我也做好了经受一次严峻考验的思想准备，但后来批判的规模似一次严峻考验的思想准备，但后来批判的规模似一次严峻考验的思想准备，但后来批判的规模似一决议，《文艺报》本身也没有发表讨论文章，只是《美术》为了"自我消毒"，连发了几篇批判性的文章。

归纳起来，我的四篇文章主要有如下问题：一曰"题材无主体"论；二曰"相对主义"三曰"阶级斗争熄灭"论。

我的四篇文章是怎样写出来的呢？1950年代，昨天人们还视为社会主义改造基本完成以后，在生产资料所有制方面的社会主义改造基本完成以后，我们党的工作重点有条件转到经济建设上来，但1957年由于对阶级斗争形势的估量的失误，来了一场"反右运动"，人们略为活跃起来了，1958年又来了个"穷过渡"，那时农民社刚刚建立，巩固还来得及巩固，却又觉得高级社已经过时，已不适合生产力的发展，忙于向"一大二公"的人民公社过渡，到处都在刮"共产风"。在一派"大跃进"、"大炼钢铁"、"大办食堂"、"亩产万斤粮"、"吃饭不要钱"的喧嚣声中，真像共产主义已经到来。一直折腾到1959年还在搞"继续大跃进"，紧接着，据说影老是"炸平庐山"，又来个"反右倾"，把"左"的失误进一步夸大了。作为一种惩罚，是后来"出乎意料"的"三年困难"。我据要地同

1981

1月

《美术》杂志改版，王朝闻、王琦任主编，何溶、李松涛、丁永道、吴步乃任副主编。

《美术》本年第一期发行，封面为罗中立《我的父亲》。刊登了何溶《再论"牡丹好，丁香也好"》、迟轲《形式美与辩证法》、子泉《致星星美展作者们的一封信》、李永存《几点艺术浅见》、陈丹青《让艺术说话》、夏航《四川青年画家谈创作》、王川《期望着她走在大路上》等文章。刊登了王川《再见吧！小路》、何多苓等《我们曾唱过这支歌》、陈丹青《西藏组画》、程丛林《一九七八年夏夜》等作品。介绍了德国表现主义艺术。

2月

《美术》本年第二期发行，封面为詹建俊《回望》。刊登了罗中立《〈我的父亲〉的作者的来信》、程丛林《由〈夏夜〉所想到的》、钟鸣《从画萨特说起——谈绘画中的自我表现》、郎绍君《把握自己》、刘骁纯《模仿·借鉴·创造》、翟墨《支持对艺术形式的探索》、水天中《看画一得》、栗宪庭《现实主义不是唯一正确的途径》、丁立镇、陈子婵《老方法·洋方法·新方法——兼与江丰、伺庆、曾景初、林凡同志商榷》、孔宪易《〈清明上河图〉的"清明"质疑》等文章。刊登了张红年《我们那时还年青》、李少文《山鬼》等作品。

3月

《美术》本年第三期发行，封二为王公懿《秋瑾》。刊登了詹建俊、吴冠中、陈丹青、靳尚谊、袁运生、闻立鹏等在北京油画学术研讨会上的发言，以及曾景初《画什么·怎么画·美在哪里》等文章。刊登了周春芽《藏族新一代》等作品。介绍了中日美术交流、毕加索的艺术。

4月

《美术》本年第四期发行，刊登了浙江美术学院文艺理论学习小组《形式美及其在美术中的地位》等文章。刊登了冯远《长城》等作品。介绍了庞薰琹、莫迪利阿尼的艺术。

5月

《美术》本年第五期发行，封底为徐冰《打稻子的姑娘们》。刊登了程至的《谈美与形式》、王宏建《浅谈艺术的本质》、夏硕琦《关于山水画创作问题的一封信》、王维宝《浅谈山水画的艺术语言》、陆俨少《山水画六论初讨》、王逊《郭熙的〈林泉高致〉》、徐冰《我画自己爱的东西》等文章。刊登了朱乃正《五月的星光》、贾又福《高山放牧图》、陆俨少《满峡开帆风》等作品。介绍了马蒂斯的艺术。

6月

《美术》本年第六期发行，封面为张德华《思》。刊登了洪毅然《谈谈艺术的内容和形式——兼与吴冠中同志商榷》、邵大箴《此路不通：为艺术而艺术——和一位画家的对话》、千禾《绘画本质与自我表现》、朱旭初《也谈"自我表现"》、王逊《郭熙的〈林泉高致〉》（续），朱伯雄、陈瑞林《倪贻德的油画与〈决澜社〉》等文章。介绍了李世南的艺术。

7月

《美术》本年第七期发行，封二为钱绍武《杜甫》，扉页为刘文西《北斗——刘志丹和陕北农民》。刊登了潘鹤《雕塑的主要出路在室外》等文章。

8月

《美术》本年第八期发行，刊登了薄松年《丰富多彩的明代〈水浒〉插图》等文章。介绍了德国书籍艺术。

9月

本年第九期发行，刊登了孙津《民族性·民族形式·民族化》、邵养德《创作·欣赏·评论——读〈父亲〉并与有关评论者商榷》等文章。介绍了刘焕章的艺术。

10月

本年第十期发行，刊登了侯一民《壁画与实际》、袁运甫《壁画偶记》、杜大恺《壁画拾零》、戴士和《从"壁画不用边框"谈起》、杨泓《意匠惨淡经营中——介绍敦煌卷子中的白描画稿》等文章。介绍了纽约街头壁画。

11月

本年第十一期发行，刊登了叶朗《"自我表现"不是我们的旗帜》、邵大箴《也谈〈父亲〉这幅画的评价》等文章。刊登了尤劲东《人到中年》、广廷渤《钢水·汗水》、孙滋溪《母亲》等作品。

1

1981

美術

MEISHUYUEKAN

12 月

本年第十二期发行，封面为何多苓《春风已经苏醒》。刊登了编辑部《致读者》，倡导争鸣。刊登了艾中信《油画风采谈——看了外国油画原作想到》（续）、沈鹏《互相制约——讨论形式与内容的一封信》、吴冠中《风景哪边好？——油画风景杂谈》、冯湘一《给吴冠中老师的信——也谈"内容决定形式"》等文章。刊登了妥木斯《梳洗》《马》、吴大羽《滂沱》、姚钟华《啊！土地》、周春芽《剪羊毛》等作品。

美術

MEISHUYUEKAN 1981 12

岁月·故土·人
——尚扬和他的画

画家介绍

皮道坚

尚扬近照

三年前尚扬画出了他的《黄河船夫》,使我们由于猛然直面一种"世间罕见的韧力"——我们苦难深重民族的顽强生命力,而不得不在内心深处呼喊,"我们每个人都承担着历史的责任!"

这句不约而同的呼唤,恰恰也是尚扬那篇《关于〈黄河船夫〉的创作》文章的结尾。他这样写道:

"我们苦难深重的民族以世间罕见的韧力,以数千年间的伟大创造,在人类历史长河中源源汇入滚滚江流,这不止是的伟大奋斗,也激励着今天的人们。在历史的前进中,我们民族依然要扬弃自己历史所带来的一些道德和心理的重负,去开拓更加光明的未来。我们每个人都承担着历史的责任。"

《美术》1982年第4期

《黄河船夫》是尚扬作研究生时的毕业创作,是他两次西北之行的结果,也是他想表现充溢于北国山川人物之中的壮阔浑然的力量、表现民族精神和特质之美的多年夙愿的第一次实现。

去年暑期,尚扬又背起几十斤重的画具,由武汉北上,千里迢迢奔向大运慢慢穿崚嶒、牵肠挂肚的陕北高原。著朋结实,饱吸眼间陌(这也许是够怪他那不争气的肠胃),怎么也应应允了北方的窝窝头。然而却采采类乘背留了一大卷画在高原纸上的曲画和素描。冲看他那些"得胜还朝"的种气,我就提醒,这儿难能看到这一批好画。话虽如此,却没有料到当他把画编一张张打开时,会有一种惊伦羞面怀然无语话言力,深面而又随健的黄土高原,整个儿起,活泼泼地呈现在我眼前。真像人们常说的那样,一股浓郁的乡土气息扑面而来。

我看到坚如磐石般的《老篙》,被描绘成与大自然浑然一体。人就是山,山也是人,宽厚、博大,充溢着力量,显示出型坚不拔的气概,简直就是黄土高原的象征:窑洞前怀抱儿的《黄土高原母亲》,粗壮捷勇,有"永不枯竭的生命之源。看看那生、感觉将得却难以青状的苍老的河,古老的河,是青春的河。置身于这样的背景下,那独孙二人的形象,该具有何等深厚的涵量,难道能不引起我们关于历史和哲理的思考吗?

但使我震动的还不止是这。

我感到高耸上那些浑然朴雨,有如写意画的随意皴擦一般的笔触,分明浮溢着一个炎黄子孙对故土的滚滚的爱——就象八大山人的笔墨饱含着他的全部悲情和凄凉一样。(作这样的比较,是因为在伦勃朗、高更、梵高这样一些大师的油画面上,我

《钢水·汗水》创作点滴

创作谈

广廷渤

创作炼钢工人肖像的想法,早在三年前就产生了,并一直在酝酿着。只是苦于手头常有其他的工作,所以直到去年才有机会如愿以偿。

以前常去炼钢厂,也曾被工人们的炉前紧张劳动的场面所感动。但,有一个场面给我留下了非常深刻的印象,就是他们炼钢间歇时的各种动作、各种表情,特别是他们全身的汗水和由此构成的各种细节。他们劳动、闲歇,一动一静,犹如电影的慢镜头一般,异常清晰地将表情细节展现在我的眼前。当时还没有构成什么想法,可日后这种印象越来越强烈,而且产生了要画他们肖像的念头和欲望。在构思时,总是离不开那些给我深刻印象的细节。似乎这些细节就是这肖像的生命和我画这肖像画的主要起因。

去年,我到大连钢厂去体验生活。这次我集中精力去观察体验钢工人们劳动间歇时的各种场面……

《钢水·汗水》第一草图

回忆录
学 画
庞薰琹

这是庞薰琹先生写的一篇四十多年前在法国学画的回忆录。老画家们写一点自己的经历,不但可以留下一些可贵的美术研究资料,后望人读来可以从中悟出某些道理,实在是一件很有意义的事情。我们希望老一辈的画家都来积极地作这个工作,今后,本刊也将尽力予以介绍。
——编者

1

正是秋高气爽的季节,我来到了法国巴黎,1925年的秋天。巴黎正在举行十二年一次的博览会。我是在中国县城里长大的,后来虽然在上海住了四年,这四年是在一个天主教办的学校里渡过的,过的是修道院的生活,从来没有见过繁华世界。一走进博览会的展览馆,眼都花了。不知道那里要看什么,什么都美,灯光又亮又好看。回想自己童年时是在油盏下读书的,后来点洋油灯,在上海读书时,宿舍里的电灯,最亮也不过是三十二,没见过这么亮的灯,更没有见过各色灯光照射在喷泉上,水花化成了五颜六色。不过,引起我最大兴趣的,还是室内的家俱、地毯、窗帘,以及其它的陈设,色彩是那样调和,又有那么多变化,甚至在一些机器陈列馆时,也同样是那样的美,这使我有生以来第一次认识到,原来美术不只是画几幅画,生活中无处不需要美。我从这个馆,看到那个馆,看完一遍,回头来看第二遍。这天夜里,做梦也在看博览会。我想了几天,决定去巴黎高等装饰美术学院学习,可是当时这个学院的中国学生,最后,我们能通过徐悲鸿先生的关系,去叙利恩研究院学习绘画,这是我第一次接触到工艺美术,巴黎博览会十二年举行一次,在这些博览会上,它的装饰每十二年来一次的大变。主要是建筑风格的改变,建筑风格变了,一切装饰设计也随之而变。巴黎之所以能成为世界之艺术中心,主要是由于它的装饰美术影响了当时整个世界,人们跟着它的风格变,人们还来不及学得到手,十二年后它的风格又变了。

2

在叙利恩研究所学习时,最初帮助我的朋友中,有两个日本朋友,我那时只有十九岁,他们比我年纪大。他们的名字,我只记得其中一位叫拉茄瓶(音),日本字怎么写不知道,约在1928年,他已经是巴黎郭尔拿索区的名画家。

我去法国学习时,对西洋美术史知道得很少,其它文艺修养也很差,学习也不踏实,所以到了巴黎,既想学绘画,又想学文学,还想学文学,没有一定的主张,浪费了很多时间。

我个人认为,学习艺术,依靠老师教导,只能占百分之三十,自学可占百分之二十,而在朋友间可得到的益处,最少也要占百分之四十,当然要看是什么样的朋友。要学习到一点东西,单靠两只眼睛是不够的,还要通过语言多交几个文艺界的朋友。

我很感谢李风白同志,我到巴黎不久,他就劝我到巴黎郊区法国人家里住下去,是冬天的一个晚上,他亲自带我赶乘巴黎郭尼埃索,狄怕雷街十一号范登堡太太家。从巴黎到阿尼埃尔,要在圣拉萨火车站,乘约半小时的火车。我在国内读过四年法文,但是讲话还是不够流利,范登堡许太太为了锻炼我学会讲话,同时还要求我说话要有风趣,像我只会说:"今天天气好,你尊姓,你府上在哪里,你贵姓,你吃了饭没有",用这笨语言想在巴黎社交文艺界内,那就一定碰壁。所以每天晚餐以后,总是要我讲一个笑话,或一个有趣的故事。

范登堡许太太的前夫,是新闻记者,认识不少

创作谈
谈谈我画《苹果熟了》
庞茂琨

去年我们到了凉山彝族地区体验生活,当地那扑面而来的一种浓郁的气息在我内心里引起了一阵似曾有过的激情。彝人生活在这片边远的高原上,庄稼种在土里要发芽,开花,与生命,世代繁衍。特殊的氛围使蒙曚昽昽的睡容一样摄伏在人们身上,你可以从那些穿了沉睡的思想或某种原初出画面,衣裙的走向上拖放出沉睡的地方,彝人仿佛要这种石头一样的沉静里保持住宇宙的庄重与肃穆。可以说,他们在这种沉静里更朴素地理解了宇宙和生活,这些感觉使我非常激动。他们没有有机可乘的崇尚,有的只是脱胎于挣扎的纯朴的灵魂,这个灵魂与土地、与生命的整体靠得那么近,无论是他们自己还是别的,都感觉不出这因围。面对这些灵魂,任何矫揉造作的取巧的画风都是不足够的,画面应竭尽避免一切向因果关系的纠结,因为他们是自觉的,一切外生技不会带来好处,只会破坏其浑然自在。人与环境相互连接的,二者在那里是和谐不可分的,这种和谐通过生活与劳动而达到完美。于是劳动、生命,

如果要同某种向观者的意识屏敞,使他们还来不及运用逻辑规则能理解画面,把握画的整体。

在一阵激情的推动下我确立了画面的基本构思——土地、彝族老妇人、背景的果林,太阳烤红了枝头上的苹果,也使一双守望的期盼眼睛和未……这样的构思也许比较一般,但我想,既然选择了这样的主题,就只能在画面的处理上多下功夫,使一般如主题产生并非一般的东西。

构图上我力图追求平稳度,期望体现一种类似古朴的秩序,然而又不能使这种秩序陷入一种绝对的冷淡,所以我想利用由强烈阳光赏穿起来的人物情绪与果树的生机来破坏那种冷漠,使画面成为宁静与热烈的统一体。人物的黑色与周围的黄色形成对比,在主要的色彩上是这种对比最能体现那里边的关系特点。为了使画面单纯一些,我们打算把背景处理成平面效果,同时只把空间向画面后面延伸,这样或许能让观者参与到这个空间中来,间感更直接地感受画面,同时画面本身也更加追求其为本身……当时我还不知道实现这些意图是在给自己出难题。

我没想到整个制作过程长达八个月(不包括基础准备在内),这不是我善于自得其乐地精雕细刻,而主要是因为我想利用高原阳光赏穿起来的人物情绪与果树的生机来过了自信。我不需求那种轻易的寡意赐得的灵感,而这是唯独可靠的只有耐心、至少对我这个不成熟的学生是这样。要怀着我的画上为何至今令我感到着莫莫大的疲倦呢?这画一开始很快就定下草图了。画面的一些效果,但这种效果与我的设想相距很远,所以我的大部分时间都陷于修改的自我否定,我只能重新再来。激情冷却过后的工作是可怕的,这时必须靠理智和耐心才能继续下干去。我竭尽全力想把握最合适的分寸,但这种劳动总是异

1982

1 月

本年第一期发行，封二为张晓刚《暴雨将临》。刊登了袁运生《魂兮归来——西北之行感怀》、孙景波《时代、民族、个性与绘画》、陈丹青《杂感》、陈醉《外形式初探》、栗宪庭《再谈现实主义不是唯一正确的途径》、孙滋溪《生活·情感·语言》等文章。开始连载《现代绘画百年》，介绍西方现代派艺术。刊登了罗中立《春蚕》等作品。

2 月

本年第二期发行，专题讨论美术教育问题。刊登了杨飞云《男人体》、王沂东《女人体》等作品。

3 月

本年第三期发行，封面为广廷渤《钢水·汗水》，封二为吴长江《挤牛奶》。报道了"中国少数民族美术作品展览"及研讨会，并刊登了詹建俊《帕米尔冰山》、阿鸽《春到凉山》等部分获奖作品。刊登了刘纲纪《"自我表现不是我们的旗帜"一文读后》、迟轲《关于"现代性"——读史随笔之一》等文章。

4 月

本年第十一期发行，刊登了王朝闻《看四川油画》、朱毅勇《从〈父与子〉到〈山村小店〉》、何多苓《关于〈春风已经苏醒〉的通信》、周春芽《我画油画》、尚扬《关于〈黄河船夫〉的创作》、王琦《创作自由与自由化》、孙津《从造型艺术的规定性谈"自我表现"》、邵养德《再谈对〈父亲〉这幅画的评价——从典型意义谈起与邵大箴同志商榷》、张怀江《解放战争时期浙南游击区的美术工作》、沈同衡《"漫画工学团"记略》等文章。刊登了罗中立《新月》、程丛林《同学》、高小华《赶火车》、朱毅勇《山村小店》、张晓刚《天上的云》、尚扬《黄河船夫》等作品。

5 月

本年第五期发行，刊登了彭德《审美作用是美术的唯一功能》、贾方洲《试谈造型艺术的美学内容——关于形式的对话》，报道了"全国高等艺术院校美术创作教学座谈会"，并刊登了中央美院和四川美院的汇报。刊登了罗中立《稍息》、朱理存《踏歌图》等作品。

6 月

《美术》杂志 1982 年美术理论讨论会在湖北召开。

《美术》本年第六期发行，刊登了裘沙、贺友直等讨论连环画的文章，以及陈云岗《由"什么是雕塑语言"所想到的》，魏传义、张方震《我们是怎样进行油画创作教学的》，张安治《中国画的"变"》等文章。介绍了熊秉明等的艺术。

7 月

《美术》本年第七期发行，刊登了周韶华《探索刍想》、郎绍君《两条借鉴之路——试谈中国画的出新》、徐书成《艺术本质之谜》等文章。刊登了周思聪《矿工图》、周韶华《黄河魂》、冯远《英雄交响诗》等作品。介绍了朱德群的艺术。

8 月

《美术》本年第七期发行，刊登了高尔太《艺术概念的基本层次》、何新《略论艺术的形式表现与审美原则——兼论艺术的起源问题》等文章。

9 月

《美术》本年第九期发行，刊登了皮道坚《应当重视美术史研究的方法论问题——从一个流行的公式谈起》。介绍了颜文樑的艺术，以及"广西壮族自治区少数民族生活画展""第四十届威尼斯双年展"。

10 月

《美术》本年第十期发行，刊登了鲁慕迅《试谈中国画的气》等文章。

11 月

《美术》本年第十一期发行，报道了"全国城市雕塑规划学术会议""纪念江丰同志座谈会""北大荒风情版画展"。

12 月

《美术》本年第十二期发行，刊登了潘鹤等的文章讨论城市雕塑问题，以及刘宇廉《要注重绘画自身的规律》。刊登了刘锦堂三子刘艺（王平）整理《刘锦堂（王悦之）年表》。

挤牛奶（组画之一）　（石版）（37×65厘米）　　　吴长江
（选自全国"三版"展）

封面：钢水·汗水（油画局部）　　　　　　　　　　　　　广廷渤
（全画见本刊1981年第12期画页）
封底：门·镰仓（版画）　　　　　　　　　　　　（日）　斋滕清

美术　　月刊
（总第171期）

编辑者 美术编辑委员会	出版者 人民美术出版社	另售代销处　全国各地邮局和新华书店
（北京东四八条五十二号）	（北京北总布胡同32号）	国外总发行　中国国际书店
主　编 王朝闻 王　琦	印刷者 人民美术出版社印刷厂	国外代号　M 35（北京282信箱）
副主编 何　溶 李松涛	总发行处 北京报刊发行局	出版日期　1982年3月20日
丁永道 吴步乃	订购处 全国各邮电局	北京市期刊登记证第168号
		本刊代号　2—170 本刊编号　0764

定　价　每册0.50元

美 术 月 刊 　 一 九 八 三 年 　 第 七 期

1983

1 月

《美术》本年第一期发行，封面为罗中立《渣渣》，封二、封底为吴冠中的中国画作品。刊登了何新、栗宪庭《试论中国古典绘画的抽象审美意识——对于中国古代绘画史的几点新探讨》、徐书城《也谈抽象美》、黄永砯《谈我的几张画》、李正天《艺术心理学论纲》、姜书凯《记父亲姜丹书的艺术教育生涯》等文章。刊登了黄锐《四合院》、艾轩《若尔盖的季节风》、罗中立《故乡》等作品。介绍了姜丹书、黄永砯，以及美国画家魏斯的艺术。

2 月

《美术》本年第二期发行，封面为刘海粟《曙光普照乾坤》。刊登了尤劲东《连环画创作回顾》、李正天《艺术心理学论纲》（续）等文章。介绍了罗尔纯等的艺术。

3 月

《美术》本年第三期发行，刊登了周韶华《大河寻源记（上）》、朱金楼《纪念杰出的爱国主义画家沈逸千》、黄苗子《行神如空，行气如虹——刘国松的创作和历程》等文章。介绍了刘国松、沈逸千等的艺术。

4 月

《美术》本年第四期发行，刊登了杨帆《关于美术的形式与内容问题的讨论（综述）》、李浴《三谈美术发展史上的"现实主义"问题——答皮道坚并与其他有关同志商榷》等文章。

5 月

《美术》本年第五期发行，刊登了洪毅然《从"形式感"谈到"形式美"和"抽象美"》，佟景韩《关于"抽象"问题的一封信》，刘曦林《形式美的抽象性与"抽象美"》，栗宪庭、何新《试论中国古典绘画的抽象审美意识——下篇　中国山水花鸟画审美特征片论》等文章。刊登了潘絜兹《幽谷百合》等作品。

6 月

《美术》本年第六期发行，刊登了乔十光《试谈装饰绘画的构图》、陆俨少《中国山水画章法的管见》、贾又福《学画随想录》等文章。介绍了孙宗慰、达利的艺术。

7 月

《美术》本年第十一期发行，封面为董希文《开国大典》，封二为高虹《决战前夕》，封三为罗工柳《毛主席在井冈山》。报道了"革命历史画创作问题座谈会"，刊登了王征骅《写在〈武昌起义〉发表之时》，李天祥、赵友萍《革命历史画是新时代的产物》、邓平祥《思考八题》、郎绍君《艺术规律与表现自我》等文章。刊登了詹建俊《狼牙山五壮士》，侯一民《刘少奇同志和安源矿工》，王征骅《武昌起义》，韦启美《青纱帐里》，李天祥、赵友萍《路漫漫》，林岗、庞涛《峥嵘岁月》，罗工柳《地道战》等作品。

8 月

《美术》本年第八期发行，封三为程亚男《晚风》。刊登了沈加蔚《历史画作为一幅画……》、周韶华《大河寻源记（下）》等文章。介绍了周韶华等的艺术。

9 月

《美术》本年第九期发行，封面为石鲁《莽林红鹿》，封底为赵无极《被吞没的城市》。刊登了梁江《三十年来徐悲鸿研究述略》、张望《从鲁迅画说开去》等文章。刊登了周思聪《边城小市》、石虎《牧羊女》、贾又福《太行山高》、赵无极《10.3.83》等作品。

10 月

《美术》本年第十期发行，封二为周春芽《老人和孩子》。刊登了杜键《形象的节律与节律的形象——关于抽象美问题的一些意见》等文章。刊登了罗工柳《前赴后继》、韦启美《为了新的高度》《旅途》、尚扬《陕北人家》等作品。

11 月

《美术》本年第十一期发行，刊登了杜键《形象的节律与节律的形象——关于抽象美问题的一些意见》（续）、马鸿增《北宋画论中的"类型"论》等文章。介绍了法国当代画展。

12 月

《美术》本年第十二期发行，刊登了金冶《谈美术创作上的艺术性》、胡一川《忆彭德怀同志的一封信》等文章。刊登了全山石《塔吉克少女》等作品。介绍了沙耆、蒙克的艺术。

关于我的几张画

吴长江

这两年创作了十来幅刻画藏族风情的石版画。朋友们说："看你的画，感到你是在平静中寻求意境"。这句话虽不能概括我的画，却也说出了些道理。

我去了三次西北藏族地区。时间不长，感受挺深。当别人用强烈的色块对比和粗犷的线条来表现藏族风情时，我试图用黑白色调的丰富变化所传达的意境来表达在高原的感受。

《青藏高原》这幅画寄托了我对青藏高原所蕴含着的深沉、自然和淳朴的美的追求。

一次从驻地去放牧点，走了几个小时，尽是起伏不平的草坡和小河沟，几乎没有路。天空不时有几只鹰在山那边的天葬台附近盘旋，时而发出几声尖叫，朝远方飞去。这里地势高，海拔四千多公尺，平地走也够你喘的，何况又是爬坡。听人说这一带是高原雷击区。心里真有点嘀咕。青藏高原的一天，可以让人领略四季的气候。早晚穿皮袄都不觉得热，太阳出来了晒得头皮疼，一会是风，一会来雨，转眼间雪花夹着冰雹砸下来。前两年在甘南遇上的冰雹还是大号画夹子帮了忙。过了几道山梁，四周看不到一点人烟，也没有牦牛留下的痕迹。这是远

离都市的另外一个世界，好象一切都在沉睡着。在荒凉、空旷、单调和寂寞之中令人感到几分恐惧。爬过了一道山梁，远处的山顶上出现了一顶黑色的帐篷，几缕炊烟，给寂寞的草原带来了生气，这时我象是第一次见到帐篷那样兴奋，激动。我似乎看到了在帐篷中捣酥油的妇女的健壮身躯，看到她们围坐在火炉旁欢快地喝着酥油茶。

爬上高坡，这时提着奶桶的牧女、牦牛、帐篷都出现在坡顶上，蓝天象一块大的幕布衬托出起伏不平的坡顶。这是一张画，是大自然组织得很美的画面。这静谧的坡顶上的帐篷、藏女和牦牛，把我们带进了青藏高原这块神秘而又亲切、素朴的梦境般的世界。没有任何矫揉造作，一切都那么自然，谐和。

艺术不是客观事物的简单再现。这种感受，通过石版画丰富细腻的表现语言，能够创造出单纯、平静而又深远的境界。

在表现青藏高原这幅画中，我用大面积灰色调的变化同大片空白的对比，强调了高原的外轮廓，给人完整和深厚的感觉，表现出深远和平静的意境，石版颗粒细微的变化丰富的视觉效果，是石版画造型语言中所特有的。

《青藏高原》这幅画，把提奶桶的藏女和帐篷这两个主要形象处理在同一平行线上，正好是坡顶上。去掉琐碎的东西，减弱草坡的起伏，保持坡顶这条平行线的完整。天地相交处是画面对比最强烈的地方，提奶桶的牧女是整幅画的点睛之处。通过这个牧女使人感到无限远的空间。牦牛和草地都统一在重灰色调之中，几只牦牛身上的白块同天空大面积的白有了呼应，又在视觉上给处在朦胧状态中的草原增添了丰富的感觉。

作品的骨架是构图。我爱用中景构图，这种构图在视觉上使人感到亲近，如同身临其境。一幅好作品，它的构图应该是自然的，完全是化在意境之中的。

版画的特点是以少胜多，少就是概括。概括要不失充实、耐看和丰富的感觉。把握这种绘画语言的分寸，也就是艺术素养的高下之分。

石版画，印刷处理大面积的灰色调是较难的课题，它受印刷和技术条件的限制，所以在表现草地时用点和线结合的画法，使草地有微妙变化，显得丰富，同时在印刷上也避免了过早的"糊版"，使画面精细。版画是创作绘制和印刷结合的产物，它的艺术效果是靠印刷显示出来的，印刷最后决定着作品的成败。油墨在版面上打不匀，就会削弱、破坏

49

1984

1 月

《美术》本年第一期发行，报道了"全国宣传画展览"。刊登了马钦忠《"抽象美"问题讨论简评》等文章。

2 月

《美术》本年第二期发行，刊登了华君武《纪念齐白石诞生一百二十周年》、谭雪生《忆战斗在南方的革命美术团体——"人间画会"》、海源《评〈艺术心理学论纲〉》、王仲《析"节律抽象绘画论"》等文章。介绍了周碧初等的艺术。

3 月

《美术》本年第三期发行，刊登了哈孜·艾买提《新疆——美术创作的广阔天地》、李苦禅《回忆齐白石》、王仲《析"节律抽象绘画论"》（续）、王今栋《南阳汉画象石研究》等文章。刊登了王沂东《古老的山村》等作品。

4 月

《美术》本年第四期发行，刊登了洪毅然《再谈"形式美"和"抽象美"》、李桦《论形与神及其他》、陈传席《略论渐江和新安画派》等文章。

5 月

《美术》本年第五期发行，刊登了庞薰琹《色彩》、吴冠中《虚谷所见》、徐书成《再谈抽象美和中国画》等文章。

6 月

《美术》本年第六期发行，刊登了李桦《三十五年来版画的成就》，艾中信《美术教育随感录》，蔡若虹《探索的探索——四川美术学院油画版画观后》，邵大箴《更上一层楼——看四川美院画展有感》，万青力《谈中国画创新与画家学者化》，郭全忠《尚未清晰的设想》，庞茂琨《谈我画〈苹果熟了〉》，叶永青《画外随感》，龙泉《我画〈基石〉》，马一平、刘虹《〈嘉陵水〉点滴》等文章。刊登了庞茂琨《苹果熟了》、周春芽《余晖》、高小华《初春·老林》、罗中立《金秋》、龙泉《基石》等作品。介绍了肖峰等的艺术。

7 月

《美术》本年第七期发行，封三为刘开渠《牦牛》，封底为潘鹤《珠海渔女》。刊登了王克庆《纪念性雕刻漫谈》、潘鹤《雕塑进入新时期》、吴长江《关于我的几张画》、

姜维朴《新连环画艺术的三十五年》等文章。刊登了孙家钵《读》、关山月《碧浪涌蓝天》等作品。

8 月

《美术》本年第八期发行，刊登了侯一民《"嗲"议》、李化吉《离开纸上谈兵之后——壁画创作纵横观》、潘絜兹《画品与人品小议》等文章。介绍了宋源文、杜滋龄等的艺术。

9 月

《美术》本年第九期发行，封二为尚扬《黄土高原母亲》，封三为田黎明《碑林》，封底为妥木斯《垛草的妇女》。刊登了闻立鹏《温故知新——新中国油画三十五年断想》、广军《谈谈丝网版画》、刘敦愿《中国古代动物画艺术的细节表现》等文章。刊登了龙力游《草原的云》，广军《荷花翠鸟》，宋雨桂、冯大中《苏醒》。介绍了尚扬、谢东明等的艺术。

10 月

《美术》本年第十期发行，封三为阿鸽《鸽子》。刊登了刘海粟《拭目待天葩》、华君武《回顾和前瞻》、颜文樑《绘画应该把快乐带给人们》、李松《中国画发展的道路》等文章。专题报道和评论了"第六届全国美术作品展览"，并刊登了詹建俊《绿潮》，朱乃正《国魂——屈原颂》，何多苓、艾轩《第三代人》，潘鹤《开荒牛》等作品。

11 月

《美术》本年第十一期发行，封二为汪建伟《亲爱的妈妈》，并刊登了创作心得。刊登了妥木斯《油画的命运》、李天祥《谈油画与基本功——看全国美展油画后》等文章。刊登了贾又福《太行丰碑》，以及"第六届全国美展"部分宣传画作品。

12 月

邵大箴任主编，吴步乃任副主编，聘请王琦、王朝闻、艾中信、叶浅予、吴冠中、郁风、蔡若虹为顾问。

《美术》本年第十期发行，封面为王玉珏《卖花姑娘》。刊登了潘絜兹《"变"与传统精神》、杨之光《"不在于新与旧，而在于美与丑"》、周韶华《处于更新换代中的中国画》、马鸿增《中国画的现代感与创新思潮》、水天中《关于乡土写实绘画的思考》等文章。刊登了何家英《十九秋》、王明明《晨曲》等作品。介绍了周京新、何家英、王玉珏等的艺术。

▼扫雪 （98×66厘米）
石版画 1984 吴长江

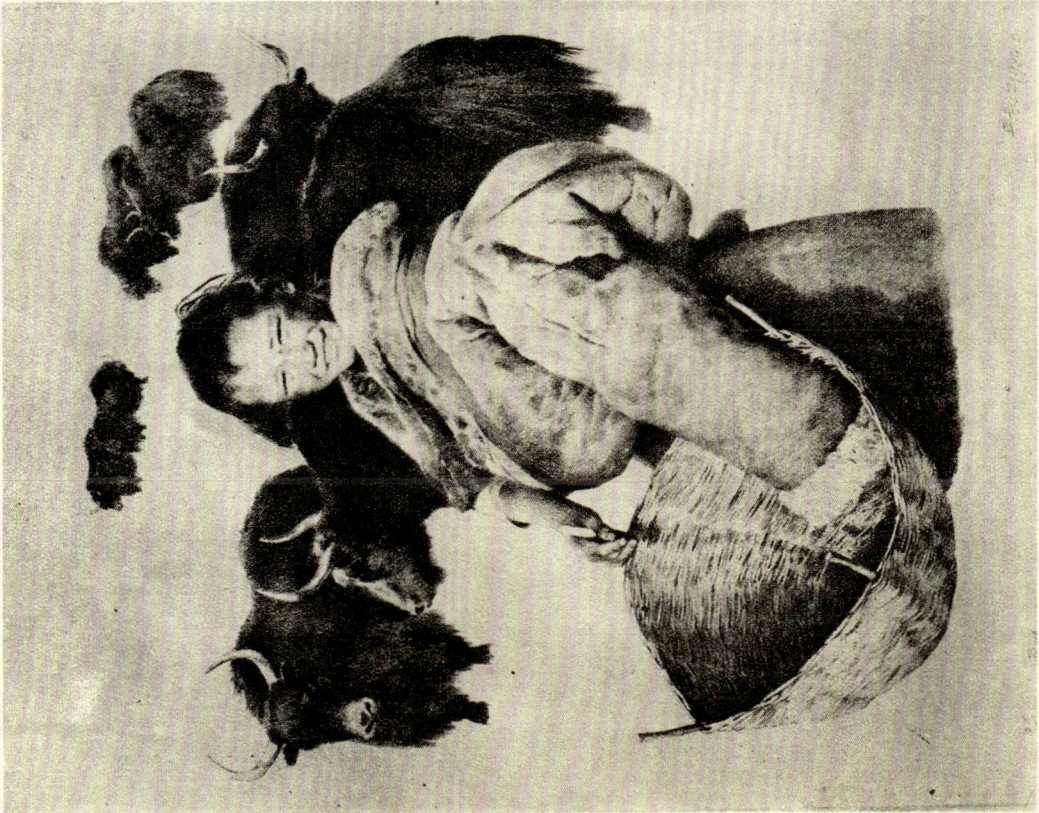

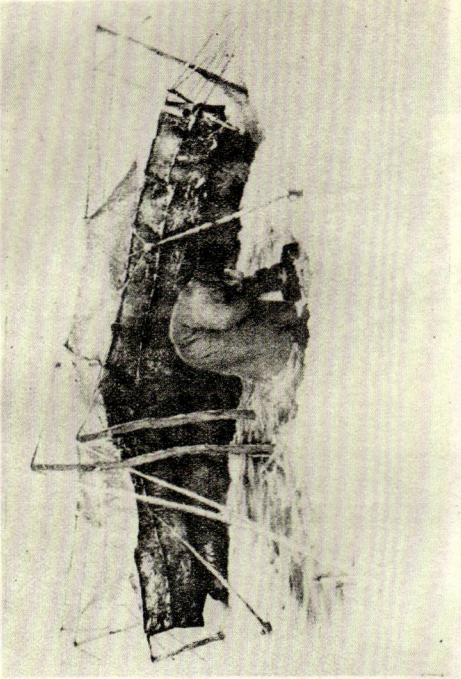

◀泳娃 （60×81.5厘米）
▼青藏高原 （60×81.5厘米）

评论

六届全国美展的启示

叶浅予

本文提要 从六届全国美展的作品，看，内容中的形式与形式中的内容；土法中的洋法与洋法中的土法；意象中的其象与其象中的意象；现实中的史实与史实中的现实；普及中的提高与提高中的普及……等问题，以及如何看待六届全国美展的评奖工作。

经过四次筛选，在分区展览中选出十四个品种八百多种作品，在北京中国美术馆展出，为期一个月，还要从中评出金、银、铜三奖共二百件，这是建国三十五年显示美术成就的一次大检阅。从各省到分区展览费时一年多，从分区集中北京，又用了两个多月，评奖用了十天，才告结束。我参加了评奖工作，在美术馆待了四五天，全部作品看了三遍，投了五次票，尽了任务。在评选中，意读作作品为评奖，既不能以普通观众的眼光来看作品，又不能凭本专业的标准去看画品类的作品；必须从全局出发，既看现状，又看历史，既看个别，又看整体，尽可能评得客观些、公平些。事实上不可能完全排除主观的偏爱，因此不得不承认，评价艺术，只能做到接近公平，不能做到完全公平，因为艺术标准相当复杂，不像体育竞赛有个全国记录或世界记录作为准绳，做到绝对公平，何况体育裁判有的也会偶然失误，无关大局。艺术评价就很不同，不能个人说了算，要整个评委会说了算，多数人说了算，投了五次票。多数一定公平吗？不一定，也许真理在少数方面。这篇文章和读者见面时，

六届全国美展的金银铜三奖已经评出，希望得奖者不要太兴奋，落选者也不要太丧气。

在评奖过程中，脑子里浮起了长期以来存在的争论，如内容和形式的关系、继承和创新的关系、土法和洋法的关系、自然和社会的关系、普及和提高的关系、独象和其象的关系、写实和写意的关系、存真和变形的关系、现实和历史的关系，等等，通过三十多年的实践，特别是近几年思想解放的实践，似乎可以正确地认识这些关系了。六届全国美展给予我们一个重大启示：实践是检验真理的唯一标准。

（一）内容中的形式与形式中的内容

存在决定意识，意识反过来影响存在，是认识论的普遍性。艺术上说内容决定形式，是指形式来源于内容，无内容即无形式；由此延伸，可以说无生活即无艺术。但是在艺术发展历史中，赋予形式以相对独立的品格，形式完美与否可以决定内容的命运，完美的形式可以升华内容，拙劣的形式可以歪曲或毁灭内容。内容决定形式，指形式的从属性，形式决定内容，指内容的从属性。只研究形式为形

3

迎接第六届全国美展

·本刊编辑部·

五年一度的全国美展，将于今年十月一日按不同的门类同时在几个大城市举行，这是美术界的大事，特别是在党中央提出在思想、文艺战线上消除精神污染的时候，举办这样规模盛大的全国美展，就更会促进我们的美术工作者加强对社会主义、对人民的重大责任感。我们的美术展览会如果办得好，就会抵制、消除精神污染、建设社会主义精神文明中发挥应有的作用。

从中华人民共和国成立以来，我们已经举办过五次全国性的美术展览会，每次展出都是我国美术成就的一次大检阅，不仅检阅了我们在美术创作上的成绩，也检阅了我们的美术队伍。令人高兴的是，我们不仅看到越来越多的新作品问世，也看到我们美术队伍中越来越多的新作者的涌现。这是社会主义美术事业兴旺发达的最鲜明标志。社会主义美术就是要使美术从多少世纪以来为少数人占有的状况中解放出来，成为广大群众所掌握的精神武器，成为建设社会主义精神文明的组成部分。一代有志于为社会主义美术事业而努力奋斗的美术家，不能不加强与广大人民的血肉联系，不能不考虑人民大众的需要。人民需要美术作品中受到健康、向上的思想情操的感染，也需要从美术作品上获得美的满足。美术家应该按照小平同志的指示……"要始终不渝地面向广大群众，在艺术上精益求精，力戒粗制滥造，认真严肃地考虑自己作品的社会效果，力求把最好的精神食粮贡献给人民"。这样才能体现我们对人民社会的高度责任感，失去这样的责任感，所谓为人民服务、为社会主义服务，就会成为空话。

在"文革"前的十七年，我们举办了四次全国美展，尽管当时受到"左"的思想影响，但由于"我们的文艺路线基本上是正确的，文艺工作的成绩是最著的"美术工作者也是沿着社会主义道路前进，创作了许多为广大人民所欢迎的好作品，培养了大批新的社会主义的美术战士。在"四害"横行的日子里，大批美术作品遭到禁锢，许多作者受到残酷迫害。但当时美术界许多同志也曾对"四人帮"的倒行逆施进行抵制和斗争，打倒"四人帮"以后，在党中央的领导下，落实了党的知识分子政策，使过去受到人民欢迎的作品得以重见天日。由于党的三中全会提出"解放思想、实事求是、团结一致向前看"的号召，在文艺界认真贯彻了"二百"方针，美术工作者心情舒畅，创作热情高涨。在短短几年里，创作出在思想、艺术上都达到较高水平的作品。这些作品在题材范围的广阔，主题思想的深化，艺术形式、风格的丰富多彩等方面和过去的作品相比，都有明显的变化。在题材内容上，美术家不但以热烈的情感，歌颂了社会主义的新气象和新的人物，也以批判的态度，揭示了从旧社会遗留下来的不合理现象和旧的思想残余，更以愤怒的感情控诉了"四人帮"给国人们造成的深重灾害。实践证明，无论采取什么样的题材，作品的社会效果都是积极的，在表现形式、风格上，美术家勇于探索、大胆创新，出现了前所未有的丰富多彩的面貌。实践证明，只要运用得当，不仅不会使人感到怪诞、难懂，而且丰富和扩大艺术的表现力，满足了人们不同的多方面的审美需要，这对于发展社会主义美术，贯彻"二百"方针精神，都是十分有益的。

艺术家对什么题材发生兴趣、什么样的题材会激起他的创作激情，以及用什么样的形式去表现所要表现的内容，这主要取决于作者的立场、观点、生活经历、个人爱好和修养，以及他所擅长的艺术表现手段和方式。所以，我们一贯主张不去规定作

4

为艺术投

建国卅五周年

举行

第六届全国美展

一九八四年作人书贺

提高艺术，艺术贡献四化，普及文艺争鸣，才华便进步。

庆祝中华人民共和国成立35周年

拭目待天葩

刘海粟

艺术家是人们的花朵。他们在历史上线的出现，全都人民用血汗和神乳汁的哺育。群众创造了丰富多彩的现实生活，开发了无数的水木靈山，这些是艺术创作的客观依据。把优秀的艺术品献给吾生、吾民，是文艺工作者的天职。

1928年新秋，我曾过蔡元培、叶恭绰等先生举办全国首届美展。当时的政府不肯支持，蔡、叶先生和黄宾虹、许寿裳、经子渊、杨杏佛、徐志摩、张善子、张大千、王济远、张聿光等著名人物据理力争，费尽周折。在我赴欧前的1929年，画展揭幕。黄宾老、徐志摩将每期会刊和大量照片寄到巴繁，使远方游子读到许多佳作，犹如身历其境。记得有篇文章评论新秀潘玉良，缺点优点都谈到了，不是一味腻美。岁月流逝，历史更新。参加展出的朋友，只剩下一百零三岁的丹翁石，九十多岁的朱屺瞻、颜文樑、朱孔阳，八十多岁的王个簃和方介堪，其余的大都作古了。

1954年，我来到解放后的北京，荣幸地见到了周总理，还有叶圣陶、章行严、叶恭绰、黄炎培、郭沫若、陈叔通等老友，以及周扬、蔡若虹等同志，他们热情地邀请我参加新中国首届中国画展，我展出了《群羊图》，章、叶二老和张弟桐兄题了诗，挚友之情，爱护备至。至今忆起，还历历在目。

最近，我访问了日本，外国朋友对中国艺术倾注了很高的热情。使我时刻不忘中国艺术家们承前启后的神圣使命。既要看历史规光，纵观上下二千年的书画比、画迹，又要看囊括中外的世界现实。凡属健康而上可以吸收的东西，都要拿过来，经过炼形、化作中国民族艺术的血肉。对古人和外国人都要不抗不卑，冷静客观。要导积储发，游刃有余，批剥纸心所欲不逾矩地自由抒发新的创新的我。我们的生活感是前辈艺术家太龙梦想的现实，人民期待着艺术家从不同角度来表现。第六届全国美展，正好检阅力量、加强团结，总结过去、展望未来。可以起到划到时代的作用而载入史册。

三中全会恢复了老一代艺术家的创造力，这批

4

贾又福　　　　太行丰碑（中国画）200×170㎝　1984　（北京）

鸽子（版画）　（73×4 cm）　阿　鸽（彝族、）

封底：大坝上的母亲（油画）　（144×161 cm）

唐小禾　程　犁

美術　月刊

（总第202期）

编辑者　美术编辑委员会　　出版者　人民美术出版社　　国外总发行　中国国际图书贸易总公司
（北京东四八条五十二号　电话：443891）　　（北京北总布胡同32号　电话：557990）　　　　　　　（中国国际书店）

印刷者　人民美术出版社印刷厂　　国外代号　M35　（北京2820信箱）
（电话：443538）

主　编　王朝闻　王　琦　　订购处　全国各邮电局　　出版日期　1984年10月　20　日
副主编　何　溶　李松涛　　总发行处　北京报刊发行局　　北京市期刊登记证第　168　号
丁永道　吴步乃　　另售代销处　全国各地邮局和新华书店　　本刊代号　2—170　本刊编号　0843

定　价　每册0.50元

创作谈

人与环境的交融

何家英

坦白地讲，开始的时候，我只是对某些农村姑娘的形象发生了兴趣。那是一种不大引人注意的形象，单眼皮，翘嘴巴，鼻梁上还有点雀斑。虽不漂亮，却别有味道。画在速写本上是很美的。中国传统绘画在人物形象上有自己的审美趣味和特点。我喜爱这种特点，因此对表现现实中的人物，我喜欢选择带有这种特点的形象。这并不意味着去模仿古人，只是想让形象更有"画"意。

长期的观察与酝酿，在我的心中逐渐形成了一个理想中的山村少女形象。我也知道怎样表现出来，只好把这种感受先储存起来。

在中国画的创作上，我常常为现代人物本身在形式美感上的单调而苦恼。当我要画一个人物肖像的时候，总想到描写画面造型的完整性和应有的意趣。尽管在人物造型上已作了很大的努力，但仍感画面单调。

因此，我看花鸟画的时候就产生一些联想，想在其中加小人儿。

这可能是可笑的。但这种联想的结果却使我得到启发，如果大胆地将人与环境交融在一起，便可造成完整的意境，恭补人物造形的单调。也许正是这种原因使我加强了对人与环境关系的观察。

我真正形成《十九秋》的构思是在前年的秋天。太行山的深秋，小溪弯弯从大石块上流过，蝌蚪般的柿树枝被成熟的柿子所压得低垂着，树叶随风飘落在水中。我还是第一次看到这么美的秋色，一股浓郁的田园气息扑面而来。我的心醉了，仿佛来到了一个纯洁的天地，心灵受到了陶冶。在我的心中涌起一种至今我也解解不清的情愫。也许这正是这种情绪定了后来《十九秋》构思的基础。

在我和两个姑娘一起去摘柿子的时候，偶然看见一个姑娘从一棵漫山的柿子树的红柿子树旁边过，一种悟意，悠然的意境跃然而生。"一个摘柿子的姑娘站在柿下"这就是我的画面。过去我一直酝酿的那个少女形象，竟在这里找到了表现的媒介。生活积累的"干柴"，遇到了火花，它们立即燃烧起来了。

当我进一步构思的时候，很自然地联想到了我以前对山村姑娘生活、经历、性格、感情、理想的感受与理解。然而这种联想并不是为了在一张画上把许多感受都表达出来，画面的所谓"容量"，我觉得联想的作用在于把握人物精神与情绪的基调，使之成为一个具有活的灵魂的生命，而不仅是装饰品。

谁都有自己最美好的年华，那是青春萌发的时候，对一切都充满了幻想与希望，在欢乐或苦恼之后常常进入梦一般的沉思……这种特征在十八、九岁的少女身上表现尤为突出。在她们朴实、淡淡的形象画面有一颗圣洁而又复杂的心灵。如果我们若有所思的种态，给画含蓄的表情又增添了一种难以言传的种秘感。有意思的是我对人物情调的理解和对秋色的感受出自的统一。这与其说是一种巧合，毋宁说是我个人内心世界的感应，画面人物是特定情调气氛中的人物。

在创作过程中，我力求使画

生活速写

20

读《国魂——屈原颂》

钱绍武

"逝者如斯夫，不舍昼夜！"浩浩大江，一去不返，这景色是容易使人联想起过去，又憧憬将来的吧。画对着前，中华民族的优秀儿女都曾感慨系之。因为我们民族的历史正象它一样的曲折和艰辛。但我想正因为在看无比壮辛的过去，也就必然孕育着无比灿烂的将来。这是我们中国人的坚定信念和共同愿望。朱乃正同志的创作构思也正是从这里展开的。滚滚东去的大江之上，凝聚着中国人的精魂，屈原愤懑而惋惜，告忍心事使他深沉，民生多艰使他忧伤，前途的狄则使他焦灼，而民族的信心使他抱着永不磨灭的希望。他决不是在哀叹个人的不幸，他的确是"长太息以掩涕兮，哀民生之多艰！"他难过的是"固无人莫我知"，他真正伤心的还在于"哀众芳之芜秽"。但即使在昏乱不分、忠谗不变混的时候他还是矜持漫漫长路，上天入地地求索。他理关辛干，他为民请命，他置贵不顾身，成式不顾辱，献身以自己的生命换得自己的理想。这种精神才是中华民族的精神——且同立，就在我们民族的一脉相通。既从他那儿吸取了力量，也以自己的血淹溉了它，使它成为中华民族精神的大树。我认为，这就是我们民族最可贵的"魂"。鲁迅先生说得好，"唯有民族是值得宝贵的，唯有他发扬起来，中国人才有真进步"我想这也是朱乃正同志有取的民族之"魂"，刻画这种"民魂"，正是中华民族自息的艺术家们所应承担的任务，但的确也是极其艰巨的任务。朱乃正同志的努力就完成完成的。因此我们不能忽视这幅作品已经是异种的尝试，是有着真知灼见的探索。

首先，他创造了一个极有概括性的形象，就我的感受而言，就引起很多联想。那种热情的不能控制、伤心悲声泪出下，梗直得不顾利害、著傲得不知俯仰的人气宇。那高耸的眉峰显得充满智慧，那有力的嘴勾说明刚毅坚强，那象是刀剪的咀嚼宣布决决不忘，那鼻角的皱纹又透露出内心的仁慈。同时，我们还要注意，这形象还有更积极的一面。因为到民代人，他不可能只反映过去，我觉得在屈子的眼睛深处可以觉察到他更多的是希望于将来。甚至我觉得他要看到自己的祖国已克服了重重困难，正在稳步前进的现实，在他那种蓝阳样坚定、但灼出神的目光中流露出来。当然，我只能谈自己的体会，但我相信，如果在认其欣赏之后，我这种感受是会得到共鸣的。

这幅画有个特色，就是感到渾然一气，有种内在的统一，而形成这个统一的重要因素之一就是于用"笔"，以我的孤陋寡闻，在印象中，似乎讲究笔法的油画家是较为稀少的。而朱乃正同志又是位油画家，讲究笔法已成为他的本能，他的画是"写"出来的，他写得痛痛快快、写得酣畅痛快，有一气呵成之感，是性情之流露。最后一定要谈他这幅作品的色彩，我觉得这幅画的色彩不象很多油画家那样处理。朱乃正同志还是为自如地用色抒情，他正是运用了带有特点的色彩使人联想起灿烂的楚文化，那么浓烈、热烈、浪漫、瑰丽！他的手法可以说是遵循着中国的"写意"传统，这是创造有民族气派的油画的一个有意义的实践吧！

据我所知，作者是深知"写意"真谛的。"写意"要求发自内心，挥除万念，凝神出意，一挥而就。因而作者在创作时的确选择许多岁前月下，沐浴，焚香，独处，于万籁俱寂俨然命笔。我想这起严说明作者之虔诚与认真，这种态度岂不也值得我们去参考吗？

53

画评

漫谈《潮》

葛维墨

潮草图之一

一个已脱离青年稚气的农村壮汉，手扶钢锹，脚踏实地热情地展望着未来美好的前景；那淘涌如湍的春雨，蜘蜒伸展的土地，巨裸般蕴动欲展的衣衣，烘托出画面人物激荡的内心活力，这就是詹健俊的新作《潮》给我的第一印象。记得早几个月我曾问过他，为全国美展准备画幅什么画。他说，想画个农民。不要年纪太轻，但也不要年纪大太。年纪太大老了，就成了"老"农民。要既有一番经验阅历，但又焕发着青春活力。三十岁左右的新型农民。我表现新的

目前表现农村素材的作品不少，着重画往往是农民朴实勤劳的动作，也很认真，但象《潮》这样表达当前新的农民形象和思想感情的，毕竟还不多。《潮》没有停留在对农民优秀素质的已有认识上，也没有局限于对农民田园整色的描绘，它以大地春回，心潮激涌，人潮奔、外形和内心的统一，突出了歌颂农村新貌跃的主题。它没有其艰龄般打败的农庆，没有描写繁热烈的那个户农村之色的小溪，也没有刻画万万元的农村。但是我觉得从画面的人物形象、景物做皆都到新时代的农民的本质精神。他充满自信的动作，发自内心的微笑，有别于土改分得土地的翻身农民，也不同于依靠工分、紧考度日以求温饱的老式农民。也以全新的姿态，心胸开阔，满怀信念，使人相信能完全有力量有能力掌握自己今后的命运，成为土地的真正主人。这样的典型，只有在三中全会以后才会产生。詹健俊是以这样的心情，描绘了这个时期的大地主人。他告诉你，他要表现的不仅仅是农民、人是以农民的形象、农民的气质，表达祖国大地的回春。

我们是在生活中，有又总要强调深入生活。当然这里所指的生活，是我们不太熟悉的工农兵生活，是我们走出非仍然是孝子宇问倒的小屋，面向社会，到

潮草图之二

51

创作谈

水墨行程十年

吴冠中

从艺以来，陶醉于西方近五十年，同时依恋于传统近三十年。曾久居于油画布上，近十年来又频有落户于水墨乡之的意愿。感谢四川美术出版社分册选编印了我这十年的水墨画创作，每期并由我自己写前言简述了各期探索的心情。又值美协举办我的新作展，借机抄录四篇前言，回顾行程。瞎听评单品足。生命未央止，前途谁？，走瀑踽！

那人却在灯火阑珊处
——吴冠中国画选（一辑）前言

在艺术中，我是一个混血儿。

我青年时被强烈的求知欲驱使着，学西画，学国画，又学西画。早期国立杭州艺术专科学校的绘画系学中，西画。但主要是西画，国画课非少，近乎副课，同时爱国画而以认真学的学生是少数，我属少数。白天画西画，夜晚画国画。而人，我是爱上国画，是与潘天寿老师的熏陶分不开的。我一向爱他的艺术风格。潘老个人独到创作，但他教学中主张临摹入手。我们大量临摹石涛、石鼓、弘仁、八大、板桥及元四家的作品，都是四王的东西，也经常要临摹。

我曾短期尝试过被西画画专搞围画，但感情似野马的青年到当时不能安居于水墨稚家之乡。狂热地迷恋黄色形，后来反而是魅夺了国画到巴黎留学，专攻洋人的洋画去了！虽然如此，国画的因素却不断在我的思想感情中滋长发挥。并且随着岁月的推移和学习的积累，我愈来愈体会到国画和西画品具不同，但在艺术本质上是基本一致的，也正如石涛说的，书画一以贯之。

近五、六年来我又同时用水墨作画了。临摹国画同时向古人求遗产、油画则向生时向西方探索。但艺术并不存在于表现方法之中，表现方法的丰富只是锻炼脚力的强劲，根本问题是往哪里跑，路是人走出来的，为捕捉自己的感受而寻觅、"生活的美感"才是我这十年来上下求索的对象——"蓦然回首，那人却在、灯火阑珊处。"（1980年）

新村何处
——（二辑）前言

根不着泥土的水仙也开花，那是依靠去年储备的营养，并且翌年也就萎谢了。山桃、野杏离不开土壤。根着土壤牢牢长，年年开花，随着岁月的推移，躯干枝条逐年苍劲多姿，画面丰富获得桃杏那种画面的生命力啊，我是这样向往着的。

过了这村便没有这店，画家们在漫长的探索行程中永远遇到新境界，旧的技法捕捉不住新的美感，今

4

十九秋（中国画）　113×172 cm　1984　　　何家英（天津）

1985

1月

《美术》本年第一期发行，封面为詹建俊《小红帽》。刊登了李世南《现代生活等待着我们去驰骋才华》、陈白一《百花齐放，面貌一新》、刘曦林《由自然信息到艺术信息》、彭德《中西结合的三种趋势》、郎绍君《南京读画记》、葛鹏仁《观念·自我·创造》、韦启美《画前断想——整体与局部》、闻立鹏《要重视技艺美》、吴小昌《画和我》、杨飞云《我和古典主义绘画》、王朝闻《再谈认识：第六届全国美展雕塑作品观后一席谈》等文章。刊登了田世信《谭嗣同像》、韦启美《新线》、葛鹏仁《牛》、闻立鹏《桦林》、杨飞云《肖像》、杜键、苏高礼、高亚光《太行山上》、胡一川《南海油田》、靳尚谊《肖像》等作品。介绍了詹建俊的艺术。

2月

《美术》本年第二期发行，封面为何多苓《青春》，封二为吴冠中《江南人家》，封三为王沂东《农家母女》，封底为贾又福《惊梦》。刊登了叶浅予《六届全国美展的启示》、孙美兰《慑人心魂的中国油画》、周芜《明末金陵版画》等文章。刊登了杨力舟、王迎春《太行铁壁》，邢永川《杨虎城将军》，伍必端《葵花地》，韦尔申《我的冬天》等作品。介绍了贾又福、黄永玉的艺术。

3月

《美术》本年第三期发行，为女美术家专辑，封二为周思聪《正午》，扉页为张得蒂《日日夜夜》。介绍了萧淑芳、江碧波、王公懿等女美术家的艺术。

4月

《美术》本年第四期发行，封面为韩书力《邦锦美朵》，封二为杨冬白《饮水的熊》。刊登了姜维朴《新形势、新成就、新课题——从全国六届美展连环画获奖作品谈起》、毕克官《一浪更比一浪高——漫画创作的新阶段》、贺友直《评画杂感》、李松《天枢——我国古代一种纪念碑样式》等文章。刊登了何多苓《雪雁》、卢辅圣《钗头凤》等作品。介绍了韩书力等的艺术。

5月

《美术》本年第五期发行，封二为吴冠中《冰湖》《话说葛洲坝》。刊登了王琦《前进中的版画创作——评六届全国美展的部分优秀版画作品》、吴冠中《水墨行程十年》、周韶华《大风吹宇宙——石鲁书画全集序》、令狐彪《形象·符号·语言——中国画艺术语言初探》、廖冰兄《达者为师话艺坛——记张大千和叶浅予的翰墨缘》等文章。介绍了吴冠中等的艺术。

6月

《美术》本年第六期发行，封二为杨飞云《忧郁》，扉页为徐冰《令箭荷花》，封三为俞晓夫《我，轻轻地敲门》，封底为韦启美《讲座》。刊登了詹建俊《在传统与现代之间思考——关于西方绘画》、周昭坎《关于油画的辩证——兼论创作自由》、沈加蔚《浅谈"丑"》、丁宁《论审美趣味自组织的协同性》等文章，以及张骏、徐冰、吴长江等结合"第六届全国美展"版画作品讨论当前版画创作问题的"美术茶谈"。刊登了王怀庆《雨》、王沂东《肖像》、孙景波《彝寨春秋》、徐冰《自由的护城河》等作品。介绍了韦启美、王沂东、俞晓夫等的艺术。

7月

《美术》本年第七期发行，报道了"前进中的中国青年美展"，并刊登了袁运甫、张蔷、徐冰的评论文章。刊登了高名潞《近年油画发展中的流派》，易英《"生活流"断想》，张群、孟禄丁《新时代的启示〈在新时代〉创作谈》，王鲁湘、李晓《新趋势的新平衡》，尚扬《变革社会和变革自身的统一》，王怀庆《人民也要接近艺术》等文章。刊登了胡伟《李大钊、瞿秋白、萧红》，张群、孟禄丁《在新时代——亚当和夏娃的启示》，冯大中《初雪》，杨飞云《小演员》，王沂东《古老的山村》，徐冰《花和铅笔》，袁庆一《春天来了》，卢辅圣《腾飞图》等作品。介绍了胡伟、尚扬、王怀庆等的艺术。

8月

《美术》本年第八期发行，封二为田金铎《走向世界》，

中央美术学院油画系教师作品年展　　　　　　　靳尚谊　肖像　72×53 cm　1984

封三为朱成《千钧一发》。刊登了罗世平《城市雕塑与空间意识断想》、韩书力《西藏玛尼石刻浅识》、邓福星《宏观审美理想的历史演变》、袁林《新潮漫议》等文章。刊登了卢沉《塞上竞技图》，谷文达、郭桢《盲人的智慧》，张培力《起跑线》等作品。介绍了钱竹、董克俊等的艺术。

9 月

《美术》本年第九期发行，封二为陈仁《突破》，封底为彦涵《桂林山水》。报道了浙江美术学院毕业创作，并刊登了李以泰、肖峰、潘耀昌、金一德等的评论文章。刊登了胡东放《西方现代派绘画的哲学观》、朱伯雄《艺术语言琐议——从西方现代美术谈起》、邵大箴《高更和艺术的象征性》等文章。刊登了耿建翌《灯光下的两个人》《西部》、张克端《冬季草原》、魏光庆《边城文化》《塔座》等作品。介绍了彦涵等的艺术。

10 月

《美术》本年第十期发行，封二为庞茂琨《云朵》《旷地上的晨曦》，刊登了新的《中国美术家协会章程》，易小武《当前创作中的象征主义倾向》、张宝琪《面临西风——选择接受与民族性》、高名潞《三个层次的比较：读四川美院毕业生的油画作品》、葛岩《作为语言的绘画》、吴少湘《雕塑语言的隐寓与弹性》、李琦《忆石鲁》等文章。刊登了吴少湘《呼唤》、何多苓《狼》、周春芽《阳光下的狗和阴影里的羊》等作品。

11 月

增加李松涛为副主编。

《美术》本年第十一期发行，封面为乔十光《热带植物》。刊登了潘公凯《"绿色绘画"的略想》、黄鸿仪《傅抱石先生的美学思想》、邓福星《原始艺术的现代魅力》、胡毓寰《新兴木刻运动的先驱——记老友张慧同志》等文章。刊登了何家英《米脂姑娘》、卢禹舜《神秘的大森林》、史国良《阿坝速写》等作品。介绍了傅抱石、乔十光等的艺术。

12 月

《美术》本年第十二期发行，封面为崔子范《葵花蝴蝶》，

封二为周思聪《卖酒器的妇人》。报道了"半截子美展"，刊登了邵大箴《有感于"半截子美展"》，以及广军《少女和红马》《无题》、孙家钵《心》、蒲国昌《召唤》等参展作品。刊登了郭怡孮《从六届美展看花鸟画发展》、卢辅圣《论中国画创新》、孙克《关于'区域性画派'的思考——给贾又福的信》、车辐《怀念版画家张漾兮》等文章。刊登了罗工柳《古柏颂》、林岗《沙风》、罗尔纯《人像》等作品。介绍了崔子范、卢辅圣等的艺术。

■第六届全国美展获奖作品图录　■明代金陵版画
■画家介绍——贾又福　■加拿大画家柯尔维尔作品

1985　2

张　群　孟禄丁（北京）
在新时代——亚当和夏娃的启示（油画）
193×159 cm

王沂东
（北京）
农家母女
油画
120×120cm

问题讨论·当代美术思潮研究

近年油画
发展中的流派

高名潞

现代艺术学是由三大主要分支学科组成的，即：艺术语言学，它作对象（包括内容形式、技巧手段、风格）为主要研究对象，艺术心理学，从心理学角度入手；艺术社会学，从为社会意图宏观把握。目前我们的艺术研究较多局限在艺术社会学范围内，而且存在着以庸俗社会学取代艺术学的倾向。比如，将艺术史作为其他社会领域的附庸史，机械地将艺术社会领域中（如政治）的单线进化的模式套入艺术史中。其实，马克思早就指出过"物质生产的发展同它例如艺术生产的不平衡关系。进步这个结论决不能在通常的抽象意义上去理解。"（《政治经济学批判》导言）

因此，艺术史是自律性的，它应该是艺术实践、艺术形式和艺术综合发展史，而首先应该是艺术风格的发展史。艺术史是从人类种种生活史的索引，它具有自己独特的方法论和体系。倒如，现代西方著名的维也纳美术史学派以风格演变为美术史研究的基点，从而独步于世。

本文试图从风格发展的角度对近年来，主要是1978年以来我国油画的发展作一分析。对艺术风格的分析必须始终围绕油画作品。现代美学家克莱夫·贝尔说倒有：对那些感受力强的人来说，艺术本身就是告诉他一切（而形式和日期却不能）"（《艺术》65页）我并不主张艺术作品不应表现社会。艺术创作、艺术欣赏和艺术史论研究都要密切宣传。自然，风格分析也离不开其它社会外缘因素，当今各学科都强调协同性、完整性和同步性，方法上的以"小"观"大"愈随着本文负载使画这个整体，由本文论一论及，只得留待另撰文探讨。

我把近年油画发展按时间顺序分为三个阶段，每一阶段有一些较为明显的风格和流派，当然，这是大体而分；事实上明暗与风格往往是错综交错的，它们之间的关系也非绝对的单向因果关系。

一、"伤痕遗"、唯美

在史无前例的带有宗教狂热色彩的十年间，画坛上比比可见的是廉价的笔触、全、多、大式的构图和红、光、亮的色彩，并形成了一套套构成程式，以此褒扬着领袖和大小的"英雄"，一种政治运动可以否定，但揭结合艺术中的时代情感却是需要重视的。抽出那些假得可笑的情节和题材，那种特定的形式构成关系上褒扬着那时人们心中的一种宗教式的理想主义和虚漫激情。艺术潮流的性性是巨大的，形式手法一旦成方式就要嘶马上改变。刚刚粉碎"四人帮"时的画坛上，从题材到形式均本甩高旧有的模式，不过是以真率非俗虔治，直在对历史的反顾、颟顸的反思、延宏倾画、王式斯开《血衣》、重希文《春到西藏》等作品中既开端高神神画又写苦朴朴的表现形式更新了新老两代画家。然而，倒们不能拒把近一举革命家和追怀创业年代时，手法也是先前程式的延续。似乎非此不能表现真正的崇高、伟大。

可是，倒快就出现了腻渎者。四川一批青年画家首当其冲，程丛冲的《1968年×月×日雪》、导由主婚意识与青年社会会精神胜的的和谐。如《前进中的中国青年画家》他是批判现实主义文学，也导由觉识体得到突破了旧的相框。有人说，他日是批判现实主义，也不越这样结时，他们用赤裸裸的现实，用直观的"典型环境"暴露了十年的人间悲剧，批判社会中的弊端。这是三十年来的第一批具有现实批判意义的美术作品。但他们的批判还不是主

62

"生活流"
断想

易 英

近几年来，在一些展览会上，不少主题材的油画往往引起人们的注意。画中的场景和人物的活动根其平常和朴素，好象是我们从长途汽车、从飞奔的火车的窗口所看到的情景，不管我们怎样看去，那儿的生活总是在这样的单调和艰辛中日复一日地流逝着。这些画，或引起我们对于社会历史进程的沉重思考，或唤起某种牧歌式的联想，也可能什么都不是，它只是告诉我们，这儿的人们就是这样活着，作者并没有倾注任何理趣或文学的作料。有人说，这是"生活流"绘画。

"生活流"是一个文学术语，在这几年都借用来说明某种试图摆脱文学性、情节性影响的艺术现象。当代艺术的发展常常是在人们不知不觉中进行，长期以来，人们习惯于现实主义术总是以某种传统的方式表现出来，而当"生活流"绘画提出新的问题时⋯就认为这是反映了作品怀旧，猜奇的情绪，或是在模仿米勒、魏斯等等。生活是艺术创作的不竭之源，而对于一个艺术家来说，关键在于他在表达自己对生活、对环境的感觉时，采用什么样的表现手法，是否开拓了新的艺术语言和审美观念。现实主义艺术的巨大力量，就是能不断运用新的艺术手段开掘出平凡儿生活中内在的美。传统的风俗画、历史画理论，要求画家以戏剧性、文学性那种"全知角度"的目光来概括生活，画家的主观意志和感情则具体现在画面情节中，画家以一个叙述者的身份，通过画中人物抬画的角色来解释生活，将文学的时间层次转换为绘画的空间层次，观众的目光不足说明情节的情况下，还需揣过大量的环境的其来象征或暗示，延伸时间的长度。以比真的油画《春》为例，表图上看红米，增出的呢，堆上的果树（草帽上的题诗），以及画面、飞燕等，这些在特定场合下都阐示某种事物和象征某种特调的现象象征中于一个画面，就像调度过的舞台场景。这种的主观意志和感情增则体现在画面情节中，画家用这些现象的罗列来叙述画中人的命运，可以说，这种手法在某种程度上承担了文学和戏剧的义务。

以"全知角度"来表现作品，从理论上说是力求立体地、全面地

几年近来，在一些展览会上，不少主题材的油画往往引起人们的注意。画中的场景和人物的活动根其平常和朴素。

"真"这一本来不属于我们民族的欣赏层次，也就不习惯直接体作品中形式关系所嗣的情感力度这一艺术欣赏的根带。2,机械媚俗地理解马克思主义的反映论。在绘画创作中，似乎只有再现物象原型才是反映生活。其实，艺术反映生的要点在于艺术家表现社会变化所导致的时代情感和时代心理特质，不是生活和物象的原型。表现它、反映它的手段和程序则是多种多样的，是《泰山大道通罗马》。

以上，挂一漏万地回顾了近年油画的发展概貌。

笔者明知，这样去分匿不免有生硬和不贴切处，无奈"身在此山中"，"距离"太近。此外，本文注重了分析倒向的"流"，而没有对倒向的"派"作探讨，如对注重表理抵换或西北画派和强调"奶油调式"忏情色的草原画派等都应该加以研究。此外，本文对画家画匿的评价由于强调只表性而对偏盛全论的，不过毛病在于，在不断接受新信息刺激而加快节奏的今天，我们不妨摒一些"冲淡式判断"的批评，在拥正一"偏"的过伪右讲中，达到新的平衡，新的高度，这也是获得真理的妙途。

66

□□我们正处在一个巨大的历史转折时期。从经济生活、社会结构到观念形态和艺术及艺术理论都在发展变化之中。本期发表的几篇理论文章，都是在今天的矛盾交汇点上理得的音响。
自然，
它们各是一家之言，
希望在不同意见的争鸣中去非存是，
推动我们美术理论的发展。

编者

一批时代的逆子
青年美术思潮与社会之间

刘 曦 林

1985年，在中国兴起了一股美术新潮。自五月间为纪念世界青年举办的"前进中的中国青年展"起，在热闹义出现了一批"新兴美术集群"及其发展。如"江苏青年艺术同」大型现代艺术群"，哈尔滨的"北方艺术群体"美展，重庆"中国名苏画会"的现代油画展，北京的"十一月画展"、湖南"〇艺术集团展览"，太原的现代画展。其三，五人的多次小型展览等，表现出见知明显的色彩。其四，青年革命命的全国性的"中国新作道讲展"，以青年画家家为主，试图展现一种普通的美术现象。这开展几本基本属重有关美术家，所以，有人称1985年为"青年年"，有人称这为"青年美术运动"。

先行于或仲随着或探索这青年美术思潮的是青年美术理论家的奋论。同年创刊的《美术思潮》、中国美术报》及《江苏画刊》、《美术》的中响起，他们提采了理论的阵地。这是新颖、是实践和理论共识的潮流，有些艺术本身就是青年美术界，理论，甚至包括文字家、哲学家在自己的启动。多采纳象的、象征的手法和那时空观念，倾向于对哲理的追求，与先前反映的那六镖美美中都由写主义的，或感受习惯重性的，叙述性的手法中表现了出来。与被称为"第三代画家"的"伤痕型"的'生活流型'是现现实，在时代的精神上与之相区别。但其在艺术的内基上也旧是现实的，在时代的精神所传达的理念也有特定的方向性、如同电视现

这些理论和实践的美术新潮，以理念的更新为总目。他们共同的参照系是西方现代主义和后现代主义。反映中国传统的近及现的的美术是念，自由地不拍思维空间，寻求中国显术的现代感，是他们的共同特点。我不拟论述这新潮的具体青年美怎，一大部分集群美术感同于西方现代族，罗列他们的艺术样式如去看西方现代美术史；二者、大部分作品没有见到那

作，或者只是从《中国美术报》等出版物上透露出些微的消息。有趣是向台已提出了这样一个问题，这股西方现代热是怎样在中国函相应，从艺术与社会、与人生的关系再，那本极现地有。从这个角度面言，他们的前进如何。

由于青年本身在理想的选择上，个人的境遇上，在艺术与人生、与社会的关系上表现的差异性，在这股源潮中存在着精神性的和谐。如"前进中的中国青年展"（1976年4月5日张毅），导由主意识与青年社会会精神胜的和谐。如"前进中的中国画《李大钊、瞿秋白、萧红》油画《湖想和平》（王向明、金莉莉）、安塞 苹 加 拳 的油主题之子"（油版大）、《饭店一角》（邵立宏）、《在翻时代——亚当与夏娃的启示关系郭丁》等。以及青年革命命家的中出品的部分作品，他们在艺术的思维方式上和形式那年上呈列了西方现代主义的启迪。

一种境界及、依然立是于现实或历史、导由主观意识与青年社会会精神胜的和谐。如"前进中的中国青年展"（1976年4月5日张毅），导由主意识与青年社会会精神胜的和谐。如"前进中的中国画《李大钊、瞿秋白、萧红》油画《湖想和平》（王向明、金莉莉）、安塞 苹 加 拳 的油主题之子"（油版大）、《饭店一角》（邵立宏）、《在翻时代

10

我们面临着选择

杨小彦

有一种连我们自己也难以担怀的潜在倾向，一直存在于各种艺术理论中，那就是坚信艺术理论所具有的对艺术的指导地位，这种指导地位曾经使得不少艺术理论家结论自信，自鸣不凡。在那个已经过去的崇倒却是年代里，这种地位自然等致了今艺术室的自倒子的理论。然而，即使是在横贝这种"框子理论"的时候，理论的这种指导地位却似乎一直未曾受到怀疑，受到怀疑的仅仅是某一种理论而已。艺术理论中注定要关心艺术应该怎样，而从不关心，或甚少或乙艺术际怎样，仿佛自倒一个问题纯然属出小镜，既缺乏理论深度，也缺乏历史意义。某些新的潮流也一直支持着这种潜在倾向，在他们看来，艺术理论的新断并不意味着

4

1986

1 月

《美术》本年第一期发行，封三为翁奋《海南风情——集市》。刊登了杨小彦《我们面临着选择》，栗宪庭《中国水墨画的合理发展》，刘曦林《从"八十年代中国画展"的分歧谈起》，非为《当代美术的退潮》，朱小禾、马怡西《谈绘画形式的独立意义》，高剑父《我的现代绘画观（上）》，李松《由考古发现引出的美术史上几个问题的思考》等文章。刊登了夏小万《超自然》、俞晓夫《错位》等作品。

2 月

《美术》本年第二期发行，刊登了郎绍君《传统的再发现》、丁羲元《"传统"笔谈》、水天中《"中国画"名称的产生和变化》、洪再新《勇敢的牺牲：观 '85 新空间画展》、包剑斐《关于"新空间"画展的反应》《我们及我们的创作》、张群《个性化的社会和社会化的个性》等文章。刊登了耿建翌《理发三号——1985 年夏季的又一个光头》、张培力《仲夏的泳者》《休止音符》《请你欣赏爵士乐》、包剑斐《新空间》系列等作品。介绍了戴士和、马路、苏新平、劳申柏等的艺术。

3 月

《美术》本年第三期发行，封面为盛杨《母与子》。刊登了奚静之《苏联雕塑见闻》、高剑父《我的现代绘画观（下）》、侯瀚如《万曼谈软雕塑》等文章。刊登了万曼、韩眉伦《红》，乔晓光《玉米地》等作品。介绍了吴作人等的艺术。

4 月

《美术》本年第四期发行，封面为李可染《山林暮霭》。刊登了思贵《析一种思潮》，杜哲森《在儒、道观照下对传统绘画精神的一点思考》，彭德《在雅与俗的对流中》，孙克《在传统身边的思索》，王宏建《关于"创作方法"的思考》，朱伯雄、陈瑞林《风格·流派的矛盾斗争推动着艺术的发展——对于中国早期油画的纵向反思》等文章。介绍了陈逸飞、阿城、黄秋园、李毅士、何怀硕等的艺术。

5 月

《美术》本年第五期发行，封底为朱理存《山姑娘》。刊登了赵立忠《叶浅予谈中国画》、吴冠中《师生对话》、陈丹青《即兴的回顾》等文章。介绍了魏传义、朱理存等的艺术。

6 月

《美术》本年第六期发行，封面为谭平《光影·蓝天》，封底为王怀庆《躺着的海（之二）》。刊登了邵大箴《实践和理论的一致——读王朝闻的部分作品》，刘曦林《一批时代的逆子——青年美术思潮与社会之间》，潘耀昌《比较·选择·思索——谈我国当代美术文化的特点》，高名潞《殊途同归——近现代中国画之路》，陈醉《第二个春天：从"黄山会议"到"当代油画展"》，磬年《美术的自觉：试论近年美术理论的探索与争鸣》，杨小彦、邵宏《艺术史的意义》等文章。刊登了朱乃正《春雨》、罗工柳《雾中日如月》等作品。

7 月

《美术》本年第七期发行，封面为张健君《人类和他们的钟》。刊登了路明《关于"灵性绘画"新阶段的构想——兼谈"全球文化"的价值及其他》、鲁枢元《黄土地上的视觉革命——我国新时期美术运动的随想》、张晓凌《中国传统文化的内在矛盾（论纲）》、梁江《历史的重负与现代的自觉》、舒群《内容决定形式：旧瓶装新酒和新瓶装旧酒》，以及范景中、费大为评论谷文达的文章。刊登了谷文达《沉默的门神》《正反的字》、卢辅圣《山水》、舒群《绝对原则作品 1 号》、孟禄丁《红墙》、妥木斯《小女孩·狗》等作品。介绍了杜键的艺术，以及美国的艺术赞助事业。

8 月

《美术》本年第八期发行，刊登了邵大箴《站在时代的前沿：闻一多的画和他的艺术观》、乔十光《漆画的多元世界——〈中国漆画展〉观感》、高名潞《关于理性绘画》、杭法基《后现代主义和中国绘画》、王明贤《不可忽视的后现代主义》、吴山专《关于中文》等文章。刊登了吴山专、骆献跃等的《红色 70%，黑色 25%，白色 5%》等作品。介绍了司徒兆光等的艺术，以及意大利当代绘画。

美术

1986 6

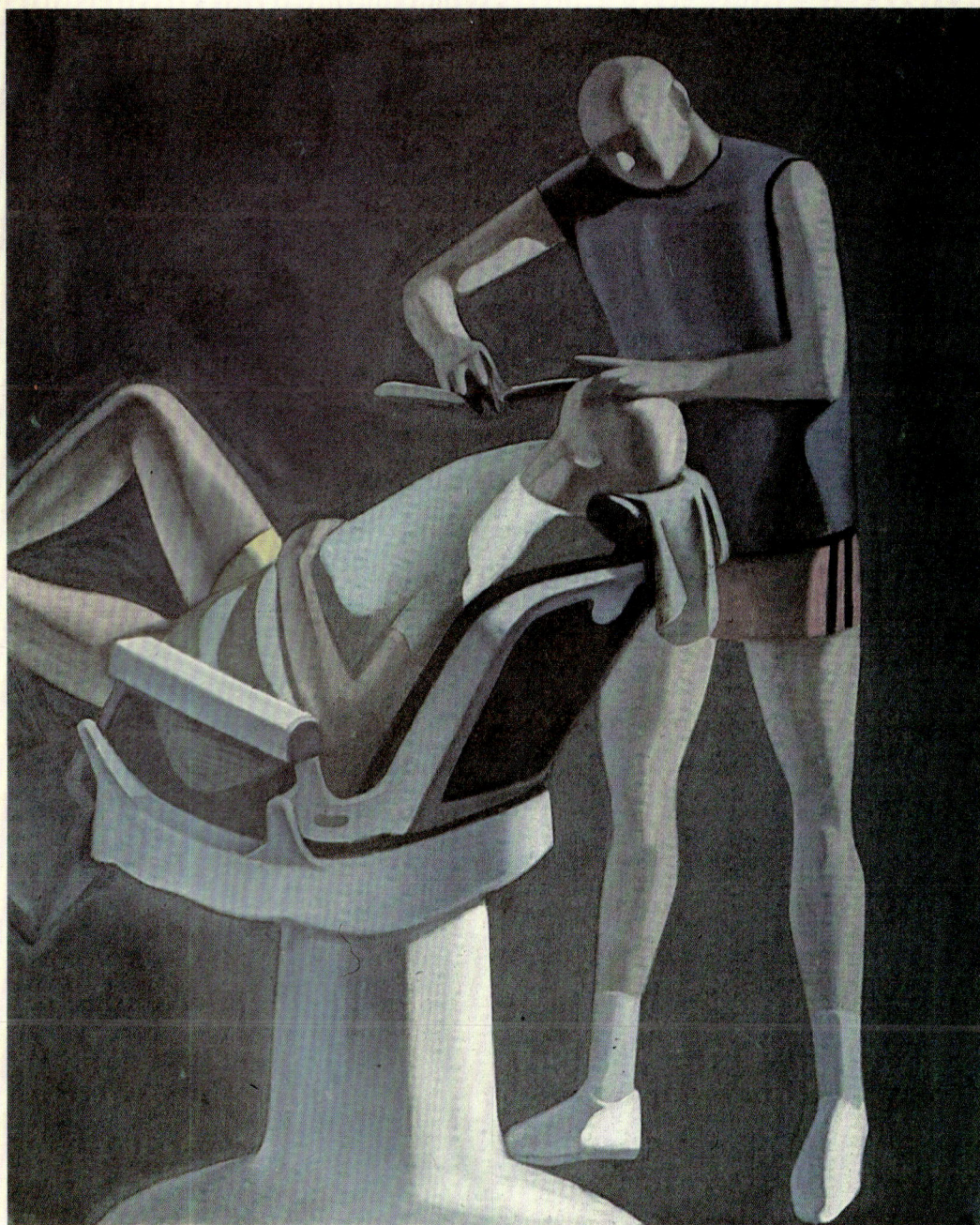

耿建翌　理发三号——1985年夏季的又一个光头（油画）　170 × 160 cm

9 月

《美术》本年第九期发行，封面为王怀庆《月色》，封底为曹力《马（之一）》。刊登了王朝闻《继往开来》、彭德《中国画问题随笔（之三）》、崔振宽《中国画传统笔墨的现代价值》、曾静初《革什么"新"》、程至的《小脚裸体的挑战及其他》等文章。刊登了王沂东《暖冬》、艾轩《说不清明天的风》、毛凤德《傣族少女》等作品。介绍了叶毓中等的艺术，以及日本明治时期美术。

10 月

《美术》本年第十期发行，刊登了张安治《中国画的创新问题——致唐德刚教授书》、令狐彪《外来文化（美术）冲击与民族化》、朱屺瞻《随感点滴》、王琦《鲁迅论现代派美术》等文章。介绍了杨长槐、高云等的艺术。

11 月

《美术》本年第十一期发行，封二为王广义《白色洗手间》。刊登了闻立鹏《关于历史画的历史思考——南疆前线美术作品展观后记》、孙津《新美术与新文化》、徐书城《历史传统中的现代精神——对绘画传统问题的沉思》、王朝闻《心画三题》、周彦《视觉与视觉艺术——一种批评方法的思考》、方舟《批评本体意识的觉醒——美术批评二十年回顾》、朱青生《把艺术还给人民》、丁方《伟大的端倪》、毛旭辉《云南·上海"新具象画展"及其发展》等文章。介绍了周韶华、李世南的艺术。刊登了詹建俊《冬雪》、韦启美《英语》、韦尔申《满族妇女像》、丁方《呼唤与诞生》、李山《扩延》、毛旭辉《大卫与维纳斯》、张培力《作品 1 号——杨氏太极系列》等作品。

12 月

《美术》本年第十二期发行，封面为丁方《原创精神的启示之三》。刊登了王邦雄《作为文化的美术——关于美术问题的几点思考》、高名潞《艺术的边界》、王小箭《雕塑＝非雕塑》、邓平祥《艺术思考进入"人"的层次》、朱青生《不理解原则》、严善錞《不要踏上形而上的歧路：给黄永砯的两封信》等文章。刊登了杨劲松《八个裸女的泳池》、湖南"〇"艺术集团《周末》等作品。

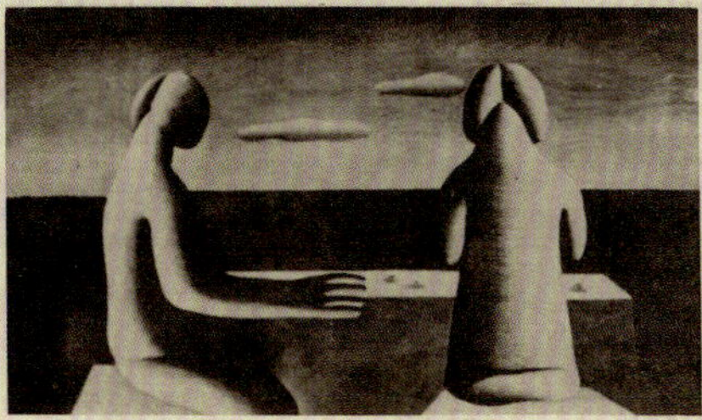

王广义 凝固的北方极地 20号

内容决定形式
新瓶装旧酒和旧瓶装新酒

舒群

这个今天看来业已陈旧的创作原则对我们来说却是一个法宝，一个近几个世纪内不可超越的真理。

在此，我首先要说明，我们谈到的当代艺术作品的内容并不是建国后三十年中我们一直奉行的单一化的主题、中心思想和或所谓事件情节的内部结构，而是指情感、理智、观念、目的性等一切构成艺术作品精神内向性的内在因素，亦即精神内涵。形式也不是单指点、线、面等种纯物质的语言材料，而是广义上的陈述上述精神内涵的一切手段。

我们说内容决定形式却是讲这种精神内涵对于艺术作品层次的高低起着决定性的作用。目前国内较为流行的有一股形式主义之风，在不少中、青年画家的作品中，这种倾向是极为明显的，他们在狂迷地鼓吹那不含精神内容的形式之理论，从而追求所谓纯粹的绘画语言，使其"据自律地发挥材料特性"的唯美主义的风格。这种风......

31

吴山专

关于中文

目前，几乎每一个艺术家，无论是老、中还是青，都在进行着探索。其中青年艺术家的探索引起的议论较多，许多人感到看不懂。为此，我们在这里选登山西《40页上图》两个青年美展作品的同时，请他们把自己的想法写出来，刊登于下，希望能以此来增进读者对他们的了解。
——编者

涅槃 垃圾垃圾垃圾

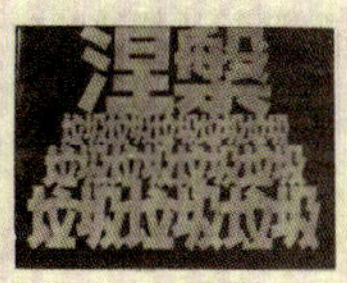

61

对三个问题的回答

王广义

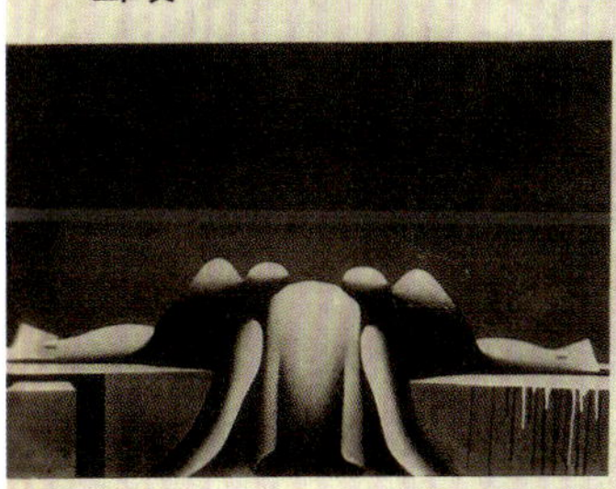

王广义 后古典——马拉终极1号（油画）

某日，友人来信向我提出了三个问题，我做了如下回答：

问题之一：你所说的崇高精神是什么？

答：崇高精神就是关于自身存在宇宙中的位置所怀的特殊信念。这是一种使得文化整体的复苏动力对于我个人来讲，这一信念无疑是我本体上的一个确定性，以此为基点，我用我的生命意志的创造行为——个可感知的超越一般的实体，这种精神的全部意义和价值在于它是属于具有高度生命本身的目的的可能性，而人的意义和使命正是建立在此之上的。

57

洪再新

批判的图式
与图式的批判
致画家王广义的信

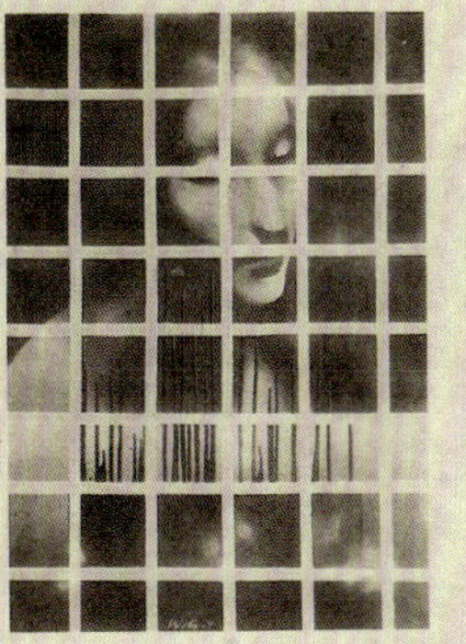

王广义 红色理性——文艺复兴衰落原因之分析

53

丁方　呼唤与诞生（油画）

沈勤　师徒的对话（中国画）

李山　扩延（油画）

'85青年美术思潮大型幻灯展作品

1986 12

美術

1987

1 月

《美术》本年第一期发行，封二为龙瑞《幽燕秋趣》。刊登了闻立鹏《多元化趋势和现实主义的生命力》、邵大箴《青年美术群体和其他》、瑞林《改革我们的理论语言》、于振立《大海意识的选择》等文章。

2 月

《美术》本年第二期发行，封底为黄雅莉《静穆系列》。刊登了皮道坚《也谈中国的视觉革命》，祝斌《在冲突中实现自我——兼论新兴艺术群体》，丁宁《当代美术的一种文化追求——神秘》，熊秉明《吴冠中画集序》，王可平《中国美术史的研究角度应当是多元的：美国高居翰教授讲学的启示》，王克举《关于太原一次现代艺术活动》，宋永红、宋永平《1986.11.4.15—17 时，一个场景的体验》，以及《湖南美术家集群中央美院座谈会纪要》等文章。刊登了傅中望《天地间》、刘子建《茫茫然的休止符》等作品。

3 月

《美术》本年第三期发行。刊登了薛永年《美术论评断想》、马鸿增《评"全盘西化"论》、潘公凯《互补并存，多向深入》、杨先让《〈赵夫人像〉的发现》等文章。刊登了周思聪《日出而作》、庞涛《布老虎》等作品。

4 月

《美术》本年第四期发行，封面为袁运生《舟之歌》。刊登了杜哲森《试析美术青年的前卫意识》、李书圣《要当美术家，不要当哲学家》、张秀清《郑州汉代画像砖艺术》等文章。介绍了袁运甫等的艺术。

5 月

《美术》本年第五期发行，刊登了邓福星《试谈当前美术理论建设的任务》、金冶《关于达达及其它——在浙江省油画研究会学术讨论会上的发言》等文章。刊登了周京新《三打祝家庄》、朝戈《女人体》、胡明哲《画室之一》、何家英《清明》、苏笑柏《飞天组画之二》等作品。

6 月

《美术》杂志社成立。

《美术》本年第六期发行，刊登了邵大箴《城市雕塑：宁缺毋滥》、高名潞《雕塑的空间功能及类型》、程至的《看不懂：谈谷文达的艺术思想》等文章。刊登了吴少湘《无题》、王川《听不见的音符》等作品。介绍了王临乙、刘正德、傅小石等的艺术。

7 月

《美术》由人民美术出版社出版改为由《美术》杂志社出版。《美术》本年第七期发行。刊登了祝斌《绘画形式要素探微》等文章。

8 月

《美术》本年第八期发行，刊登了潘积信《近年来这里美术界的一些人和事》，介绍云南美术。刊登了毛旭辉《红树》等作品。

9 月

《美术》本年第九期发行，封面为周荣生《北纬52°》，封二为孟禄丁《足球》。报道了"庆祝内蒙古自治区成立40周年全区美术作品展"。刊登了殷双喜《当代美术中的哲学侵入》、周彦《阐释活动与现代艺术》、刘彦《艺术中的理性》等文章。介绍了张仃、苏新平、金高、金沙、吴团良等的艺术。

10 月

《美术》本年第十期发行，封面为程犁、唐小禾《火中凤凰》，封底为沈加蔚《红星照耀中国》。报道了"庆祝中国人民解放军建军六十周年美术作品展览"。刊登了水天中《近三十年中国油画一瞥》、张蔷《关于青年艺术群体》、孙为民《新古典主义及其启示》、李爱国《论创作方法的自由》、徐冰《对复数性绘画的新探索与再认识》、吕胜中《民间美术的基本概念》等文章。刊登了徐冰《化石Ⅱ》等作品。介绍了李桦、张钦若等的艺术。

11 月

《美术》本年第十一期发行，刊登了邵宏《艺术史观之批评》、陈池渝《艺术与大众》等文章。刊登了尹齐《王府井》等作品。

12 月

《美术》本年第十二期发行，封面为闻立鹏《无字碑》，

青年美术群体和其他

邵大箴

4

也谈中国的视觉革命

当代美术

皮道坚

4

互补并存　多向深入

潘公凯

目前中国画的处境

17

线的组组

对复数性绘画的
新探索与再认识

徐冰

50

封二为广军《水》，封底为杨飞云《北方姑娘》。报道了
三星堆美术考古发现。刊登了杜键《浅议画坛艺术观的变
革》、徐祖良《关于当代美术新潮的思考》、李德仁《论
第三传统观》、包立民《决澜社与庞薰琹》、王观泉《发
展美术理论的呼吁》、刘骁纯《人体美逐本与体饰寻源》
等文章。介绍了孙其峰等的艺术。刊登了徐悲鸿、谢稚柳、
黄君璧《美人图》，吴长江《茫茫草原之二》，贾又福《无
声的涛》，苏百钧《小恬》等作品。

1988

1 月

《美术》本年第一期发行，封面为侯一民、邓澍《清水江畔》。
刊登了杨悦浦《1987，思考的一年》，郎绍君《当代中
国画创作的情势与趋向》，徐恩存《超前意识与当代绘画》，
叶朗、王鲁湘《张彦远的再发现》（续）等文章。

2 月

《美术》杂志编辑部召集在京的部分美术理论家召开座谈
会，就古典画风和现代主义画风之争进行座谈。
《美术》本年第二期发行，封面为刘永刚《北萨拉牧羊女》。
报道了"江苏省中青年国画家作品展览"，并刊登了周韶华、
亚明的评论文章。刊登了舒群《也谈对应美学》、高岭《哲
学·哲理·理性艺术》、陶咏白《中国油画历史的思考》、

钱志强《半坡人面鱼纹新探》，以及费大为介绍法国当代
美术等文章。刊登了徐芒耀《我的梦》、俞晓夫《"一次
义演"——纪念名作〈哥尔尼卡〉》，韦尔申、胡建成《土
地·蓝色的和谐》《土地·黄色的和谐》等作品。

3 月

《美术》本年第三期发行，报道了"首届中国油画展"，
并刊登闻立鹏等的评论文章。刊登了吴步乃《近现代的我
国台湾美术》、郑胜天《当今中国油画及其世界环境》、
洪再新《批判的图示与图示的批判：致画家王广义的信》、
王广义《对三个问题的回答》等文章。刊登了宋冬《圣洁·三
个影子》、张培力《今晚没有爵士》、丁方《悲剧的力量》

肖　鲁（浙江美院本科毕业生）
对话（综合材料）240×90×5cm
指导教师：　汪诚一　郑胜天　胡振宇

《剑形的意志》、谭平《结合》、夏小万《先灵》等作品。介绍了王广义等的艺术。

4月

《美术》本年第四期发行，刊登了《美术》编辑部组织的"伪"古典画风和"伪"现代主义之争座谈会纪要。介绍了关良等的艺术。

5月

《美术》本年第五期发行，封二为徐冰《静物组画——卵石4》《静物组画——爬行物的卵石》。刊登了王朝闻《林风眠》、任戬《就中国当前艺术诸问题的对话》、易英《抉择于技术和观念之间——评徐冰近作》、陈履生《山水画成因新探》。刊登了何多苓《小翟》等作品。介绍了吴少湘等的艺术。

6月

《美术》本年第六期发行，刊登了蔡若虹《艺术应当让人理解》、吴冠中《有米之炊》、殷双喜《批评与艺术史》、贺西林《十四年来秦俑艺术研究述评》等文章。

7月

《美术》本年第七期发行，封二为董克俊《太阳雨》。刊登了祝斌《对中国当代美术理论的评价与反思》、杨先让《民间美术在美术教育中的位置》、邱笑秋《试论张大千晚年变法》等文章。介绍了董克俊等的艺术。

8月

《美术》本年第八期发行，刊登了邵宏、杨小彦《史论与批评的分离》，郑工《"解衣般礴"引论》，万青力《中国古代美术——乔仲常〈后赤壁赋图卷〉补议》，刘凤君《唐墓出土的石椁线刻仕女画》，李超《"拉奥孔"悖论：一种关于绘画的职业寓言》等文章。

9月

《美术》本年第九期发行，刊登了陈瑞林、刘曦林等的文章，研讨中国现代美术史。刊登了王鲁炎《世界性·商品化·前途：给朱金石的信》、罗世平《纪念碑与纪念性环境》等文章。介绍了靳尚谊、韩美林、杜尚等的艺术。

10月

《美术》本年第十期发行，封底为肖鲁《对话》。刊登了丁一林、张杰等的文章，研讨艺术语言。刊登了韦启美《站在大师的肩上》、崔晓东《关于"历史画"创作的思考》、戴顺智《历史画创作二谈》、雷正民《关于现代美术史的断想》、水天中《中国现代美术史的分期及其它》、易英《形式与精神的抵牾》、钱海源《新时期美术思潮与"五四"文化运动背景——与高名潞同志商榷》、黄专《传统绘画的批评标准及其在晚明的变化》等文章。

11月

《美术》本年第十一期发行，封面为贾又福《夕阳》。刊登了周韶华《自我选择与自我完善》、马鸿增《当代美术理论报刊散论》、程至的《申明与对话》、黄专《如何评价李日华的绘画思想》等文章。介绍了常书鸿、贾又福、晁楣等的艺术。

12月

《美术》本年第十二期发行，刊登了方舟《面对未来的中国水墨画》、周韶华《自我选择与自我完善》（续）、任戬《整体时空观下的形变意识》等文章，以及《"艺术与文化，精神与语言"座谈会纪要》。刊登了吴山专《赤字系列》、耿建翌《第二状态》、黄永砅《画册改装——胡子最易燃》、张培力《"X？"之一》、毛旭辉《家长》等作品。介绍了朱屺瞻等的艺术。

杨飞云　北方姑娘（油画）（《中央美院双年展》作品）

上、夏小万
先灵（油画）
下、丁　方
剑形的意志

方 舟

面对未来的中国水墨画

当我们从系统论的角度把中、西绘画当作两个并列、并驾的"体系"加以对比研究的时候，就不能不意识到，它们并非处于同一时空，并非同步发展的两个势均力敌的实体。至少当西方人画眼里是如此，无论是中国东西方，还是水墨画与油画，它们都不是对等和对应的关系。我们习惯于将中、西加以参照比较，意在强调我国传统艺术的民族特点及独特艺术价值。但是，在这种比较中我们并非没有意识到，"民族性"之于西方艺术并没有很大价值。我们以中、西作为对应的双方互为其长上是将一个非民族的世界性体系与一个民族性地域性强弱的体系加以比较。为我们试图通过对比来说明这两大体系的不同，却显露了这另一个体系本身已经比一个文化成碎了出不同民族特性的实体。事实上，由于"民族性"的淡化，西方人艺术已经以具有强大的社会性上几乎所有的文化器皿。从面具有了一种"世界性"特征。所谓两大体系，实际上已经矛盾、消溶过上一个非对等体系。而"中国艺术"由于长期处于一种封闭环境和封闭状态，正是这些一种特殊一定摆布。现在，与"西方艺术"这个开放体系比较，根据证明一种"民族品格"对于现代艺术的必要性和合理性。中国的艺术走向世界，应该是强化这些特别有特征。应该是为世界各民族摘供更多摘影上的可能性还是相反，恐怕是不言而喻的。

对传统艺术前景的观照十分迫住。使出年来的中国理论探讨明显地照示出一种未来学眼光。此处仅列举四种具有代表性的"预测"，以从中辨析中国水墨画发展的未来趋向和可能性。

第一种预测：中国画已到"穷途末日"，只能作为"保留画种"延续——这是早为大家所熟知的李小山的观点。

李氏认为，中国画发展到明吴、任、黄、齐，已接近了它的尽头，即到到了"穷途末日"。因为此，中国画已经在山水、花鸟、人物方面都出现了...

问题讨论

批评与艺术史

殷双喜

浏览近年来的美术文献，可以看到当代中国美术界的一个重要变化，伴随美术创作走向现代、多元的新爱大潮。在对"形式美"、"抽象美"、"美术动能"等基本理论的"禁区"进行冲击后，他们的理论追求出现了一种向内延伸。一方面是目光转向当代中国的美术新潮，积极参与当代美术的变革；另一方面则思路越过艺术的形式、技巧、材料、语言，进入到艺术本质，进入生命、艺术与大文化、艺术与当代社会公众这样一系列更为深刻的哲学、文化学、艺术心理学的层面。而目认为"这是实际上的事实，并非有侮辱的意思"（《我的现代绘画观》）。这些论述均为为中国画的"现状"勾勒出一幅相似的景象，为辉煌的过去走向暗淡的明天。...

许还胜胜"冷落"一等。而"冷落"则会人难于提摄，它有令其厚于孤寂甚至愿死而不是超逸的特异功能。去年，张少侠和李小山合著了一本《中国现代绘画史》，出版后在偌大的中国又如何呢？这部本世纪第一本讨论中国现代绘画的专著被冷落了，至少是部分地冷落了。目前中国少说也有十几篇既发表又发文字的美术报刊，据我所知，只有三、四家发过对本书的评论文章。不是，美术界对不约而同地"统一"了。不管用意抑或是无可同意它的观点、它的体例、它的文字表达方式、它的内容选择的"最高超"的手段，莫过于"不与于理"——"冷落"。

出书后的疑虑之二

"奇求"，又一种常见的现象，也是一种积习。

从善意的一面去看，"奇求"者，太理想主义了。世上哪有有恒的具养兒的艺术作品？哪有穷尽于艺术真理的学术著作？一部著作、一幅题照、一幅绘画都不过是艺术家、作家其时其地的社会环境下的心迹记录，一种艺术创造，研究成果的物化形态，只有部分真理或仅仅揭出了前人逐没有触及到的问题，仅此而已。根据之了，艺术创造和研究永远不可能穷尽艺术真理。只要人类不灭绝，艺术就永远无不头，艺术之梦来一直延续下去。即使被近历史承认了的杰作，也绝不是唯一的，永远不可逾越的。杰作的产生，正在于以众多的非杰作、亚杰作为基础。所以，从客观上看，非杰作、亚杰作永远是多数，"奇求"者往往对比类作于不适当的评论，超越实际情形的理想主义的评论，客观效果不是催生，而是夭折。

从善意的一面去看，"奇求"是打击创作的一种武器，于艺术发展无一利而有百害。

一改一改"奇求"的积习，也是时候了。诚如论人一般，宽于待人，严于律己。对一件艺术品、对一部著作，三分缺不令大

为七分好，更不把它贬得一无是处，于人已于了艺术学科进步都大有裨益。

学术民主是原则

我们的报刊中已习惯于不假思索地使用"双百"——百家争鸣、百花齐放——词。百家争鸣与百花齐放究竟是什么关系？在前不久的一篇文章里，我曾有形成了百家争鸣的气氛，才可能形上出现百花齐放的局面。换言之，前者是条件，后者是结果。贯彻"双百"方针的关键是前者，创造百家争鸣的条件，形成百家争鸣的风气。造往百家争鸣的条件就是以上，我想主要是确立学术民主的原则，即在学术面前人人平等，百家平等，作为社会的个人都有发言权，进行平等的、自由地探索与讨论，联想到《美术》编辑部这次出面的时同，我觉得我们是准备这样去做的，由此而感到欣慰。

中国现代美术史的分期及其它

水天中

历史学中的"现代"永远是相对的。修昔底德（Thucydides）在古代史记述公元前四百年雅典和斯巴达之间的战争；马迁的现代史记述公元前一世纪对秦时的故事。霍去病和李鹏对司马迁是"现代史"中的人物，对于班固则是现代人，不再是"现代"的人物了。同理，20世纪90年代的史学家把中国现代美术史起止于1949年，仍然以已经过去了四年的那短短的三十年为现代史的起迄。其悖谬是不言自明的事。从历史学下讲审的人们的关系考虑，中国现代美术史应该是1949年中华人民共和国建立以后的这一段历史，这美术自身之外的，中国现代主义主要业启业西方现代派艺术大的形式和内在的反叛性，并不意味着工业化社会给人的视觉经验带来的革命。具有了我们仍处于半农业的前工业社会，"现代"意味着开放，民主和自由兼及，这与西方现代派迷系的区别，但不论如何，西方现代艺术和中国新时期这样的思想始终运动共同成为我国以青年艺术家为主体的现代艺术

当代美术思潮研究

形式与精神的抵牾

易 英

现代主义艺术在中国已经不是一个是否存在的问题，而是深入研究和怎样评价的问题。我们在确定现代主义的含义时，面临着一个重要问题是怎样界定它的规定性，因为没有具体的规定性，缺乏语义学上的精确性，将导致对现实评价的错觉。在现代主义的概念上基本上都是以西方现代派为参照系，用一个已经成为历史的、文化背景既然不同的模子来套我们今天的艺术，是否像王子抱到了水晶鞋一样，现代主义在何方依然缺嵌。

实际上，我们讲的现代主义仍是借用英文的Modernism，在立足于中国现代艺术发展的基础上，我们遇见这个意义上界定其内涵的意义上和本质的区别。在联系方面包括两层意思，首先是指"现代主义"一词的历史性概念，即概指一个特定历史时期的艺术现象。"现代主义"在西方现代美术史上已有了相对的稳定性，主要指十九世纪末期到两次大战之间的先锋派艺术，因此，有些批评家将"后工业化"一词引伸到美术界，把第二次世界大战以后从美国为中心的先锋派艺术作为一个历史概念固定下来。其次是指"现代主义"特有的形式特征，主要包括从启印象派到超现实主义的形形色色的现代主义美术现象，以立体主义和表现主义为主要特征，从后现代主义的角度来看，现代主义运动（杜桑除外）仍然是利用传统的材料和技术，对传统的现代主义语言的修正与更新。应该看到，"现代主义"已经失去了它的本义，在西方现代美术批评中有一种用现代主义来批评新潮艺术，一般是用"先锋派"来代替，但是，"现代主义"一词出现在美术批评中并先是因为词的本义，而是由它的本义，现代主义时代的艺术家用现代的意义上去阅读现代派艺术方式，从这个意义上看中国的现代主义主要业启业西方现代派艺术大的形式和内在的反叛性，并不意味着工业化社会给人的视觉经验带来的革命，因为我们仍处于半农业的前工业社会，"现代"意味着开放，民主和自由兼及，这与西方现代派迷系的区别。但不论如何，西方现代艺术和中国新时期这样的思想始终运动共同成为我国以青年艺术家为主体的现代艺术运动的催化剂。

中国现代艺术运动在不到十年的时间内就经历了从高潮到衰落的过程，似乎西方现代美术的一百年风云史都集中在这段历史的瞬间。直接评价论场运动的得失还为时过早，但它是否还有再度兴盛的可能却是值得怀疑的。历史总是在重复着相似的现象，尤其是在不同级政文化的交流过程中，先进文明的扩散就是在不同的文化区域不断重复自身的历史，这种重复是因民族文化的差异使其失去了原有的外颗特征外，还要经过幼稚积累下大大缩短了这一过程。西方现代主义艺术如果从后印象派算起，至今已有一百年历史，到八十年代初爆中国艺术思潮开始爆卷西方画坛，这家标志着先锋派已失去往日的势头，呈现出颓软的状态。不论这是否说明人类对美术受力在形式表现上的极限相同的需求。但就是出现在中国的新潮美术中。它给的启示是什么呢？现代艺术运动的冲力仅仅是使艺术家获得了自由表现的权力吗？通过这种现象我们仍能感到一种更深层的优患，尽管当初对艺术自身的危机的忧虑已给从西方现代艺术的各种探索和试验中感到了，但对于我们来说，它宗拜太久远，远这个运动的一些参与者还没有来得及从这个这样吞战练习摆开，甚至可能会有这样的情况，按照中国的出版周期，批评家在新潮美术热情的鼓辞下端写的这有关于这一运动的专著，还没有来得及出版、就彻底消隐已经消失了。因此，当我们在回看十年的现代艺术运动时，所关心的已不是运动的这种的结束与否，而是它如此之依软成为历史的原因。

中国现代艺术运动所受到的最激烈的批评就是"抵搬西方"、"拾人牙慧"。从这个批评中我们可

吕胜中剪纸艺术展

徐　冰版画艺术展

吕胜中剪纸艺术展

左上、右下、徐冰
析世鉴——世纪末卷
（版画）1988
左下、右上、吕胜中
开花与落花剪纸88年

1989

年初,《美术》杂志和台湾《艺术家》杂志交换编辑,介绍两岸艺术,交流工作经验。

1月

《美术》本年第一期发行,刊登了姜德溥《塔希主义与中国当代水墨画家》、安雅兰《中国艺术在美国的境遇》、谷文达《在美国画界看中国美术:致一位友人的信》,以及《"徐冰现象"议纷纷,众口评说吕胜中》等文章。刊登了哈孜·艾买提《木卡姆》、刘国松《蚀》、周荣生《日之蚀》等作品。介绍了吴冠中新作和刘迅的艺术。

2月

《美术》本年第二期发行,刊登了何怀硕《夕阳西风竟何之?——四十年来中国美术演变的台湾经验与检讨》、石守谦《面对挑战的美术史研究——谈四十年来台湾的中国美术史研究工作》、颜娟英《日据时代台湾美术发展史研究》、邵大箴《有破有立——在全国美术理论研讨会上的发言》、殷双喜《美术批评的基础》等文章。刊登了冯大中《早春》、何家英《葡萄架》等作品。介绍了冯远、杜键等的艺术。

3月

《美术》本年第三期发行,封面为古元《黄梅时节家家雨》。刊登了李松《失去了"文人"桂冠之后——关于绘画商品化的历史考察》,张平、张力亚、张华、刘曦林《美术市场的调查与思考》,薛永年《商品经济与扬州八怪》、黄永砯《完全空的能指:"达达"与"禅宗"》等文章。刊登了张晓刚《生生息息之爱》、余友涵《圆》等"现代艺术展"作品,以及"油画人体艺术大展"作品。

4月

《美术》本年第四期发行。报道了"现代艺术展",刊登了杭间《中国现代艺术展侧记》、易英《现代主义的困境与我们的选择》,樊波、高岭《现代艺术精神与现代艺术语言——兼论现代艺术的理论基础》,郎绍君《灵与肉的离合——谈人体艺术》、邓福星《新文人画略说》、王鲁湘《"新文人画"与"有教养的画"》等文章。刊登了叶永青《失眠与梦游》、黄永砯《走向小转盘》,以及方力钧、宋永平、宋永红、刘向东、毛旭辉等的作品。

5月

《美术》本年第五期发行,刊登了邵大箴《对"五四"以来美术的思考》、瑞林《"五四"——中国现代美术的起点》、黄专《中国现代美术的两难》、丁宁《面临反省的当代美术批评》、郑胜天《国际市场与中国美术》、皮道坚《写于19891》、林嘉琳《美国的中国美术史研究概况》、桑子整理《中国现代艺术展侧识》等文章。介绍了田世信、刘万琪等的艺术。

6月

《美术》本年第六期发行,封面为王华祥《贵州人》。报道了"中国新文人画展",刊登了殷双喜《新文人画:众口纷说的文化现象——新文人画研讨会综述》,以及部分作品。刊登了李树声《"五四"与新美术运动——关于洋化的反思》、冷林《多虑的中国现代艺术》等文章。介绍了吕斯百的艺术。

7月

《美术》本年第七期发行。刊登了张连生、张晓凌《超越与荒诞——中国当代抽象艺术述评》,侯瀚如、范迪安《延伸与嬗变——关于行为艺术的对话》等文章。刊登了周长江《互补系列》、健君《永恒的对话》、何多苓《塔》《亡童》、马刚《眼睛系列》《麻将》、于振立《高潮》《吃喜酒的女人们》、尚扬《状态》等作品。报道了"中国表现艺术展"并刊登了部分作品。

8月

《美术》本年第八期发行,报道了"第七届全国美展",并刊登了胡明哲《高原的灯》、赖少其《孤山与飞鸟》、刘大为《阳光下》、方增先《母亲》、周吉荣《草原之梦》等作品。刊登了郁火星《观念更新与绿色绘画——与潘公凯同志商榷》、陈云岗《哲学给"美术"带来了什么》等文章。

9月

《美术》本年第九期发行,封面为陈逸青《出青海》,封二为刘仁杰《风》。刊登了水天中《七届全国美展油画印象》、王璜生《关于艺术材料与风格的思考——兼论材质价值与

"疏体"手法》、何力平《雕塑中的新叙事语言与现代灵魂》、令狐彪《对〈山水画成因新探〉的质疑》等文章。刊登了王广义《大玩偶——圣母子》、潘德海《掰开的苞谷——凝结了的粒子》、杨参军《戊戌祭六君子》、韦尔申《吉祥蒙古》、王宏剑《春之祭——和平不会忘记战争》、杨飞云《唤起记忆的歌》、郑艺《北方》、徐里《天地长久》等作品。介绍了谢志高、姚有多等的艺术。

10 月

《美术》本年第十期发行，封面为曾成钢《鉴湖三杰》，封二为万曼软雕塑。刊登了冯远《面临困境的当代中国人物画》、郎绍君《批评的自觉》、易英《方法的困惑》、殷双喜《发展新闻艺术批评》、彭德《批评的定位与位移》、方舟《走出"混沌"确立方位》、王林《批评的难题》、孙津《权威价值的实现》、薛永年《也谈编写现代美术史》、侯瀚如《万曼的艺术创作》等文章。刊登了"第七届全国美展"部分雕塑作品。介绍了郭怡孮、万曼的艺术。

11 月

《美术》本年第十一期发行，刊登了艾中信《五十年代和六十年代前期的中国油画》、苏新平《母题与空间——绘画的表现意义和表现语言》、李松《陕西关中石窟的艺术演变（上）》、周青《功能与图式——古代色彩研究的一个视角》等文章。

12 月

《美术》本年第十二期发行，刊登了沈鹏、杜哲森、刘曦林、郎绍君、吴步乃、姜维朴等的文章，研讨"第七届全国美展"。介绍了陈平的艺术

吴冠中新作

上、泊（70×140 cm）1988
下、山村（70×140 cm）1988

中国现代美术的两难

黄专

24

完全空的能指

"达达"与"禅宗"(注1)

黄永砅

30

新文人画略说

邓福星

41

孙人　特写柱组

《中国现代艺术展》侧识

J5

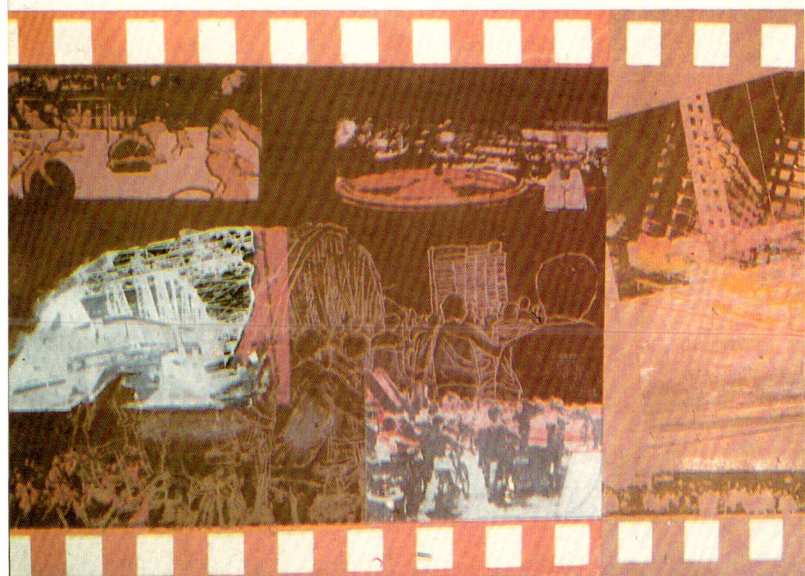

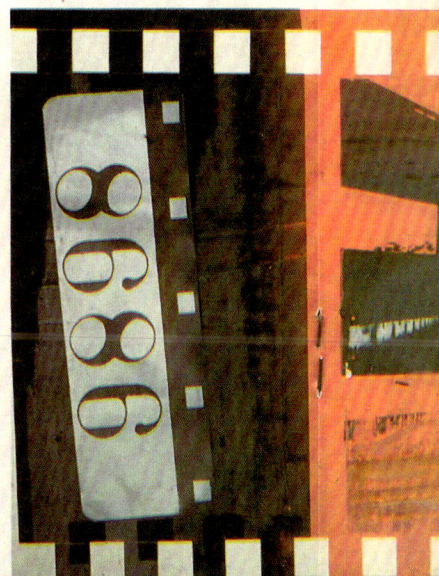

上左、张晓刚（四川）生生息息之爱（油画）300×130cm   下左、下中   梁 越（河南·城市系列（局部）

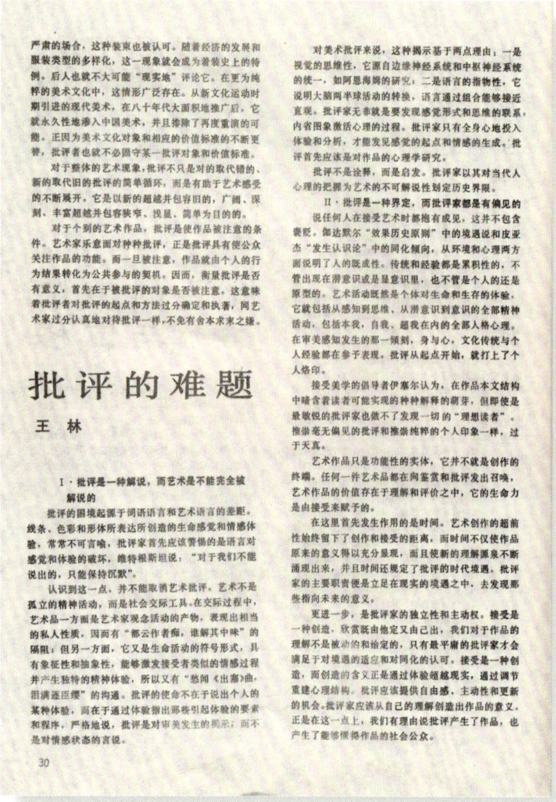

批评的难题

王　林

I．批评是一种解说，而艺术是不能完全被解说的

...

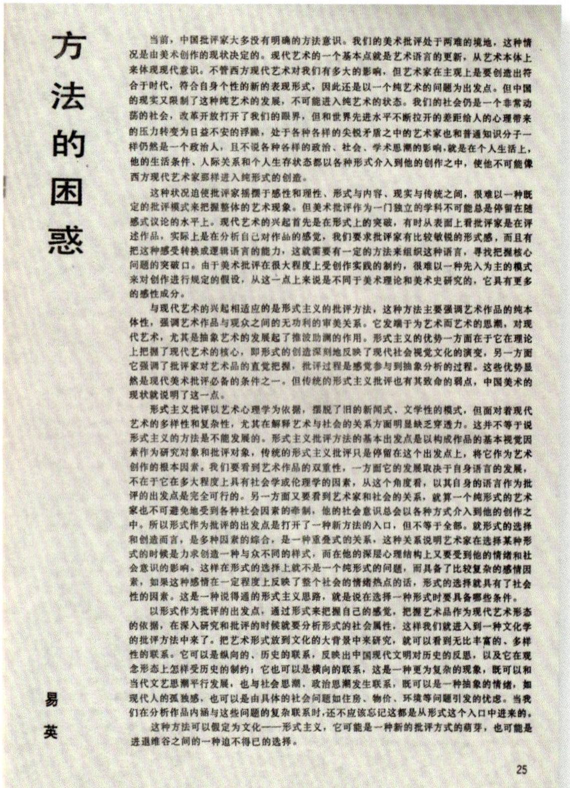

方法的困惑

易　英

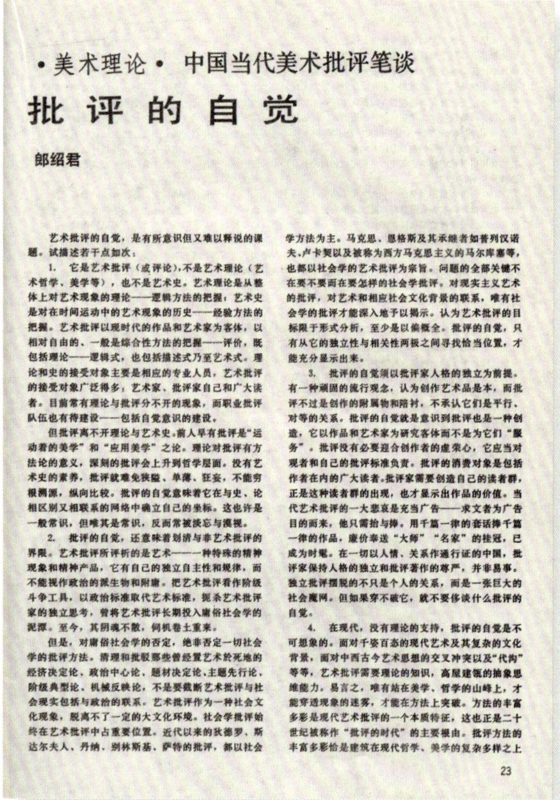

・美术理论・中国当代美术批评笔谈

批评的自觉

郎绍君

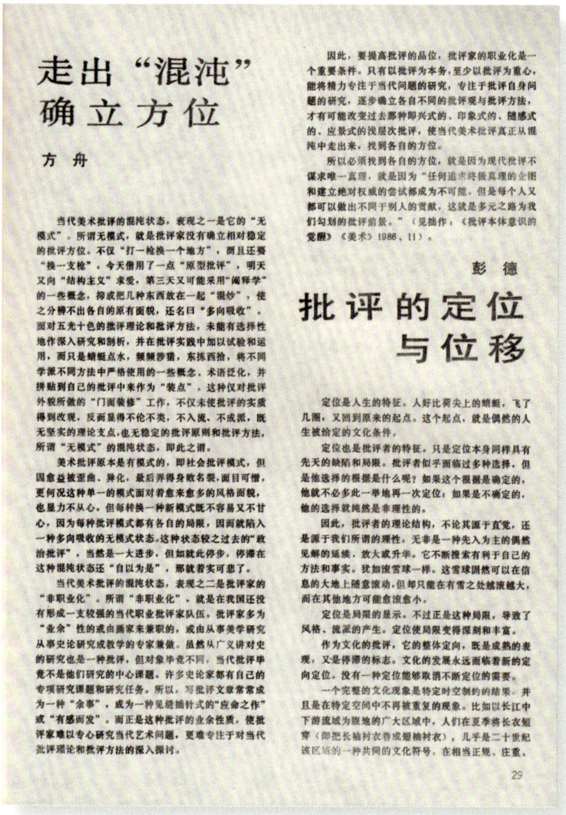

走出"混沌"确立方位

方　舟

彭德

批评的定位与位移

美術

1989 6

●韦尔申（辽宁）　吉祥蒙古　157×138cm

1989 10

美術

● 七届全国美展
雕塑专辑

1990

1月

《美术》本年第一期发行，刊登了"第七届全国美展"学术研讨纪要。刊登了吴冠中《巴黎札记》、范景中《〈艺术发展史〉注释（节选）》、周积寅《刘海粟与张大千》、吕胜中《去伪存真——"伪民间"自白》。刊登了傅中望《榫卯结构》等作品。介绍了卢禹舜、阳太阳等的艺术。

2月

《美术》本年第二期发行，为林风眠专辑。封面为林风眠《静物》，封二为刘晓东《田园牧歌》。刊登了苏天赐、蔡若虹、翁祖亮、丁羲元、李树生对林风眠的研究。

3月

《美术》本年第三期发行，为李可染专辑，封面为李可染《山下水田》。刊登了周思聪、张凭、贾又福、李松、李宝林等纪念李可染的文章，孙美兰《李可染年表》，以及许幸之《文艺评论的先驱者——成仿吾对我的画与诗的批评和指导》等文章。

4月

《美术》本年第四期发行，封面为钱绍武《李大钊同志纪念像》，封二为《歌乐山烈士群雕》，扉页为潘世勋《雅江藏女》。刊登了吴作人、刘开渠、叶浅予、李桦、古元、罗工柳、艾中信、靳尚谊、盛扬、朱乃正、杜键、钟涵、范迪安等纪念中央美术学院建院四十周年文章。刊登了胡一川《我的路》等文章。介绍了钱绍武、张祖英、何力平等的艺术。

5月

《美术》本年第五期发行，刊登了刘骁纯《从确认自身到解体自身——美术史的进程》、丁宁《艺术史：比较的课题》，范景中、杨思梁《贡布里希的图像学研究》，舒群《图式话语与字词话语：艺术语言研究的嬗变和延伸》，洪再新《科学的著录与现代艺术史学：从海外的中国书画著录工作谈起》等文章。介绍了徐冰、方增先、许江的艺术。

6月

《美术》本年第六期发行，为贵州现象特辑，刊登了邹文《"贵州模式"之透视》、管郁达《困境中的贵州当代美术》等文章。介绍了刘雍、董克俊等的艺术。

7月

《美术》本年第七期发行，报道了"全国青年版画展""中国工业版画展"，并刊登了宋源文、彦涵、李以泰相关评介文章。介绍了朱屺瞻、凡·高等的艺术。

8月

《美术》本年第八期发行，为绘画专号，报道了"中国首届风景油画邀请大展""第七届全国美展中国画获奖作者新作展""中央美院建院40周年教师作品展"。刊登了潘世勋《坦培拉绘画》、郑胜天《海外萍踪——来自大陆的中国艺术家》等文章。刊登了周思聪《人间地狱》等作品。介绍了维米尔等的艺术。

9月

《美术》本年第九期发行，报道蔡若虹同志从艺六十周年座谈会。刊登了吴冠中《我们的路》、刘纲纪《龚贤绘画的评价问题》等文章。介绍了吴冠中、喻红等的艺术。

10月

《美术》召开首次编委会。

《美术》本年第十期发行，报道了"第十一届亚运会中国体育美术展览"。刊登了易英、范迪安、王明贤、殷双喜、高名潞《批评的本体意识和科学性——批评五人谈》，冯远《文人画艺术对未来中国画发展的影响及其价值》，聂崇正《王致诚、艾启蒙和潘廷章的油画》等文章。刊登了徐里《生命之火》等作品。介绍了傅抱石、周荣生等的艺术。

11月

《美术》本年第十一期发行，封面为侯一民等《国歌——血肉长城》。刊登了孙克《民族传统与"全盘西化"》、封学文《新文人画的构架》、邵宏《校读偶记——析贡布里希 Art and Illusion 三部中译本》等文章。介绍了华君武、郑野夫、沈福文等的艺术。

12月

《美术》本年第十二期发行，刊登了晓光《蓦然回首向民间——民间艺术学习手记》、陈履生《北京的绘画市场与市场问题》、邵大箴《温克尔曼及其美学思想》等文章。刊登了妥木斯《细雨》等作品。

刘晓东　田园牧歌（油画）170×130cm

封面：林风眠　静物

外国美术

温克尔曼及其美学思想

邵大箴

十八世纪的德国是欧洲各国中最落后的地区。在这里，各诸侯统治的、推行黑暗专制制度的小公国，竟有三百多个。1701年成立的普鲁士王国统治着德国的领土，弗利特利希二世（1740—1789）成为普鲁士国王。莱辛在1769年给他的朋友的信里说：普鲁士是欧洲奴性最深的国家。当然，在整个欧洲资本主义处于发展和上升的总趋势下，德国内部的经济结构也发生着变化，资本主义经济渐趋缓慢增长，工业也略有起色，不过发展规模远远不如法国和英国。德国的资产阶级力量伪弱、软弱，没有法国资产阶级那种朝气蓬勃和锐意进取的精神。

这样一个历史背景决定了德国启蒙运动的特点。与有明确斗争目标的法国启蒙运动相比，德国的启蒙知识分子在犹豫、徘徊，空谈理想。因此，摆在德国知识分子面前的首要任务，是争取民族统一，启发人民的民族自觉。为此，必须建立统一的民族文化和民族文学。德国十八世纪文坛上的巨匠莱辛、歌德、席勒，以及美学家温克尔曼，就是在为完成这一伟大任务斗争中涌现出来的杰出的人物。

在十八世纪，欧洲的文学和艺术普遍经历着向古典主义转变的过程。这种"复古"倾向的矛头指向代表封建贵族阶级和宗教上层势力欣赏趣味的巴罗克风格、古典主义（Classicism）罩于首卡尔的唯理主义，而巴罗克（Baroque）风格，则源于文艺复兴后期的缠枝内涵、奇僻的和匀稠等人的感性主义，巴罗克艺术作为天主教重振的主要装饰风格，得到了封建贵族和中央集权的封建贵族集团的支持。因为它忽视思内容春，忽视对紧迫的现实生情的关注，分分强调形式、强调华丽和娥娜，便儿被治阶级上层即封建和宗教趣味的娥峰相适应，与之相反，新兴的资产阶级以及反映其利益和思想感情的知识分子，则倡导唯理主义、推崇古代哲罗马的文艺。

这样一个历史背景决定了……

刘骁纯

从确认自身到解体自身
——美术史的进程

艺术史是形式不断演化的历史，从局部看，是内容向不断转换着的形式的不断演化，但从整体看，艺术演化的根本动因却不在寄主而在自身。艺术来到人间不掌为了艺术，而艺术因子一旦降临，其确认自身，走向自主的历程也就开始了。在艺术自我确认的每个转折时期，它都要挣脱固有内容的束缚去寻新内容，一旦各方面条件成熟，新寄主登陆，形式和内容便会发生同步的革命，从而将艺术自我确认的进程推向一个新的阶段。如此循环往复，直到艺术的解体。

因此可以这样说：艺术史就是艺术确认自身并解体自身的历史。

从实用到象征

在原始时代的地大际序进程中无所谓艺术与非艺术，那些被误解为艺术的造型，实为记事、巫用和物的器件。恰恰是一种实用的需要，融入了大量原始的伤生造型的冲动，呈意识的实用需要和潜意识的伤生冲动，像生了原始的造型伤生与伪生器形，而伤生造型的诞生，则意味着艺术种的形成。

从象征到叙事

带首浓重的青铜文明必然要为更先进的文明所取代，一场天崩地陷的大革命在所难免。春秋故国之际社会的变革带来了艺术的解放，艺术摆脱了沉重的精神桎梏，青铜纪器上出现了生动活泼的伤生物物，它和飞动的阔帷流的线条，其间启发了伪魄的象形"天人合一"的文化局面，因此精神一旦解放，汉魂人便创造了远古文明倒绝的浪漫艺术。

早于中国，欧洲地生了类似意义的艺术革命。古埃及的正面律一经打破、希腊艺术便径直向写实的方向走去，欧洲人大概早在原始时代就有着比东方更强烈的伤生冲动……

丁宁

艺术史：比较的课题

林是树林的古名。
林中有许多路。
这些路多半突然断绝在人迹不到之处。
这些路叫做林中路。
每人各奔前路，
但都在同一林中。
常常看来仿佛一个人的情形和另一个人的情形一样。
然而只有这是看来伪他如此而已。
——海德格尔《林中路》

1

谈研比较艺术史不能不读一读这一则古老的寓言：从前丘水底住着一只青蛙和一条鱼，他们常一起游戏，一起玩乐。有一天青蛙爬到中地出水面，在陆地上游了一整天，看到了许多新鲜的事情，当他回来看见鱼时，向鱼的世界精彩极了，有人，身穿衣服，头戴帽子，手握拐杖，此时，在前的鱼的脑中便出现了一条鱼，身穿衣服，头戴帽子，拐杖挟在鳍下身子走了起来。青蛙又说，有鸟，可展翅在空中飞翔；此时，在前的鱼的脑中便出现了一条展空鱼飞的鱼，青蛙又说，有牛，带着四个奶子在路边吃草…此时，在鱼的脑中便出现了一条带着四个乳房的母牛。

这一启录录式的通俗寓言至少能使人们意识到（1）不同背景或不同观念的艺术在有非常显然的参差，而且这种参照固已久远，或某种思维或感受的潜伏愈的积淀；（2）沟通不同的艺术、融合成一种相对深切的视野和期待水平，必然要超越自身所处的疆域，也就是说，以真正的亲和开放的姿态为前捍条件，从而使一新耳目的感受远离于惯觉被的的结果，也即不再少宅多怪；（3）它也使人们时常请……

范景中　杨思梁

贡布里希的图像学研究
《象征的图像》编者序

二十世纪初叶，阿比·瓦尔堡[Aby Warburg]和他后的一群学者潘诺夫斯基[E. Panofsky]、扎克斯尔[F. Saxl]、维特科夫尔[R. Wittkower]和温德[E. Wind]等人对图像学的态度重新作了设定，把它理解为一门以历史一解释学基础进行论定的科学，并把它的任务建立在对艺术作品中的图文化、……

1990 5

《美术》创刊四十周年纪念

编者的话

今年是《美术》创刊40周年。

自1950年2月《人民美术》创刊，1954年改为《美术》杂志，伴随着中国当代美术事业的发展，《美术》在40年来，得到国内外广大读者的支持和帮助。今天，特地编选了这一期绘画专号，奉献给读者，借以表达感激的微忱。

我们编辑这期专号是想为读者提供更多的有参考、研究价值的绘画作品和当代画坛的"形象"信息。

本期发表的国内作品，是从近来在北京举办的"第七届全国美展中国画获奖作者新作展"、"中央美院建院40周年教师作品展"、"现代中国水墨联盟展"、"中国首届风景油画邀请大展"以及个人作品中选出的。由于时间短促，我们选稿的面还不够宽，也有的稿件尚在邮途之中，未及收入本期。

近年来，我们有一批画家旅居海外，在国际画坛上具有一定的影响。广大读者也很关心海外的中国画家，我们在"海外中国画家近作"栏中选发了他们的近作，以便了解他们的绘画面貌，并从而了解国际画坛的动向。

在"外国美术作品"栏中，我们选发了尼加拉瓜、墨西哥、苏联、日本等国的的现代绘画；也选发了一些外国博物馆藏品，这些作品的底片是由靳尚谊、钟涵、邢啸声、霍新建、王怀庆等同志提供的。对于他们的热情支持，谨表谢意。

今后，只要经济条件允许，我们还将再编辑这样的专号，奉献于读者。在这方面我们经验不足，希望广大读者提出批评和建议。谢谢。

胡建成　海滩（油画）65.2×80.3 cm 1990 （封面为局部）

绘画专号

1991

1 月

《美术》本年第一期发行，报道了"全国第十届版画展览"，并刊登了李焕民、赵宗藻的评论文章，以及部分作品。刊登了王仲《中国需要什么现代美术——与"新潮"美术理论家商榷》、力群《革命美术的精神永存——驳否定革命美术的观点》等文章。

2 月

《美术》本年第二期发行，刊登了钱海源《"85 美术新潮"的若干论点》、曾景初《与〈重建中国的精英艺术〉作者商榷》等文章。介绍了赵延年、刘文西、方增先、董寿平等的艺术。

3 月

《美术》本年第三期发行，报道了"庆祝中国共产党成立七十周年美术展览"，刊登了万青力《潘天寿的意境、格调说》，潘公凯《潘天寿对画面结构的探索》，程征、王宁宇《"长安画派"之后的陕西国画院》等文章。刊登了"全国第十届版画展""新人新作展"、陕西国画院部分作品。

4 月

《美术》杂志社召开编委会。

《美术》本年第四期发行，封面为艾轩《冻土带》。刊登了啸声《"巴尔蒂斯现象"说明了什么？》等文章。介绍了艾轩、唐一禾、巴尔蒂斯的艺术。

5 月

《美术》本年第五期发行，刊登了王宏建《关于美术理论建设的回顾与思考》、雷正民《关于中国现代艺术展的初步思考》、孙克《尊重历史，严肃学风——关于〈重建中国的精英艺术〉一文致郎绍君同志的公开信》等文章。

6 月

《美术》本年第六期发行，封面为程丛林《墙外》，扉页、封底为何家英《秋暝》。刊登了沈鹏《对审美特性的把握》、夏硕琦《中国工笔画的复兴》、丁羲元《新空间：中西治术合于一——论"后海派"》、程丛林《〈送葬的人们〉、〈迎亲的人们〉作者附言》、唐少云《也谈破坏与创造——与刘骁纯同志商榷》、曾景初《自相矛盾——〈重建中国的精英艺术〉再剖析》等文章。刊登了"中国当代工笔画学会二届

大展"部分作品。

7 月

《美术》本年第七期发行，刊登了艾中信《美术的形态和特征》、刘纲纪《新时期文艺发展的回顾》、何孔德《拣画锁记》、杨成寅《克莱夫·贝尔德美学假说》等文章。刊登了靳尚谊《祈》、韦尔申《余晖》、施大畏《1941.1.14 皖南事变》等作品。介绍了王胜烈、何孔德等的艺术。

8 月

《美术》本年第八期发行，为绘画专号，刊登了"庆祝中国共产党成立七十周年美展""中国的四季"美术展、"吴冠中师生展"、1850 – 1950 西班牙绘画作品以及奥赛博物馆藏品等。

9 月

《美术》杂志社召开编委会。

《美术》本年第九期发行，对"庆祝中国共产党成立 70 周年美展""发展有中国特色的社会主义美术"以及"浙江美术"3 个专题进行了理论研讨。

10 月

《美术》本年第十期发行，刊登了"庆祝中国共产党成立 70 周年美术作品展览"专题。

11 月

《美术》本年第十一期发行，刊登了王朝闻《东方既白——〈李可染书画全集〉总序》、罗尔纯《冯法祀先生绘画艺术浅谈》、程至的《不能"新"的比旧的更旧——读刘骁纯的〈新象征论〉》、沈尧伊《视觉艺术的历史纪实》、聂崇政《清初肖像画管窥》等文章。介绍了吕霞光的艺术。

12 月

《美术》杂志获优秀文艺评论报刊表彰。

《美术》本年第十二期发行，封面为林风眠《风景》，并策划了纪念林风眠专题。报道了"纪念'九·一八'画展"，并刊登了部分作品。刊登了李福顺《岩画形象造型程式化概说》等文章。

美術

ART 1991·4

●社会主义美术特征
讨论
●画家研究：唐一禾
之神　霍继宁

ART 1992 · 9

美術

● 肖像画专辑
● 读传记《吴作人》随笔　艾中信

1992

1 月

《美术》本年第一期发行，策划了"当代美术史编撰专题""纪念新兴版画 60 周年"专题。刊登了叶坚《石鲁意象思维中的生活启动性》等文章。介绍了米谷、平山郁夫等的艺术。

2 月

《美术》本年第二期发行，封面为洪凌《寒雪》。刊登了金忠群《敦煌千佛洞三号窟元代壁画初探》等文章。刊登了庞薰琹、常沙娜、杜大恺等的作品。

3 月

《美术》本年第三期发行，封面为詹建俊《长虹》。报道了"第四届全国连环画展"。

4 月

《美术》本年第四期发行，报道了"20 世纪·中国——大型美术作品展"，并刊登了部分作品。刊登了孙克《毕生的宏愿与奉献——潘絜兹和当代工笔画艺术》等文章。

5 月

《美术》本年第五期发行，封面为孙家钵《牧归》，扉页为吴冠中《江南园林》。刊登了孙滋溪《从生活到艺术——石版画〈小八路〉的创作历程》、王文彬《〈夯歌〉的故事及其他》等文章。介绍了吴冠中、黄胄、珂勒惠支等的作品。

6 月

《美术》本年第六期发行，封面为丁绍光《黎明》。刊登了包立民《何海霞的艺术道路》、钱志坚整理《画家的良知与责任——何海霞先生谈艺》等文章，介绍了何海霞的艺术。

7 月

《美术》本年第七期发行，刊登了"纪念《讲话》全国美展"作品。刊登了张晓凌《中国原始艺术的文化阐释》等文章。

8 月

《美术》改版扩容。

《美术》本年第八期发行，封面为宫立龙、王兴伟的油画《收苞米秸子》。刊登了林木《中国美术史研究的近古盲区》、方闻《宋元绘画中的文字与图像》等文章。刊登了"纪念《讲话》全国美展"获奖作品。

9 月

《美术》本年第九期发行，封面为靳尚谊《藏女》。刊登了单国强《明代肖像画综观》、赵力《试论张萱的绘画风格》等文章。刊登了朝戈《敏感者》、何家英《红苹果》等作品。

10 月

《美术》本年第十期发行，刊登了李桦、程至的纪念新兴木刻版画家野夫的文章。刊登了"建军 65 周年美展"作品。介绍了肖淑芳、洪凌的艺术。

11 月

《美术》本年第十一期发行，刊登了区泓生《为历史留下形象的丰碑——记广东近代历史画创作活动》、道恩·艾德斯（李建群译）《乡土主义和社会现实主义》等文章。介绍了力群、何香凝、邵宇的艺术

12 月

《美术》本年第十二期发行，刊登了郭怡孮《一路看花到几峰》、王晋元《中国花鸟画问题思考》、薛永年《工笔花鸟画古今谈》等文章。刊登了"全国首届中国花鸟画展"作品。

上左、谭大卫　肖像（油画）
上右、孙景波　元馨肖像（油画）　100×80 cm　1991
下左、鸥洋　著名导演谢晋速写（油画）60×50 cm
下右、朝戈　敏感者（油画）　50×60 cm 1990

肖像画作品

画家吴长江

情怀与自省

——吴长江的版画世界

解　悟

当代艺术演进变幻莫测。在中西不同文化氛围和撞击中艺术家自然也体味过震动和困惑，也许有过失去自我的痛苦。就艺术而言，以何种途径和方式表现无关紧要。在艺术上有无文化特征也不是问题。而问题是艺术家一窝蜂挤入前卫艺术大潮并陷入笔墨的阴影之中，大有只捡起艺术外壳而丢去本质内，从而丧失自我判断和人文精神。

艺术是特定环境和具体条件下发生的。艺术品也反映的是具体环境的生活情节。吴长江石版画黑白对比如同摄影家的黑白照片摄取赢同生活现象——青藏高原自然景象的苍茫与荒凉以及强悍牧民的生存和活动生活。艺术家仅凭直觉切入特定的自然与人之间的谐和关系。当代的人文精神和历史使命诱发艺术家摈弃以往教条式的表现形式；而以自然主义情怀，籍写实的绘画语言主观感受和客观再现相统一。他常以大面积白作为视觉空间与描绘的人物、马、牦牛形成鲜明对比，其内涵和意境颇令人遐想。

从1981年起，吴长江先后七次畅游于神奇又充满无限魔力的青藏高原。大自然变幻奇妙和藏民坚毅健壮的体魂和豪放的性格启发了他对区域社会生活的思考和认识。吴长江找到了石版画独特的表现语言，他够精细地表现对象质感和空间深感，牧民刚毅的外形，宽大而温的羊皮袍子以及牦牛、羊和马。画家在石版画艺术中虽然以自然主义审美为出发点，但并非纯客观陈述。而是依此强调个人情绪和主观意识，蕴藏了版画的基本语言，表述时空情境——宁静、神秘的空间背景和活动于个人情怀和人文精神的终极追求且之中。在《运牛粪》(1982年)中，描绘藏民拿着牦牛行进，牛背上的藏童纯稚凝视和生着长毛的牦牛、灰调色疏松弹性的牦牛尾巴柔和协调。而在《宰羊》(1982年)中画家将特定牧民生活习俗和情景再现得淋漓满足感，表现了牧民强悍、直率、豪爽的性格，及在右脚的转折细微描画而暗含画家对牧民的情感和语言。《初春的牧场》(1992年)中藏女俯身揽一支厚木奶桶，浓重的黑色牦

33

有关中国画创作实践的点滴体会

关山月

数十年来，我一直从事中国画创作和教学工作。不论在创作上或教学上都碰到许多实际问题，其中有教训，但也有经验。因为实践是检验真理的唯一标准。回过头来看看我走过的路，创作出的成品，就有个检验的依据。我历次的作品展览，把每一时期的东西搬出来面世，都是希望听到对我有帮助的高见，帮助我少走些弯路，能更健康成长。

因为艺术是时代的产物，时代是不断发展的，艺术也是不断前进的。为了适应有中国特色的社会主义的需要，我愿根据我所处的时代，在创作实践上谈谈个人的点滴体会。

一、师承的体会

高剑父先生是我的恩师，在我随他学画之前，我曾描过一些水彩写生画，选临过大部分的《芥子园画谱》，画过不少人像的素面，画过抗战的宣传画，画过抗日英雄马占山……当时我虽然没有机会随师学画，但已受了他的一些影响。因为高剑父是搞新中国运动的，他的观点是"艺术救国"，强调"笔墨当随时代"，主张作品能做到"雅俗共赏，曲高和众，要有时代精神。这些见解使我懂得了为什么的一些道理，解放前就是在这样的一些观点指引下从事我的艺术实践的。

我永世难忘的是初出茅庐第一次在澳门举行的抗战画展，首先得到我难居的普德华院的慧园斋的资助，支持我装裱作品和展出的工作。展出时漫画家张光宇、叶浅予在香港赶来参观，并建议我到香港展出。张光宇在《星岛日报》给我出了一版特刊，叶浅予在他主编的《今日中国》大画刊边了两大版展出的抗战画。

当我的抗战画展先在韶关、桂林、贵阳、昆明、重庆、成都各地展出时，结识了各地许多进步的艺术界的同仁益友，包括文艺家郭沫若、老舍、夏衍，还有些进步的画家、雕塑家，如徐悲鸿、庞薰琹、马思聪、刘开渠、赵望云、常书鸿、余所亚等等。他们都

形式与内容的关系是复杂的，但如何对待这个有复杂性的问题，也属于坚持个人性质的学风的问题。对此，今后还有不同意见的争鸣。梁山好汉不打不相识，争鸣也有利于在正确原则中的团结。孔丘那"言之无文，行之不远"的论点，那重视艺术形式和作品内容与社会效应

的联系，和我们对艺术创造的两点论并不冲突。我们不会忘记毛泽东在《讲话》里的有关论述。不过一贯强调艺术质量、艺术形式的重要意义。不过如果说认为反对歪风邪气相当于轻视或鄙视艺术形式，这不是一种实事求是的误会，也不会必有助于应有的团结。

15

用心感悟自然

《神静八荒》创作随想　　卢禹舜

回顾一下我的山水画创作，虽时间不算太长，但每一段经历、追求和变化还是很容易理清的。80年代以来，我开始山水画创作，当时改革开放给中国画的发展带来了美好的前景，而形形色色的西方文化思潮正涌入，形成了东西方两股文化大潮的对峙与碰撞的局面，引起了社会的广泛关注。中国画作为中国传统文化的形象忌点，成了艺术领域变江的一大热点。画家们主观上奉旧图新，实践改革成为这一时期中国画创作的主流。我溯起首先是大家对建国以来中国画创作中不断上弄旧图那，其意义直接影响了现实创作和中国画的发展。这种情形对于我们青年一代画家来说，确实拥有了一个不同寻常的创作空间。就是在这个大的环境中，我完成了大学业并开始山水画创作实践的。应该说，我的创作心态是较为自由的。

"穷途末路"论据所带来的悲观情绪曾一度使我迷恋对传统绘画的叛逆和西方现代艺术的亲近。在相当一段时间内认为中国画应追遵脱离个人烦恼的框框向现代方向的选择偏移。因此，我在创作实践中参以西方现代艺术作参照，渴望"借洋兴中"的理论在实践中得到验证。然而，接踵而来花样繁多的运用和对具有创造性语言的运用和对具有创造性语言的选择，而赋予画面以奇妙的精神氛围。基于此，在经历了以西方现代艺术为参照和在中国传统文化中寻找这样一种实践过程之后，我的实践方式就是努力静观天下，对物遥感，用心感悟自然万象。具体说就是：发挥自身的全部感受能力的积极作用，用眼、用手、用心灵去观察、去亲近、去体验自然万象，逐渐将物我紧密地联系在一起。这样使得没有血肉、没有生命、没有灵魂的自然万象也会变得得有了血肉属性、有了

就这样，我重新一页一页翻开了传统，一步一步回到数世纪以前的绘画实践之中。我深深感到汉晋文学博大雄浑的胸怀、隋唐诗词壮健清灵的气质、宋元绘画天人合一的精神等等，无一不体现着华夏文明虎大的文化构架和潜在的生命活力。在当今信息社会，绘画一的新尝试，新探索很快会风行全球。由于开放，民族间的文化差别会不继续缩小，求其变是不容易的，惟有独特的民族艺术风格才能在世界艺术之林占一席之地。所以，受强大冲力影响的中国画向现代形态转移这个过程中，更需要的是自我的保护、延续、发展传统艺术的整一性。然而，在实践中与前师、同道既无难以付诸实践，自我意识、自我价值难以得到充分的体现等于着又主固我优化。这种两难处境的出现，时至目前，却依然困扰着我。

山水画作为表现中国人空间意识与精神空间的一种方式，作为观察、认识、理解客观事物的方法，作为反映画家自我文化意识和精神风范的一种手段，应通过对具有创造性语言的运用和对具有生命形象的选择，而赋予画面以奇妙的精神氛围。基于此，在经历了以西方现代艺术为参照和在中国传统文化中寻找这样一种实践过程之后，我的实践方式就是努力静观天下……

77

《夯歌》的故事及其他

王文彬

美术家多不愿谈自己的创作，因为他想说的在作品中都说了，人们可以通过作品中的观赏感去感知艺术家的创作意图。

但是《仁者见仁，智者见智》，每个人对作品的体味往往各不相同，甚至出乎作者本意之外——这要是关系到内容方面，作者就需要说一说了。

《夯歌》创作完成距今有三十年了，围绕着对它的评论，有时是私下议论，有时见诸笔端，总之是时隔时现至今不休，其中有关艺术风格方面，由于人们审美的不同，无形弓是与非；但也的确存在着需要认真思辨的地方，因此，我想借《夯歌》在"二十世纪·中国艺术再次提出的机会，回顾个人的艺术历程，在这个"反思"的90年代，艺术的创作，还是对从事艺术创作近半个世纪的我自己来说，都不会是毫无意义的吧！

我的创作生活实际上起步于40年代之初，那是一个民族灾难和个人苦闷交织的岁月，在先辈艺术家的激奋启发下，

我选择了一条"为人生而艺术"的道路，在自己表现技巧尚幼稚的时候，在一种激情的召唤下，急切地拿起笔和刀，将内心的咖喊宣泄到木刻创作之中，一变而不可止。随着阅历的增长和对现实生活逐多的了解，又产生了对民间艺术从从木板年画、剪纸到民间的热爱和共鸣：通过不断地对生活形象的观察、记录也最感得它我了的表现能力，使我的风格从麦接摩勒的表现主义样式，走向接近生活本身，易于被群众理解的现实主义创作道路……

从一个战乱时和平建设的新时代，我感觉说应切需要提高专业水平，1955年我上了中央美术学院。当时美院正处于由"普及"转变到以"提高"为人材培养目标的阶段，学制改为五年，分了油画、中国画、版画专业，由于苏联画家马克西莫夫担任了美院的艺术顾问，使美院的教学体系由徐悲鸿画派转向"苏派"，幸而由于坚持了延安鲁艺的深入生活的创作传统，和实行"百花齐放"的精神，美院才没有真正的变成第二个列宾格勒美术学院。

对，不但本国人应能看懂，别国人也应能看懂。不但当代人应能看懂，后代人也应能看懂，因为绘画创造的是一种视觉形象。这种形象首先应当是鲜明的，深刻的；同时又应当是一看到的、百看不厌的，这样的绘画，才算是上是好的绘画。

1957年春在江丰院长的主持下，美院作了一次深入生活的革新，改变以往由教师们领全体学员到一个指定地点的作法。让学生自己提出计划、自由结组，学校批准后，分散下去。这一改革使我有机会回到我的家乡山东邮蒙山区。那时的深入生活要求与群众"三同"——同吃、同住、同劳动，这与现在旅行写生式的集体体验不一样。我们去的是一个偏僻而贫穷的地区，徒步行走了两天才到达目的地。过去处争岁月里我对这里的苦难生活深有体会，所以对当前的变化、印象更为鲜明，虽然人们的衣着保持了十几年前的古朴，但精神却与过去大不相同。农民有了自己的土地，成立了合作社，他们珍惜这来之不易的和平岁月，在建设自己家园的美好理想鼓舞下，劳动热情像火山般迸发出来。我参加兴修水库的劳动之中，工地上男女泄着欢腾的歌声，那时的妇女充满了青春的活力，恰似一曲嫩鲜花般怒放的雕塑图像。过去大门千开的闹亭；今日成了劳动能手，她们的豪情我报答，我感到一

我在《小八路》的创作过程中，也正是把握我的这种认识，不断努力要求自己的。

61

1993

1 月

《美术》改版。

《美术》本年第一期发行，报道了"第二届中国水彩画展"，并刊登了雷正民等的评论。介绍了叶浅予、朱乃正等的艺术。

2 月

《美术》本年第二期发行，策划了罗丹艺术专题。刊登了乔十光《漆趣与画味——中国漆画创作现状的思考》等文章。

3 月

《美术》本年第三期发行，报道了"第二届全国油画艺术讨论会"，刊登了王琦、李天祥、王仲、肖锋等的发言。报道了"列宾及同时代画家作品展"，并刊登了奚静之《致力于油画民族画派的建立》、全山石《俄罗斯油画仍值得借鉴》、孙滋溪《重视色彩、笔触和写生》等文章。

4 月

《美术》本年第四期发行，刊登了吴长江《版画专业高年级的人体素描课》、余辉《人马画史刍议》等文章。刊登了"高等院校学生素描作品展"获奖作品。

5 月

《美术》本年第五期发行，刊登了袁运甫《壁画与建筑环境的对应关系》、李化吉《壁画随想》、孙景波《西安咸阳机场壁画记》、刘禾《在美国洛杉矶画壁画——与旅美画家张世彦的对话》、杜大恺《壁画的主宰》等文章。介绍了莫朴的艺术。

6 月

《美术》本年第六期发行，封面为刘巨德《山里红》。刊登了马鸿增《二十世纪上半叶中国画著述评要》、李伟铭《岭南画派论纲》、龚产兴《近百年中国画"京派"小议》。介绍了吴长江、博斯的艺术。

7 月

《美术》本年第七期发行，刊登了李延声《近百年中国画展及研讨会综述》、林木的《重新崛起的四川雕塑家集群》，并刊登了四川美术学院雕塑作品。介绍了"'93东京·日中美术研讨会""加山又造美术作品精选展"。介绍了张光宇、秦征、魏传义、张敏杰的艺术。

8 月

《美术》本年第八期发行，刊登了孙振华《城市雕塑与城市美学》、潘公凯《在挤破中延伸　在限制中拓展——远望二十世纪中国画》等文章。刊登了亨利·摩尔《侧卧像》等作品。介绍了刘政德、张得蒂的艺术。

9 月

《美术》本年第九期发行，封面为李苦禅《兰石八哥图》。刊登了刘曦林《学我者生——齐白石、李苦禅艺术同异论》、蒋正鸿《忆苦禅大师二三事》、王森然《画家李苦禅》等文章。介绍了王肇民、沈柔坚、宋步云的艺术。

10 月

《美术》本年第十期发行，报道了"全国首届中国山水画展"。刊登了古元《悼念刘开渠大师》，杨力舟《他没有离开我们——深切悼念刘开渠先生》，王春立《铁骨槎枒托地坚——悼念人民艺术家刘开渠先生》，王克庆、程允贤、曹春生《中国现代雕塑的开拓者——怀念刘开渠先生》等文章。刊登了刘继潮、季学今《浙江与新安画派》等文章。

11 月

《美术》本年第十一期发行，报道了"'93中国油画双年展"。介绍了丁观加、于希宁、崔晓东、傅天仇的艺术。

12 月

《美术》本年第十二期发行，封面为靳尚谊《毛泽东在长征途中》，封二为马振声《聊斋》。报道了"纪念毛泽东诞辰100周年作品展"。刊登了姚有多《新世纪的召唤——〈首届全国中国画展〉的几点感想和思考》等文章。介绍了宋玉麟的艺术。

吴长江石版画作品

上、远方来客　1987
下、运牛粪
　　66×93.4cm　1982

刘开渠雕塑作品

左上、"1.28"淞沪抗日阵亡将士纪念碑
　　　局部头像1934年
右上、叶恭绰像1947年　左下、女头像
右下、无名英雄纪念碑1943年

尼玛泽仁藏画作品

阵风　137×78cm　1993
创世纪　114×99cm　1993

1994

1月

《美术》本年第一期发行，刊登了陈履生、陆志宏《甘肃的宋元画像砖艺术》等文章。刊登了沈尧伊《地球的红飘带》、靳尚谊《甘南藏女》、阎萍《母与子》等"'93中国油画双年展"作品。介绍了陈子庄、彦涵、叶毓中、赵友萍的艺术。

2月

《美术》本年第二期发行，报道了"第五届全国年画评奖暨作品展"。刊登了陈少丰、薄松年《辛勤耕耘　风雨不辍——怀念著名美术史论家王逊先生》、胡铁成《以生命和艺术奉献祖国——纪念著名木刻艺术家焦心河》、潘絜兹《忆乐然》、王小慎《北宋文人画论的二律背反》、谢建国《疏勒犍陀罗式泥塑像初探》等文章。刊登了湛北新《村雪》等"西北油画展"作品。介绍了李铁夫、夏加尔、阳太阳、晁楣的艺术。

3月

《美术》本年第三期发行，封面为关山月《碧浪涌南天》。报道了"走向世界的中国画家：吴冠中油画水墨速写展"。刊登了蔡若虹《岁暮寄山月》、王朝闻《"风尘未了"》评论关山月的艺术。刊登了王维加《中国古代伦理思想与艺术空间观念》、张弘《关于绘画语言的思考》、陈诗红《霍去病墓及其石雕的几个问题》。介绍了吕霞光、刘其敏、夏培耀的艺术。

4月

《美术》本年第四期发行，封面为黄宾虹《红叶扁舟》。刊登了王伯敏《并非单纯的技法核计》、刘曦林《黄宾虹的影响与启示》、洪再新《试论黄宾虹的"道咸画学中兴说"》、邵洛羊《中国山水画的第三次总结》、王迎《商代刻辞雕纹骨柶》等文章。刊登了"第二届中国油画展"作品，介绍了张仃、崔振宽、李乃宙、毕沙罗的艺术。

5月

《美术》本年第五期发行，封面为崔子范《菊花八哥》。报道了"第二届中国油画展"，刊登了龙力游、郭润文、谭涤夫等的创作谈及部分作品。刊登了李松《二十世纪前期中国画家集群的地域分布及社团活动》等文章。

6月

《美术》本年第六期发行，报道了"关山月近作展"。刊登了段雨《对建国初期美术教学的回顾——就美术教学问题走访老画家、老院长莫朴先生》等文章。刊登了彭克《无题》、伦勃朗《自画像》、托马斯·库图尔《颓废的罗马人》等作品。介绍了陆俨少、王盛烈、关维新、汤文选等的艺术。

7月

《美术》本年第七期发行，封面为蒋兆和《流浪的小子》。刊登了靳尚谊、汪诚一《怀念我们的老师K·M·马克西莫夫》、张宝洲《最后的时光——回忆马克西莫夫》、梅墨生《笔墨抽象与山水图式》。刊登了"第三届中国当代工笔画展"作品。

8月

《美术》本年第八期发行，刊登了葛路《李可染书画品评》、裴沙《鲁迅和林风眠》、苏百钧《试论"意"是工笔花鸟画的灵魂》、程至的《我国艺术意象的源流与特色》、周宝珠《〈清明上河图〉绘的是春景而非秋景》等文章。刊登了刘金贵、苏百钧、李爱国、卢禹舜、田黎明等的作品。介绍了安格尔等的艺术。

9月

《美术》本年第九期发行，刊登了卢新华《吴冠中诉讼案情况综述》、李达《论黄宾虹的渍墨法》等文章。报道了"俄罗斯美术百年巡礼""首届罗中立油画奖学金""中国美术学院作品展"。介绍了西盖罗斯、铁杨、肖惠祥、陈坚、朱乐耕等的艺术。

10月

《美术》本年第十期发行，封面为李维祀《林则徐充军伊犁》，封二为王克庆《朱自清》，封底为潘鹤、梁明诚《友谊泉》。刊登了王克庆、田金铎、司徒兆光、曹春生、黎明等人的文章评论"第二届全国城市雕塑艺术展"。刊登了张德华、陕西省雕塑院《秦统一》创作组、张照旭、李维祀、李守仁、时宜、白澜生、王中等人的创作谈。刊登了孙振华《论曾成钢的雕塑艺术》。介绍了张乐平、黄新波、祝大年的艺术。

11月

《美术》本年第十一期发行，刊登了何怀硕的《论"抽象"》、

流民图 2000×12027cm 1943 萧琼收藏

卢禹舜（黑龙江）
神静八荒（中国画）
272×72cm

1995

李天祥《油画的色彩美小议》等文章。介绍了潘鹤、唐云、贾平西、曾景初的艺术。

12 月

《美术》本年第十二期发行，封面为董希文《若尔盖牦牛群》，封二为常书鸿《织毛衣》。刊登了冯法祀、袁运甫、柳维和等人的文章，纪念常书鸿。刊登了姚钟华《试论董希文艺术的美学特征》、何怀硕《论"抽象"》（续）、贺西林《漫谈汉代造型艺术中的"熊"》等文章。

1 月

《美术》本年第一期发行，封面为古元《梅雨纷纷》。刊登了蔡若虹《绿窗断想——读古元的木刻选集与水彩画选集》、黄笃维《油画家余本》等文章。刊登了龚贤《千岩竞秀图轴》、袁江《山水十二条屏》，以及"第八届全国美展·解放军作品展"作品。介绍了古元、余本、刘迅的艺术。

2 月

《美术》本年第二期发行，封面为周荣生《祭敖包》，封二为应天齐《雕花的门》。专题报道了"第八届全国美展优秀作品展"，刊登了卢禹舜、刘润德、张道兴等人的创作谈。

3 月

《美术》本年第三期发行，封面为傅抱石《风雨归牧》，封二为傅抱石《潇潇暮雨》。报道了"90 年代中国美术创作理论研讨会"，刊登了王琦、王朝闻、关山月、张安治等人的文章。报道了"纪念傅抱石诞辰九十周年座谈会"。刊登了黄远林《著名漫画家廖冰兄》、廖陵儿《政治漫画家廖冰兄笔下的风景》等文章。刊登了"第八届全国美展·港澳台作品展"作品。介绍了吕品昌的艺术。

4 月

《美术》本年第四期发行，报道了"'95 北京·中日美术研讨会"。刊登了袁宝林《潜变中的中国绘画》等文章。刊登了"全国第十二届版画展""'94 新铸联杯中国画、油画精品大展"作品。

5 月

《美术》本年第五期发行，封面为艾中信《尼哈根农舍》。刊登了杨成寅《美术的本体以及对它的一种曲解》、沈尧伊《美术，还是丑术——从〈王·后二号〉谈起》、陈瑞林《现代派美术不是中国现代美术发展的主流——谈近年中国现代美术研究中的某种倾向》等文章。介绍了艾中信、赵宗藻等的艺术。

6 月

《美术》本年第六期发行，封面为吴昌硕《端阳嘉果图轴》，封二为吴昌硕《玉堂富贵图轴》。刊登了潘天寿《回忆吴昌硕先生》、程至的《关于"现实主义"的分析》、尚辉《区域地貌与中国山水画的风格及流派》。报道了"米罗：东方精神——米罗艺术大展"。介绍了孙滋溪的艺术。

7 月

《美术》本年第七期发行，封面为徐悲鸿《少妇像》，封二为徐悲鸿《男人体》，扉页为徐悲鸿《奔马》。报道了徐悲鸿诞辰 100 周年纪念活动。刊登了刘艺《王悦之的生平与艺术》等文章。

8 月

《美术》本年第八期发行，刊登了蔡若虹、王朝闻、王琦、华君武、古元、罗工柳、彦涵、张仃、廖冰兄、李树声等人文章，纪念世界反法西斯战争和中国抗日战争胜利 50 周年。刊登了冯法祀、徐庆平等人的文章，纪念徐悲鸿诞辰 100 周年。介绍了巴尔蒂斯的艺术。

9 月

《美术》本年第九期发行，封面为阎萍《母与子之十二》。刊登了高占祥、尹瘦石、王琦、廖静文等人的文章，纪念徐悲鸿诞辰 100 周年。刊登了宫建华、庞嫒、张润滋、萧淑芳、蒋采苹、姚思敏、杜曼华等女美术家作品。

10 月

《美术》本年第十期发行，封面为王式廓《静物》，封二为王式廓《农民像》，扉页为王式廓《风景》。刊登了萧淑芳、李天祥的文章，纪念徐悲鸿诞辰 100 周年。刊登了杨庚新《纪念卓尔不群的艺术巨星——王式廓同志》等文章。刊登了罗中立比利时展览作品。介绍了王式廓、杨之光的艺术。

11 月

《美术》本年第十一期发行，封面为丁绍光《宗教与和平》。刊登了关山月等人的文章，纪念世界反法西斯战争和中国抗日战争胜利 50 周年。刊登了梁明诚、潘行健、尹定邦、邵宏、迟珂等人的文章，聚焦广州美术学院。介绍了李魁正、杨长槐的艺术。

12 月

《美术》本年第十二期发行，报道了"王式廓素描艺术展"暨座谈会。刊登了邓福星《徐悲鸿与中国现实主义绘画》、陈瑞林《徐悲鸿与 20 世纪中国美术变革之路》等文章。介绍了张华清、牛文、曹春生的艺术。

ART 美術

1995

9

ISSN 1003-1774

09>

9 771003 177006

●隆重纪念美术大师徐悲鸿诞辰 100 周年
●中国女美术家作品集锦

吴昌硕 山水图横披（中国画） 51岁作

回忆吴昌硕先生

潘天寿

我在二十七岁的时候，到沪任教于上海美专，得老友诸闻韵的介绍，始和昌硕先生认识。那时候，先生的年龄，已近八十了；身体虽稍清癯，而精神却很充沛；每日上午大概作画，下午大概休息。先生平易近人，喜谐语；在休息的时间中，很喜欢有朋友和他谈天。我与昌硕先生认识以后，以年龄的相差，自然以晚辈自居，态度恭敬；而先生却不以此而有所距离，因此谈论诗画，请益亦多。回想种种，如在眼前，一种深情古谊，淡而弥永，真有不可语言形容之慨。

昌硕先生诗、书、画、治印，无所不长。他的作品，有强烈的特殊风格，自成体系。书法尤工古篆，以石鼓文成就为最高。郑太夷评他的石鼓文说：

“邓石如，大篆胜于小篆。何子贞，只作小篆，未见其作大篆。杨沂孙、吴大澂，皆作大篆。邓何各有成就，杨吴不逮也。缶道人以篆刻名天下，于石鼓最精熟。其笔情理意，自成宗派，可谓独树一帜者矣。”

有一天下午，我去看昌硕先生；正是他午睡初醒之后，精神甚好，就随便谈起诗和画来。谈论中，我的意见，颇和他的意趣相合，他很高兴。第二天就特地写成一副集古诗句的篆书对联送给我。对联的句子上联是：“天惊地怪见落笔”，下联是：“巷语街谈总入诗。”昌硕先生看古今人的诗文书画等等，往往不加评语；看普通晚辈的诗文书画，只说好，也往往不加评语；这是他平常的态度。他送给我的这副篆书集联，自然是奖励后进的一种办法。但是这种奖励的办法，是昌硕先生平时所不常用的。尤其他所集的句子，虽系出于褒奖勉励，实觉得有些受不起；也更觉得郑重而可宝贵。很小心的什袭珍藏，有十多年的长久。抗日战争中，杭

怀念我们的老师

K·M·马克西莫夫

马克西莫夫 1977

靳尚谊 汪诚一

马克西莫夫老师去世了。这来自远方的不幸消息给我们带来了深深的悲哀和遗憾。凝望着眼前这张37年前摄下的已经变黄的照片，模糊的记忆竟渐渐清晰起来。

那是1957年初夏，朱总司令来参观我们油训班毕业作品展，展厅设在中央美院大礼堂。这天，阳光明媚，我们早早地就在校园里等候，马克西莫夫老师神情兴奋，由江丰同志和吴作人先生陪着，总司令对画展很有兴致，一张张仔细地观看，不时还问上几句，最后走到冯法祀同志的巨幅油画《刘胡兰》前面和大家一起拍下了这个镜头。坐在正中间的是总司令和老师马克西莫夫，两边顺序坐着江丰同志，吴作人先生以及王式廓、董希文、李宗津、王曼硕、彦涵、艾中信等中央美院的老师们，后排一溜站着的就是我们这18个学生了。世事沧桑，经过37年的风风雨雨，如今这照片上的人已有三分之一不在人世，当年我们这班血气方刚，对中国油画的未来满怀使命感的年轻人也都步入了花甲之年。随着形势的发展变化，今天，中国油画已经进入了一个异彩纷呈的新时期，正在向更加成熟的未来迈进，涌现了第三代、第四代、新生代众多富有才华的中青年画家。油画这个来自西方的画种，经过几代人的努力已在中国大地扎下坚实的根基并开始走向世界。看着这张具有历史意味的照片，联想起当年马克西莫夫老师对我们油训班的身传言教，真是感慨万千。

老师是1955年春天来中国的，那是建国初期，百废待兴，年轻的共和国处在西方敌对势力的包围之中，为了振兴国家，学习苏联经验，根据中苏文化协定，大批苏联专家为援华来到中国，“马克西莫夫油画训练班”就在这个大背景下由文化部委托中央美院办了起来。在江丰同志亲自关心下，18个学员来自全国七所美术院校及美协、部队、出版部门，并配备了佟景韩等三位俄语译员协助老师工作。

老师来中国时不过五十左右，个子不高，论年龄比我们的老班长，当时中央美院油画系主任冯法祀同志大不了几岁，论个子当时年轻的詹建俊同志比他要高近一个半头，老师在讲课时不得不仰着脸对他说话，而詹建俊同志则只好很不自然地作俯视状；然而老师的博学、才能、旺盛的创作热情，丰富的教学经验，以

潜变中的中国绘画*

关于明清之际西画传入对中国画坛的影响

袁宝林

晚明—清前期西洋美术的传入是封建社会后期中国美术发展中极令人瞩目的现象。从30年代到今天，这一课题愈益引起中外学者的关注，这本身便说明它的现实意义。然而，尽管今天谁也不能回避中西美术关系这一贯穿现当代中国美术发展的中心课题，说到它的源头——明清之际西洋美术在中国产生的影响，却就远不是受到普遍重视，更不是没有纷争了**。这意味着对这一现象的认识还颇有探讨余地。为此，笔者愿就资料所及只从绘画因革角度粗陈管见，幸望方家教正。

明清之际西画的传入究竟对中国画坛造成了怎样的和多大的影响呢？这是最终人们十分关心的重要问题。苏立文和高居翰先生专著的问世，更从独特的视角极大地突出了这一课题的重要性，因而理所当然地引起人们的重视，而由此引发的讨论也便为深化对这一课题的认识创造了条件。

郑培凯先生在述介了高居翰（Caill）《气势撼人》（注1）一书的主要论点后指出：“Caill复申说明末耶稣会士带来西洋版画的重要，冲击了中国画家的视觉概念，导生17世纪中国画风的巨大变革”，“这个西洋版画导生视觉变革的看法，实是贯串全书的核心论点”（注2）。苏立文先生在其《东西方艺术的汇合》（The Meeting of Eastern and Western Art）一书中则曾设问：“利玛窦是否见过山水大画家兼鉴定家董其昌呢？……如果他们真的会过面……那确是太重要了。”（注3）显然，这都是基于对传教士的艺术传播活动究竟给晚明中国画坛造成多大影响这一重要问题的考虑展开的讨论。问题在，不管是高居翰对张宏、吴彬的作品所作的图象分析，还是苏立文所注意到的在“一套极差的基督教内容的画”上发现的“董其昌的最不可靠的签名”（注4），却还都不能使我们释疑。这使我们感到，正象方闻《评高居翰的〈十七世纪中国绘画的自然与风格〉》（注5）或前引郑培凯文的驳难所表明的，一些重要的然而却是难有确论的推想已然搁浅在那里。这不能不使我们回到对那些无庸置疑的确凿实例的分析。

从《圣迹图》到《出像经解》

万历年间传入中国的西洋版画，对于中国画家来说，即便难得一见，作为影响的发端，毕竟值得高度重视。一个突出的实例便是纳达尔（Nadal）《圣迹图》的传入。这一重要的例证早为中外学者所注意。如戎克（王明侯）在其《万历、乾隆期间西方美术的输入》（注6）一文中援引了《道原精粹》序言（注7）里的记载，

* 这是笔者提交《明清绘画透析》中美学术研讨会（1994年12月18日至21日在北京举行）的论文，这里略有删节。

** 例如范景中（由会议安排的我的论文的中方评论员）就认为这是一个“中国学者不敢碰的课题”；他一面称赞美国学者高居翰关于这一课题的专著《气势撼人》是“一部最伟大的著作”，一面则称我的这篇论文是带有“冒险精神”的“对高居翰巨作的挑战”。他并说，高著之所以伟大，在于他的观点是开放的，而曾经批评高著的郑培凯的文章之所以不好，则因为他的观点是封闭的和保守的，云云。这是目下关于这个课题的纷争又一富有戏剧性的例子。

绘事散记（摘）

著名油画家艾中信

艾中信

我在创作《红军过雪山》之前，曾于1952年画过一幅《炮兵过雪山》（此画在《人民炮兵三十年》展览会上展出，后收入《人民炮兵三十年》画册），这是我创作大型风景体历史画的开始。在接受创作任务后，构思过程中曾向参加过长征的炮兵指战员请教，了解到峥嵘岁月中的感人情景，那跋涉雪坡、攀登冰崖的艰苦卓绝，是军事史上从来没有过的。红军战士饿着肚子还要扛大炮过雪山，革命英雄主义的气概，实足以惊天地而泣鬼神。我听了老红军深情的回忆后，脑子立刻浮现出耸立云天的巍巍象岭，觉得这雄伟的雪山，正是体现红军革命意志的象征，这巍然兀立的高山，正好作为母题推动创作构思。我回想到1943年在四川西北部的那段生活，在那个冬天，我每天眺望邛崃，晴日银峰皑皑，突然阴霾密布……，夹金山不就在邛崃后边吗！对于《过雪山》这个题材，这是在我生活中所能能联系得上的仅仅一点生活感受，虽然那么微薄，但对风景体历史画，却是不可缺少的成分。

在创作这两幅《过雪山》的构思过程中，起决定作用的是毛主席的两句诗：“更喜岷山千里雪，三军过后尽开颜”，这是写景，又是抒情，情景交融，表现出革命乐观主义的高昂精神。这“喜”字和“尽开颜”三字，是革命气概极大充沛的感情抒发。过雪山诚然艰苦卓绝，但是克服困难的钢铁意志和乐观主义精神，应是革命历史画的主调。于是决定采用宽阔的风景构图，人物相对较小，这在历史画上少见。但是，它把人和景融为一体，高山、风雪不是进军的障碍，相反却激励着战士的斗志，这意境是符合民族传统审美情感的。我没有军事经历，创作这方面的主题人物画有一定困难；我对自然景物较多体会，于是扬长避短作这样的尝试，一直担心观众是否欣赏，展出后的反应是肯定的。

后来革命历史博物馆又交给我《东渡黄河》的创作任务。在起草之初，对这幅画应表现什么主题思想，一时捉摸不住。最初曾考虑画八路军过河以后受到河东人民热烈欢迎，以反映我党的政治、军事策略思想。这样虽然可以表现亲如骨肉的军民关系，但觉得不太切合《东渡黄河》的命题。一时又考虑画大军正在强渡，但又觉得太“直白”。乃至看到许多历史资料中的《抗战宣言》，才意外的从这份具有重大历史价值的政治文件中获得了艺术感很强的创作母题。

“全国同胞们！平津危急！华北危急！中华民族危急！只有全民族实行抗战，才是我们的出路。……”，这是中共中央在芦沟桥事变发生后第二日，即1937年7月8日向全国发表的抗战宣言，这个战斗的号召充分表达了我党对挽救民族危亡的深切感情，它是宣言，但它有诗的形象，它对我创作《东流黄河》有直接的指导作用。

1996

A R T

ISSN 1003-1774

1

朱乃正　刘国辉　黄安仁作品
全国第十届新人新作展　作品
中国风景油画展　　　　作品

9 771003 177006

1996

1 月

《美术》改版，采用大 16 开尺寸，大幅增加彩页。
《美术》本年第一期发行，封面、封二为黄宾虹的中国画《九子山》。刊登了蒋正鸿《黄宾虹墨法谈》。报道了第十次"新人新作展"。介绍了朱乃正、靳之林、骆根兴、刘国辉、黄铁山等人的艺术。

2 月

《美术》本年第二期发行，刊登了薛永年、王宏建、邓福星、刘曦林、孙克、王仲、陈瑞林等人思考中国美术走向的文章。刊登了刘秉江《在南京的杀戮》、李可染《日寇暴行》等作品。介绍了李斛、董克俊、朝戈的艺术。

3 月

《美术》本年第三期发行，封底为刘秉江《塔吉克少女》。刊登了刘秉江《凝丹青于冥想之中》等文章。报道了"第三届全国水彩画、粉画展""第三届中国工业版画展作品"。

4 月

《美术》本年第四期发行，封底为龙力游《好力堡妇人》。报道了"浙江美协第一回推荐展·中国画〉作品巡礼"。刊登了毕建勋《中国绘画没有"意象造型"》等文章。介绍了梁明诚、谌北新、卢禹舜的艺术。

5 月

《美术》本年第五期发行，刊登了孙美兰《论周思聪的艺术》、吴茜《创作源于生活，才华出自勤奋——记周思聪的二、三事》等文章，纪念周思聪，并刊登了周思聪《自在水云乡》等作品。介绍了钟涵、王镛的艺术。

6 月

《美术》本年第六期发行，封底为洪凌《蓝雪》。报道了中国文联"世纪之星"工程、"彦涵从艺 60 周年画展"。刊登了彦涵《早晨的城市》《比翼齐飞》等作品。介绍了洪凌、姜宝林的艺术。

7 月

《美术》本年第七期发行，封面为刘文西《解放区的天》，封二为《塔吉克小姑娘》。刊登了杨晓阳《为黄土高原立传——刘文西的艺术道路》、中央美术学院雕塑系《凝结

的古诗——"中国人民抗日战争纪念群雕"简谈》、钱绍武《"抗日战争纪念群雕"的创作工程和一些体会》等文章。刊登了陈白一等湖南工笔画作品。介绍了孙为民、李行简的艺术。

8 月

《美术》本年第八期发行，刊登了程至的《关于解构的一些问题》、邓白《"三高"品格　一代宗师——纪念陈之佛先生诞辰 100 周年》，并刊登了陈之佛《桐荫哺雏》等作品。报道了"台湾现代美术精粹巡回展"。介绍了程大利、戴政生、李宝林、程允贤的艺术。

9 月

《美术》本年第九期发行，刊登了毕加索《剑客与鸟》等路德维希捐赠中国美术馆作品。

10 月

《美术》本年第十期发行，封面、封二为古元《刘志丹与赤卫军》。刊登了蔡若虹、王琦、彦涵、力群等人的文章，纪念古元。报道了"情系井冈"写生创作活动，并刊登了杜大恺的述评，以及写生作品。

11 月

《美术》本年第十一期发行，封面、封二为詹建俊的油画《大风》。刊登了"首届中国油画学会展"作品，以及冯法祀、吴冠中、修军、文国璋、张仃、王流秋等人的作品。

12 月

《美术》本年第十二期发行，封面、封二为沈尧伊《遵义会议》。刊登了冯法祀、侯一民、钟涵、孙为民、沈尧伊、姜维朴等人文章，研讨革命历史画的创作。报道了"纪念红军长征胜利 60 周年展"。介绍了张仃、王流秋的艺术。

美術

1996
ART

ISSN 1003-1774

10

9 771003 177006

10>

● 悼念古元
● "情系井冈"中国画作品
● 张桂林、郑作良版画作品

潘天寿其人其艺与定位

●张　仃

潘天寿　凝视图（中国画·指墨）141×167.7cm

对于潘天寿先生，我的了解并非靠于交往，更谈不上研究。但仅仅作为一个后学与同行，我很佩服他，想谈谈自己的看法。

一、关于定位

潘天寿先生是近代文人画大家，主要画花鸟，也画山水。近代花鸟画家很多，从明朝的徐青藤、八大山人，到清末吴昌硕、齐白石、潘天寿，几百年就出了这么几个大画家。

二、关于人品

一般说文人画家都是人品和艺品并重，而且把人品放在第一位。大家都知道，"人品不高，落墨无法"，为什么如此讲？

关于中国画写生

张　仃

我们的上一代，学习国画讲"师承"，因为是师传徒，以临摹为主。但也有个别例外，如黄宾虹先生，直到高龄，身上总带着一个速写本，每到一处景点，便勾勾画画。

果真如此，这倒是令人担忧的事，照相机，固然是科学的工具，拍风景照片省时省事，有时作绘画的辅助手段有其优越性。

1997年11月26日

中国画没有"意象造型"

毕建勋

中国画没有"意象造型"，尽管我们在不同程度上接受并使用了这一概念。《辞海》中"意象"一词有两义，意思与形象、心情与容貌，均与现在的"意象"概念无关。

歧路亡羊自释

钟涵

画家钟涵

古籍《列子》上有一则寓言《歧路亡羊》。"杨子"曰："嘻！一羊，何逃者之众？"邻人曰："多歧路。"

1997

1 月

《美术》本年第一期发行，报道了"中国首届水彩画艺术展"。

2 月

《美术》本年第二期发行，刊登了肖峰《革命美术家的榜样——莫朴》，并刊登了莫朴《清算》等作品。报道上海博物馆举办的"西方油画精品展"。刊登了马蒂斯《橄榄树下叙家常》等作品。介绍了莫朴、吴长江、张立辰的艺术。

3 月

《美术》本年第三期发行，封面、封二为潘天寿《鹫鹰》。刊登了王朝闻、张仃、张立辰等人的文章，纪念潘天寿诞辰 100 周年。报道了"全国中国画人物画展览会"。介绍了郭怡宗、黎明的艺术。

4 月

《美术》本年第四期发行，封面、封二为何海霞中国画作品，封底为罗尔纯《九月》。刊登了吴作人《谈速写》，并刊登了吴作人、韩黎坤、徐芒耀、刘文西、傅爱民等人的速写作品。介绍了何海霞、许幸之、李爱国、罗尔纯、范扬的艺术。

5 月

《美术》本年第五期发行，刊登了王琦《我看陈逸飞的画》、蔡若虹《赞〈黄河颂〉》、余秋雨《陈逸飞印象》等文章，并刊登了陈逸飞《浔阳遗韵》《藏族人家》等作品。报道了"孙中山与华侨国际美术作品展"。

6 月

《美术》本年第六期发行，封面、封二为吴作人《碧草接天》。刊等了王琦、艾中信、冯法祀、侯一民、戴泽、邓福星等人文章，纪念吴作人。刊登了聂崇正《清代宫廷油画肖像谈》、孙为民《油画肖像小议》、秦俭《两种文化背景　不同创作现状——对中西方当代油画肖像艺术的几点思考》等文章。报道了"中国油画肖像艺术百年展"。介绍了张道兴的艺术。

7 月

《美术》本年第七期发行，封面、封底分别为何香凝《枫》《雪景》。刊登了冯远《我的艺术探求》、妥木斯《内蒙古美术五十年的回顾与展望》等文章。刊登了"第 13 届全国版画展""庆香港回归美术作品展"部分作品。介绍了李延声的艺术。

8 月

《美术》本年第八期发行，封底为黄胄的中国画《两个牧羊女》。介绍了黄胄的艺术。

9 月

《美术》杂志召开编委会。

《美术》本年第九期发行，刊登了王琦、蔡若虹、王朝闻为本刊题词。刊登了林木《承传与创新》等文章。报道了"第七届中国水彩画大展"，并刊登了部分入选作品。介绍了陈子庄、罗工柳、李琦等的艺术。

10 月

《美术》本年第十期发行，刊登了周韶华、郭怡孮、林墉、翟墨等人的文章，研讨写意水墨画的色彩问题。报道了"全国首届中国画邀请展"。

11 月

《美术》本年第十一期发行，封面为叶浅予《献哈达》，封二为叶浅予《小两口赶集》。刊登了杨力舟、黄蒙田、钱海源等的文章，纪念叶浅予。报道了"古根海姆博物馆珍藏西方现代艺术精品展"。介绍了董其中的艺术。

12 月

《美术》本年第十二期发行，刊登了文楼《从文化背景看香港现代艺术发展》等文章。报道了"香港艺术 1997·香港艺术馆藏品展"。介绍了李少言、庞茂琨的艺术。

编爱与共
识之互相依
用可能净
评化巍艺术批

一九九七年七月七日
后六百年度美术编
穆新同志雅嘱
王朝闻于东东

中国美协副主席、《美术》杂志顾问王朝闻为本刊题词

　　本刊叶毓中、王仲同志最近拜访了美术界老一辈美术理论家蔡若虹、王朝闻、王琦同志,向他们汇报和请示工作。三位老同志对《美术》杂志今后的办刊工作提出了殷切的希望和许多具体的指导意见,并热情地为《美术》杂志题词。这里特将三位美术理论界前辈的题词发表。上图为王朝闻同志正手捧他的雕塑作品《民兵》的草样,从美学和造型艺术规律的角度,生动形象地向叶毓中、王仲同志讲述办好《美术》杂志的正确方向和辩证方法。　　　　　　　　　(本刊记者)

中国美协常务副主席、党组书记、《美术》杂志顾问王琦为本刊题词

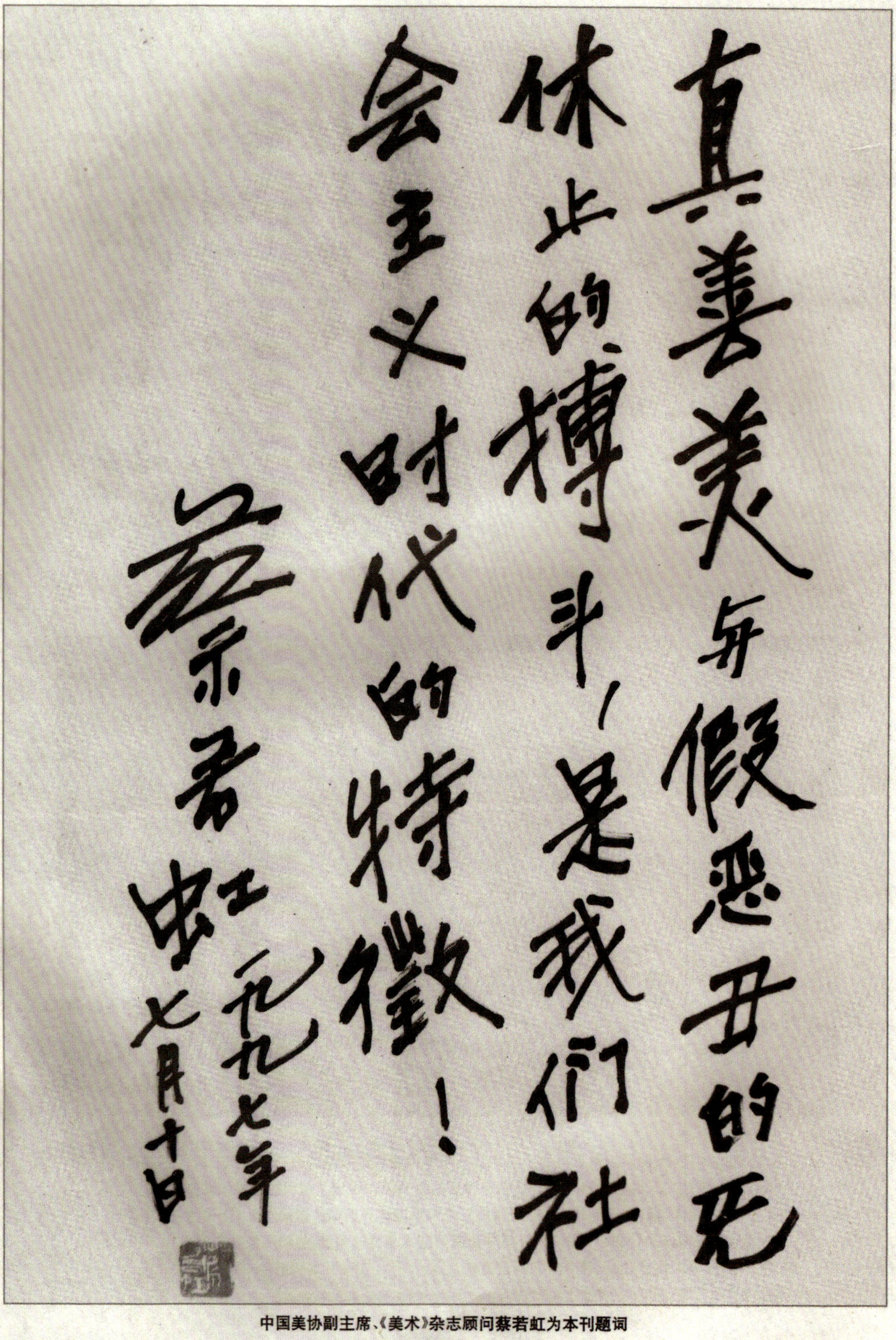

真善美与假恶丑的无休止的搏斗、是我们社会主义时代的特徵！

蔡若虹 一九九七年七月十日

中国美协副主席、《美术》杂志顾问蔡若虹为本刊题词

美術

1997
ART

ISSN 1003-1774

9 771003 177006

11

● 叶浅予中国画作品

● 周韶华 亚明 郑震 董其中作品

● 古根海姆博物馆珍藏西方现代艺术作品

24

画事随感

田黎明

田黎明　中央美术学院国画系副主任

田黎明　课堂习作 140×70cm 1997

教室里中国学生与西方学生共同画着一个模特。中国学生面对模特领取着西方人科学的观察方法。又在以传统的整体观察方式来把握着画面。一面是形的准确。一面是自然的准确。形的准确是一种参照，即严谨又要现形。而自然的准确是一种体验，于其中来寻找文化与生活情感与造型方式的协调。西方学生起稿很自由，拿起笔就画，没有负担，人物形体和色调都进行的比较random，尤其对人物的手和脚感兴趣，原来模特的手与脚不克血涨起的筋脉。他们把注意力放在肌肤上，用一种活力的感觉来刻画。西方学生重结构，在表现肌肤活力的感觉中寻求人与本空间的思考，以人的眼光观察人的生存状态。而中国学生超过程，借助形体来寻找人与自然的和谐，以物观物的观察方式来体味自然的奥妙，人融化在自然中。中国学生虽然对形的观察方式不同，但对造型的思考是共通的，形是一个局部的东西，造型则是一个整体的东西，形容易相接，易于看见，而造型是内部的东西，它是一种气象，只有当形与造型融为一体时，画面结构的比例、动态、线条、明暗就会有规律地把握看了。不努力注意形体结构的准确比例，而忽略了你对物象的一种准确的品味，前者是种子，后者是土壤，和协调才能长成。黄宾虹的山水遒润几条线就出现了宇宙的图像；安格尔的人体几条线就气的强大力；马蒂斯的几条线表现出一种安乐的旋律感；而丢

勒的头像素描的细密严谨。但造型上的气质都注入在精神的空间里，几条线就显出了一种造型方式，更确切说是人生的一种精神空间，那么东方人注重自然空间，西方人注重人的空间，一个向自然的回归，一个向人取发现，东西文化的思考便使画家的空间拉开了距离。

中国传统绘画写生当写生命来看，这个生命意义正如李可染先生所言"面对山水画要画出有意境的山水画"。此时的意境便是生命，中国人面对自然，往往把自我观照生活中去，又把山水看做一种境界，人在境界里才能有真善美，所以中国绘画的写生不易写的之体去。而是一种自然精神里的人文境界。看范宽、虚谷、齐白石的画，我们感觉到时空中的人文精神对我们生活方式的深刻影响，再看仓桥、苏丁、卑加索的画，我却很感悟这也是一种所谓的写生，情感、视觉和人性向东西方的跳动。这种写生，西方人在面对物象写生时都有一种刚性，一个是自然文化的刚性，一个是人性的刚性。看自然性的本身就是自己的生活方式。王蒙对群山默默隐居30年，画与人格已成为他的生活方式，现实与理想在生活的过程中协调了。今年我去西安，在华山境内，从大车上远远望去看到了范宽《溪山行旅图》的那个已经九百年的山头，它就是华山的西峰，范宽画面上的落点是一种远观的感觉，那么大的山头细于六尺之象征着千年的半灵

30

色彩本应是水墨画
的题中之义

周韶华

色彩作为绘画本体语言，是构成某种艺术情调和艺术风格的最本要素，是刻画瞬间神情绪境有效。造成特定情绪美感的重要手段。诸如对无奈爆恐的情绪，明快洒脱的情绪，面对着视觉神经最有效、会有的色彩会黯然失色。印象派与印象派的"色彩与和"解说现了。艺术成就是以色为标准的。

然而从唐朝安禅出山之后引国势敌衰。文人画家崇佛学，由理思想的身。以上国为代表，他提出"画道之中，水墨为上"等于是一个反色彩教文了。自此以后，文人画家整体的故弄对色彩的追求，以造遗视实，不食人间烟火为时尚，这是水墨本位或笔墨本位的历史文化背景，这种极端的文化现象延续超过千年，由于这种极端的艺术追求，又把色彩打进了冷宫，以致于让轻味了笔墨。发展了水墨画，使之达到登峰造极，不可企及的巅峰，水墨画语言至此也达到发展到极限。坚如金刚怀，柔如璞玉。黑到不能再黑，淡到不能再淡，陕到不能再陕，冷到不能再冷，在世界上塔称独一无二。虽然它极其真魅精绝。提炼到无与伦比，但却是以牺牲另一个方面——艺术模式定罹重复，守着"天不变，道亦不变"。祖宗之法不可变"的法度，以此牺牲了一切，牺牲了艺术创造的无限丰富性，束缚了艺术发展的无比广阔性，从历

史长河看，正与负、得与失，用任何简单的语言都难以估量。

针对这种极端文化现象，本世纪有远见卓识的画家不能不起而反思。虽然此前即有山阴画派采用绊红、藤黄等进口颜料，但真正自觉变革的是本世纪的留洋学子，以林风眠为杰出代表，向西方进行优化选择，优势互补，给中国水墨画注入了新鲜血液，增添了新的生机活力，或为中国画的色彩世纪大师。

本来绘画的色彩语言，按其审美特性具有产生联想、作为形式美的重要元素，本应是水墨画的题中之义。作为创造生美学的重要课题。色彩的情感效应是普通的、无所不在的。色彩的文化效应，诸如在特定文化背景下能产生象征意义或抽象联想作用，是其它语言无可代替的。音乐家十分重视音乐色彩，画家更视色彩为其必经之义，固之，自觉地把色彩引进中国水墨画，将是进入21世纪的时代课题。

所以，我一直坚持引进色彩绘画中国追血。色彩必将给中国水墨画带来变革的曙光。当然，中国画的色彩语言，不应是取代水墨，而是在笔墨色彩的交响变奏之中。墨与色互补，大有文章可做，所谓墨破色、色破墨、浓破淡、淡破浓，墨色组合、线面渗透，将构成灿烂的中国画新世界。

艺术革新，常有是从对材料的选择开始的。由某种材料造成某种风格语言，对光彩、化学的认识对电脑机的操作，都将帮助我们打开新天地，只要宣纸这个载体能发受得了，能够在宣纸上发挥表现效果的，可以不一些地选用各种不同性能的颜料，除原先的中国画颜料、水彩、水粉颜料、压克力（丙烯）、化学纤维颜料、油画棒以及各种传统的矿物颜料等等都可以交换运用，用在这些其间，这是一种新的表现关系的建构与调整，这是艺术语言拓展的突破口，最新的综合与色彩，不是黑和的颜料调和。从整体上说，既不失中国画的书写性风格，张张扬出民族文化精神，表现中华民族情感，不论是运用色彩的淋漓法、渗透法、沉淀法、废彩法、冲水法、拓印法诸多别的什么法，它的技法语言和自由挥洒是服务于自我表现的。

对水墨语言的吸收，是释门引类、超国界的，原始艺术、古代壁画、陶瓷艺术、设计艺术，尽可广征博采，两大自然的启迪更是无限的。诚然，物质材料多多，表现手段多种多样，只能说明表现具有多种可能性，选择具有广泛的可塑性，最后取舍还在于精彩到位，"你彩绝绝，独赚其宗，真正的堂奥还在于少则神，多则瘟。总而言之，引进色彩是为丰富中国画的艺术表现力。坚持中国画始终要姓"中"，具有东方风神，而不可领新向西方那里去，这是一个民族的文化精神独立性的问题。

31

墨华与色彩

郭怡孮

谈水墨画既赋色设色，自然离不开色，西方色彩学讲赤黄蓝三原色。中国水墨画中有一主色-墨色，墨是中国水墨的黑色，而是水墨画的色彩体系中的主导律顺级。

以色助墨光，以墨显色彩，发挥中国水墨画那华与色彩的双重魅力是我们年来努力探索的。喜欢色彩大自然，色彩是大自然对人类视美景的情致，花开以它明丽的色彩显示着生命的绚幻。色彩对我来说，代表更是不可磨灭的生命，然画水墨画中墨占有极其不可磨灭的地位，我喜爱焦墨重彩勾勒的审美需要。在创作中我用很大的心力不断调色色彩与墨的关系，把二者的有力组合有效力量，达到和谐，这些年来我总是全把色块、墨块、线条并置起来，用一种易于表现和结构的方式把它们组合起来，成为一个机构的整体，这是自己精神的产物，又要能捕捉形态结构的演绎与理趣，是件性味的事，不断实验总结就十分重要。

初看我的画，会影到浓彩五颜六色，我用墨线把它们组合起来，再强烈的色彩有了墨线调剂，必会变得显和。色彩依然的总彩都恰恰变的态。神趣、情感的线，是形态针的韧性，轻重变化，疏密有致的线。

我习惯用墨块来组织色彩，把画面上部杏花花绿绿起来的色彩用墨线成规整地相和我起来，团聚起来、托衬起来、把众花分成瓜、连或碎，让那些鲜艳的花朵不至花、太炸、太散、太赚，色彩在它的依衬下就会变得很有秩序，画面就如同一座精心设计的音乐。

我喜欢用墨和色来处理画面的大千大画，焦

滑笔与色晕水渍，产生出特有的美感，既能写形造境，又发挥出笔墨特性、发挥自由渗化的趣味，画面变得解适。

对色与墨的冲撞，我怀有极高的兴致。喜次色彩向墨团中挥洒，其渗化出的墨痕和色晕会产生意想不到的美妙，迸出几分苍古，几分生机、太多生机，古人此法称为"破"以墨破色，以色破墨。"破"往往使画面而石破天惊。

我以习惯用焦墨乱点，这"乱点"实际是最初以微情调整画面，是最直宜，这是出神出彩的时候，用这些浓厚的墨点来颤神，那些不太协调的笔墨色彩也就统用它来调理。

我往往最后用大病的色彩在局部渡染，把本来过于清晰、过于工细的画面变得朦胧，变得得活，把零碎的画面变得整体，两子也会更加统一，这要凭很大的勇气来"破坏"，这破坏是对画面的大胆建设，我经常日止此法。

潘絮益先生把我的画风定位为"写意重彩"，可说能是鉴于以上这种原因。

还有一种方法需要强及的是色与墨的对比，不强化、套罩、分开有列。色墨各自独立、组合有序、交映或错。这可以使黑与色的纯美享情显晓，墨色的辉映最为明朗，音乐色彩分瞬，实际是色墨交晴，黑白墨色墨色墨，这种方法在我的画面中并不多用，并非不爱好，而是研究不够、齐白石老人晚年画中偶尔稻采用浓墨重彩对比列，色墨巧妙参异，互有规映提照，浓墨重彩形成视觉上的均衡，强烈而辉映，有强烈的现代感。

墨有厚薄、深浅、浓淡，色有色相、纯度、明度，又可以形成大小、方圆、点线等不同形态，还有哀、染、泼、喷、洒、积、点等千变万化的技法。历代画家们创造了许许多多组合有利方法，随着时代的发展还会有无尽的丰富选择。对这方面的研究的不能只停留在技法经验的积累上，而是要把墨、色、三位一体，作为一种绘画语言，上升到理论的完整阐述。

中国美术在色彩的应用上独具风采、建筑、陶瓷、染织、刺绣、服饰、器皿、民间艺术和官廷艺术的各种色彩，那具有独特的艺术价值，是丰富的、独特的色彩宝库，现代水墨画都可以从中借鉴。对于工笔重彩图、壁画、民间平面，都能给新水墨画以有益的启迪。

中国画的幼年时代叫丹青，后来水墨为上，色彩在中国水墨画中逐渐退到了附属的地位。任何事物的发展都离不开当时社会文化背景的过程，任何事物的发展里离不了当时社会文化背景的过程，任何事物的发展离不开当时社会的气势、需要与现代建筑和现，需要有一种鲜新的风貌。我感到色彩在中国画中所有的价值引起了更大的重视，我把这看作是时代的需要。

65

编者按：关于中国画的创新与发展，一直是美术界讨论的论题。本刊利用"陕西当代中国画展"在北京展出的机会，编辑和挑选"长安画派"的创始人之一石鲁在过去岁月中通过艺术实践所总结的艺术创作经验和艺术规律的讲演、谈话或文章的精粹部分，以供广大美术读者作为参考，用以怀念这位国画大师。

"陕西当代中国画展"同时展出了石鲁的一百多幅精彩的创作草图、习作、遗写。这些作品大多从未与观众见面。作品由石鲁先生的家属提供，本刊选登部分作品，以继读者。

石鲁谈画

石鲁（1919—1982）

艺术创作不断追求新与美，不仅是艺术必须具有的独特性，而且是艺术反映生活的新任务。……群众的美术创作所表现的新颖而独特的风格，对美术创作也带来了很大的影响。革命的浪漫主义与革命的现实主义相结合的创作方法，或为探索新的创作的指针。

对待艺术，宁可喜新厌旧，不要守旧忘新即使传统的理论，也承认意义不可不新。创新必破旧，这是艺术发展的规律、事实上，新与旧的矛盾，不单是艺术的问题，而是常贯穿着思想斗争。……我们的时代是明朗的、雄伟的、充满理想与制教的时代，是充满新事物的时代。新与美，不仅存在于理想，而是首先生根于现实之中，根本不需要什么虚伪的粉饰，只有本质是正、灵魂明朗，落后反动的东西，才需要作虚伪的粉饰。所以，我们的艺术创作的主要任务，是以维护新事物的成长壮大、歌颂人民的光明的前进的生活、表现新的共产主义的精神品质为根本的目的。艺术家对人民生活的爱愈深，愈热情、愈富有理想、

1998

1 月

《美术》本年第一期发行，报道了"97 中国画坛百杰作品展"。

2 月

《美术》本年第二期发行，报道了"98 中国国际美术年活动""意大利美蒂奇家族藏品展"，刊登了克里斯蒂娜·阿奇迪尼·卢基那特《美第奇：一个收藏世家》等文章。

3 月

《美术》本年第三期发行，刊登了靳尚谊、王宏建、范迪安等的文章，纪念中央美术学院建校 80 周年，并刊登了部分毕业创作。报道了"走向新世纪·中国青年油画展"，刊登了张祖英《推举当代精神，关注现实生活》等文章。

4 月

《美术》本年第四期发行，报道了"世界华人书画展"。

5 月

《美术》本年第五期发行，刊登了韦尔申、李福来、李保泉、王洪义等人文章，纪念鲁迅美术学院建校 60 周年，并刊登了部分作品。报道了"西方绘画雕塑作品展"。

6 月

《美术》本年第六期发行，刊登了潘公凯、许江、冯远、张坚等人的文章，纪念中国美术学院建校 70 周年，并刊登了部分作品。报道了"列维坦及同时代画家风景画展"。

7 月

《美术》本年第七期发行，报道了"第四届全国水彩、粉画展作品展"。

8 月

《美术》本年第八期发行，报道了"日本现代绘画巨匠作品展"，并刊登了张小鹭的评论《着眼于世界的东方艺术》。

9 月

《美术》本年第九期发行，报道了"户县农民画新作展"。

10 月

《美术》本年第十期发行，专题报道了中国美协第五次全国代表大会，刊登了刘云山、华君武、潘震宙、高运甲、王琦、靳尚谊等人讲话与致辞。介绍了黄君璧的艺术。

11 月

《美术》本年第十一期发行，报道了"98 中国国际美术年——当代中国山水画、油画风景展"。

12 月

《美术》本年第十二期发行，报道了第十三次"新人新作展"、第八届"群星奖"。

韦尔申　守望者二号（油画）　100 × 120cm
（鲁迅美术学院建院 60 周年作品选）

1999

1月

《美术》本年第一期发行，报道了"抗洪精神赞·全军美术作品展""平台——'98青年雕塑家作品展""第四届当代中国工笔画大展"。刊登了张仃《守住中国画的底线》、程大利《找回传统艺术的精神——我对中国画发展的看法》、李锦胜《从诗画融合的历史发展看中国画创作》等文章。

2月

《美术》本年第二期发行，报道了"第十届全国版画展"，刊登了王琦、李焕民、宋源文、李忠翔、张新英等人的文章。

3月

《美术》本年第三期发行，报道了"时代风采——全国写生画展""第一届深圳国际水墨双年展"。介绍了巴巴等罗马尼亚艺术家，并刊登了李天祥的评论。

4月

《美术》本年第四期发行，报道了"刘国松、丁绍光、宋雨桂、徐希、石虎五人画展"。

5月

《美术》本年第五期发行，封二为黄永玉《红蜻蜓》。报道了"赵无极绘画六十年回顾展"。

6月

《美术》本年第六期发行，报道了"吴作人艺术大展"，刊登了艾中信的评论。报道了"纪念张大千诞辰一百周年华人书画名家精品展"。

7月

《美术》本年第七期发行，报道了"中日水墨画交流展"。刊登了吴冠中《邂逅江湖——油画风景与中国山水画合影》、韩小蕙《我为什么说"笔墨等于零"——访吴冠中》、关山月《否定了笔墨中国画等于零》等文章。

8月

《美术》本年第八期发行，封面为关山月《秃笔寄乡情之一》，封二为关山月《黄河颂》。刊登了李伟铭《关山月山水画的语言结构及其相关问题——关山月研究之一》。刊登了黄胄1946年"黄泛区写生"作品。报道了"迎接新世纪江苏油画大展"。

9月

《美术》本年第九期发行，报道了"庆祝建国50周年全军美展"。刊登了《李苦禅百年口碑录》及部分作品。报道了"当代西藏绘画作品展"。

10月

《美术》本年第十期发行，报道了"第九届全国美展"，并刊登了部分雕塑作品、港澳台作品。

11月

《美术》本年第十一期发行，刊登了"第九届全国美展"部分中国画、漆画、连环画、年画、宣传画、插图、漫画作品。

12月

《美术》本年第十二期发行，封二为李可染《王维诗意图》。刊登了阁实《评选后的省思》、张克让《世纪之交中国画坛上活跃的水彩画、粉画队伍》等文章评论"第九届全国美展"，并刊登了部分版画、水彩画、粉画作品。报道了"东方既白——李可染艺术展"。

69

否定了笔墨中国画等于零

关山月

中国画之所以能够屹立于世界画林，是因为它是中国画——它有鲜明的特色，鲜明的个性，中国画姓"中"。

不但是宣纸、墨、毛笔这些中国画专用的工具、材料，更重要的是数千年来运用这些工具、材料形成的一整套独特的绘画技法和审美习惯，这就是我们遗产所说的笔墨，正是这一特点，使人们在世界绘画博览会上一眼就能标示出，这是中国画。

"脱离了具体画面的孤立的笔墨，其价值等于零，正如未塑造形象的泥巴"，这话是无可辩驳的，但讨论这个问题有什么意义呢？问题是已完成的具体画面，离不开笔墨——它不但影响这画的艺术高低，而且决定这画是不是姓"中"。试想：在艺术形式的特点上，如果取消了（或不讲究）勾、勒、皴、点等笔法，取消（或不研究）描、染、破、积等墨法，以及书法入画、神韵、气韵等审美要求，它还能叫中国画吗？

我在实践中感到中国画没有笔墨等于"光未之炊"，因为中国画是建筑在笔墨上的。没有了笔墨哪里有中国画？如讲演剧的语言，写文章用的文字，没有了语言和文字笔墨哪写文章呢？有人认为，中国绘画界"已经把笔墨僵化了"，成为一个程式的东西，一切习惯于往昔等"，所以有的画家到美国画风景，结果画出来的仍然是黄山、庐山、华山，我相信会这样的事情，但他的失败原因何在呢？并未因为他废弃了中国笔墨，相反，是学习掌握得还不到家，因为中国的笔墨是千变万化的，还有创新吗、发展吗，师古自休、江山代代新？所以毛笔、墨无毕，问题在于掌握笔墨的改进、乃来自运用磨炼。

笔墨一定要改进，一定要提高，目的是为了发展，绝不允许停于这等一步，要考虑到怎么发展，首本，不能被客观的自然主义所束缚，但也不能纯是主观主义。一定要把客观作为依据，通过主观来把握，如何把客观的形象升华为主观的艺术，有了这个主观，才有个性，才有中国人的风格，时代的反映，都需要用笔墨来发挥，用笔墨来形成，时代感的反映，都需要用笔墨来发挥，用笔墨来

形成，笔墨是中国画最基本的东西，是中国画最大的特点，是中国画的财富，也是作者的武器。

当然，笔墨当随时代。我们不应做艺术保守主义者，为了反映新的时代精神，为了反映新的生活内容，我们的笔墨必须革新、创新。我的老师高剑父当年提倡"新国画运动"，就强调"艺术是生活的嬗像，现实的反映"，呼唤"新的中国画，时代的中国画，革命的中国画"，他自己率先创造新笔墨画汽车、飞机等新事物。抗战初期，我在创作抗战画时，也常常把飞机、大炮入画。后来为了表现新事物，不断进行新的探索，比如画面山、木屋黄炸弹、运油车等前人未画过的东西，事到的民间舞蹈，日本的秋濑坂贯及，美国和加拿大的尼亚加拉瀑布，都曾在我的画中出现，没有人说是中国画，中国画笔墨是可以变化、创新、不断丰富、发展的。不，只要不离宗派，即使是创新、尝试，也仍然是中国画。

吴冠中同志提到，"西方人觉得中国水墨画没有前途……所以必须发展，必须革新，否则"笔墨等于零"，那只有抛弃，否则是"死路一条"。这种论点在前，又至能保住中国画的前途呢？我们不应该"视古"，也不应"泥古"。我们是主张"古为今用，洋为中用"的。西方有用的东西我们应该吸收来为参养，但不能我于西约占世界人口五分之一的中国人民的欣赏习惯而不买账。

中国几千年的传统文化，一定要"继往开来"。"承前启后"。"继往"的目的是为了"开来"，"承前"是为了"启后"。

中国古人把中国画的笔墨来源于书法，故称"书画同源"，画画叫作"写"画，是以"形"写"神"的。即"写形"是写意，"写神"之写意，故要求形神兼备，书法本身是一种艺术，绘画往往运用书法中的形式美，运

22

守住中国画的底线

张仃

中国画和西洋画的关系，恩恩怨怨，已经一个世纪了。

一个世纪，对于文化交流来说，不算长，但也不算短，好奇、新鲜、偏爱，都应等等文化交流中普遍存在的主观心态，100 年的时间是修修提炼下来，今天，我想所有深思熟虑的画家和理论家，都可以平心静气来谈一谈，中国画究竟有没有不可替代的特点？应该保持和发扬自己的特点？

世界上任何一个民族都是其文化的产物，它长成这个模样或者那个模样，它有其种个性或有那种个性，都是自然环境而成的反应系统。绘画是文化的一部分，它是人类对环境所做的反应系统，我们知道地球是呆系中有自己的独特性，所以人类的文化从星系的角度看自己的——性性，这就是我们所说的人类的共性，而这一性性，也就是我们所说的人类自己的。但也更是困惑的，它有这种不同的北半球、正有温带、热带、寒带等。为这反环境，具有两国祖先的人类基本在构、肤色、毛发等都明显地发生了变异，而不同的自然环境，甚至决定了不同地域人类的文化社会信仰的不同，也决定了不同地域人类生产、生活工具的不同特点。

中国画西洋画相比，同样视觉观念，但是从原始的洞穴绘画和岩画开始，它们的区别就很明显了，有人随意，苦遇是"死路一条"。这种论点在前，又至能保住中国画的前途呢？我们不应该"泥古"，也不应...

65

编者按

本刊今年第 1 期发表了张仃先生的文章《守住中国画的底线》，文章发表后引起了海内外美术界人士的普遍关注。这里我们再将吴冠中先生的两篇文章和关山月先生的一篇文章转载于下，以便让关注这场学术讨论的读者阅读思考。

我们认为，这场关于中国画本质和发展问题的学术讨论，自然而然地、生动地在世纪末展开，对正在总结 20 世纪和展望 21 世纪的广大中国画画家和美术理论家来讲，无疑是非常有启迪意义的。本刊欢迎大家赐稿对此问题进行严肃学术研讨的文章。

邂逅江湖
——油画风景与中国山水画合影

吴冠中

67

我为什么说"笔墨等于零"
——访吴冠中

韩小蕙

田黎明　雪山　170×170cm　1997

4

中国美协50年

中国美术家协会主席　**靳尚谊**

中国美术家协会是新中国诞生前夕 1949 年 7 月 21 日在北京中山公园来今雨轩宣布成立的（始称中华全国美术工作者协会，简称全国美协），是全国各民族美术家自愿结合组成的人民团体，是全国政协的发起单位之一，中国美协作为我们伟大祖国社会主义事业的组成部分，至今走过了 50 年的历程。在全国人民喜迎 50 周年国庆的前夕，我们也十分高兴地庆祝协会自己的 50 华诞。

回顾中国美协 50 年来的光辉历程，我们深切地感到，美术事业的发展始终是和祖国人民紧密相连的。全国美术家和美术工作者一起分享了新中国胜利和发展的喜悦，也一起经历了美术事业的壮大和挫折，一起进入了充满希望的改革开放的时代。美协的发展是人民为新中国奋斗的历史的一部分，美协的每一步前进都灌注着党和人民的心血。我们工作中的每一点经验和教训也都折射出我们在进行社会主义现代化建设中的成熟和不足，美协的历史昭示我们，有了祖国的强大和人民的支持，才会有美术事业的繁荣。

继承、发展、创新、交流是美术事业的必由之路。50 年来，中国美协在党的文艺方针的指引下，团结广大美术家，发现人才，促进创作繁荣，出了许多精品，与文化部联合举办了九届国家级的美术大展，组织了大量的美术展览、研讨、交流活动，积极推动了美术事业发展的步伐。在理论建设方面，美协创办了《美术》杂志这个具有导向性和学术性的重要刊物，并且编辑了大量的美术书籍，在宣传党的文艺方针政策、反映美术动态、交流美术信息、发展理论、培养新人和展示美术成果等方面做了大量的工作并取得

了不少成绩。

开展对外美术交流，也是美协工作的一项重要任务。改革开放以来，这方面的工作更加红火，1985 年至 1997 年 13 年来出访和来访总计 2432 项 1094 人次，其中赴海外展览活动有几十个，重要的有"第七届全国美术作品获奖作品展"赴香港地区和日本、法国展出。"第八届全国美展部分获奖作品展"赴香港、澳门、台湾地区和德国、马来西亚、日本展出。1987 年赴美国举办"当代油画展"，还有 1992 年在台湾高雄举办的"中日水墨交流展"等。经过大量的准备工作，美协还完成了中国美协国际互联网，于 1997 年 10 月 1 日正式开通。所有这些活动，拓宽了我们的眼界，向世界宣传了中国美术文化，增进了多方面的相互了解和友谊。

50 年来美协的建设和发展，都是在党的领导下进行的，更令人难忘的是党和国家领导人毛泽东、刘少奇、朱德、周恩来、邓小平、江泽民和其他中央领导同志都对美协的工作给予亲切关怀和指导，并经常提出重要的意见，使我们深受教育和鼓舞。此时此刻，我们非常怀念中国美协的历届主席徐悲鸿、齐白石、何香凝、江丰、吴作人等先生，我们非常感激蔡若虹、华君武、王朝闻、王琦等中国美协老一辈领导人为中国社会主义美术事业做出的卓越贡献。

现在，我们即将步入 21 世纪，美协仍肩负着光荣而艰巨的任务。让我们更高地举起邓小平理论的伟大旗帜，更紧密地团结在以江泽民同志为核心的党中央周围，团结一致、实事求是、解放思想、开拓前进，遵照党的文艺方针，为我国美术事业的繁荣发展而继续努力奋斗。

中国美术家协会的 50 年

1953 年 4 月毛泽东主席
在董希文（左一）、
钟灵（右一）、丁井文（右二）
等同志陪同下，在中南海怀仁堂
参观中央美术学院画展
（摄影：侯 波）

1995 年江泽民主席在中国美协
前党组书记兼常务副主席王琦
（右一）、徐悲鸿纪念馆馆长
廖静文、中国美术馆馆长杨力舟
等同志陪同下参观徐悲鸿诞辰
百年画展

2000

时代画卷
TIMES SCROLL PAINTING

一

2000

1 月

《美术》本年第一期发行，刊登了"第九届全国美展"油画获奖作品。报道了"中国优秀版画家作品展"暨"鲁迅版画奖"。

2 月

《美术》本年第二期发行，报道了"世纪回眸——全国美术理论会议""第九届全国美展创作经验交流会"，并刊登了部分油画、版画、水彩·粉画、中国画作品。

3 月

《美术》本年第三期发行，刊登了《继往开来，再创辉煌——纪念〈美术〉杂志创刊 50 周年综述》，高占祥、陈晓光、王朝闻、王琦、靳尚谊、刘大为等的贺词，以及各地贺信贺电，纪念《美术》杂志创刊 50 周年。报道了"十一位女画家展览"。

4 月

《美术》本年第四期发行，报道了"天府百人中国画油画世纪展""世纪之门：1979 – 1999 中国艺术邀请展"，以及"成都美术世纪回顾与前瞻"学术研讨会。

5 月

《美术》本年第五期发行，刊登了沈鹏、肖峰、冯远、邵大箴、孙克、奚静之、杨成寅等人的文章，进行"俄罗斯美术再认识"笔谈，并刊登了列维坦等人的作品。刊登了"中华世纪之光"中国画提名展作品。

6 月

《美术》本年第六期发行，刊登了晨朋、汪诚一、谌北新、唐绍云等人的文章，继续"俄罗斯美术再认识"笔谈。报道了"关山月梅花艺术展""西班牙超现实主义艺术大师达利作品展"，刊登了王端廷《现实难以超越——达利艺术的现实维度》等文章。

7 月

《美术》本年第七期发行，封四为列宾《伏尔加河上的纤夫》。刊登了冯法祀、王炜、程大利、王铁牛、力群等人的文章，继续"俄罗斯美术再认识"笔谈。刊登了王鲁湘《试论黄宾虹晚年变法》。报道了"台湾国画精品展"及海峡两岸美术学生研讨会。

8 月

《美术》本年第八期发行，封面为陈逸飞、魏景山《攻占总统府》。报道了"20 世纪中国油画展"，刊登了《引进与创造——20 世纪中国油画展暨学术研讨会综述》、邵大箴《融入了中华民族的血液——中国油画 100 年》、闻立鹏《中国油画的百年悲壮历程》等文章，并刊登了刘海粟、徐悲鸿、司徒乔、汪亚尘等人的作品。报道了"21 世纪大西北美术发展座谈会""21 世纪西部大开发甘肃美术发展座谈会"。

9 月

《美术》本年第九期发行，报道了"世纪之交·西藏美术的现状与未来研讨会""西藏大学艺术系建系 25 周年画展"。刊登了侯一民《我对俄罗斯美术的一点实际体会》，继续"俄罗斯美术再认识"笔谈。介绍了哈孜·艾买提的艺术。

10 月

《美术》本年第十期发行，报道了"草原之鹰，展翅飞翔——步入新千年·扎鲁特美术展""关照自然·当代著名中青年花鸟画家作品展"。

11 月

《美术》本年第十一期发行，报道了"云南美术发展座谈会""贵州美术发展座谈会"。报道了"亨利·摩尔雕塑作品展"。介绍了刘大为的艺术。

12 月

《美术》本年第十二期发行，报道了第六届中国艺术节"国际中国画大展""21 世纪中国画发展与创新研讨会""第十四届新人新作展""从洛桑到北京——2000 年国际纤维艺术展"。

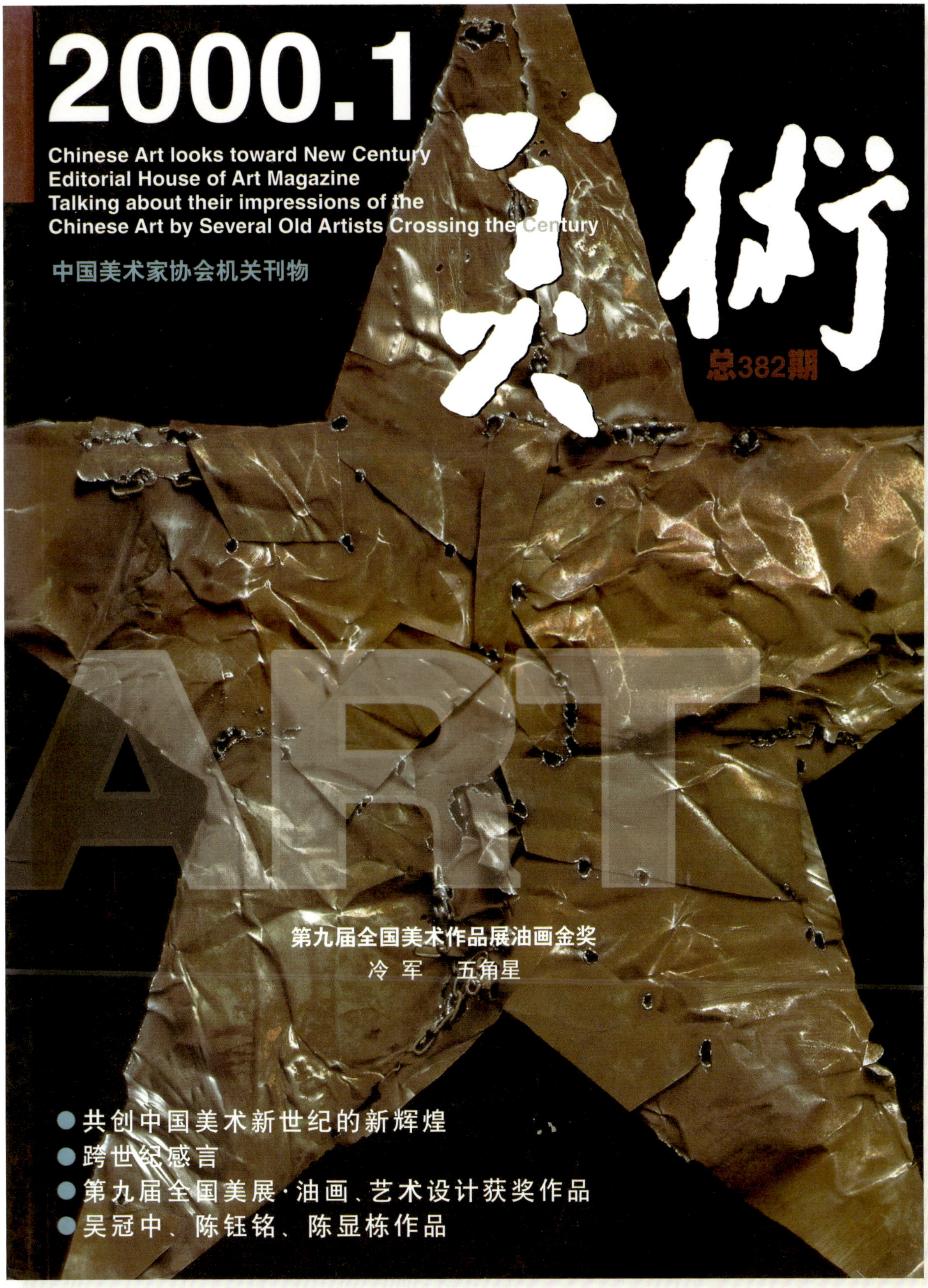

2000.1

Chinese Art looks toward New Century
Editorial House of Art Magazine
Talking about their impressions of the
Chinese Art by Several Old Artists Crossing the Century

美術

总382期

中国美术家协会机关刊物

第九届全国美术作品展油画金奖

冷 军　五角星

- 共创中国美术新世纪的新辉煌
- 跨世纪感言
- 第九届全国美展·油画、艺术设计获奖作品
- 吴冠中、陈钰铭、陈显栋作品

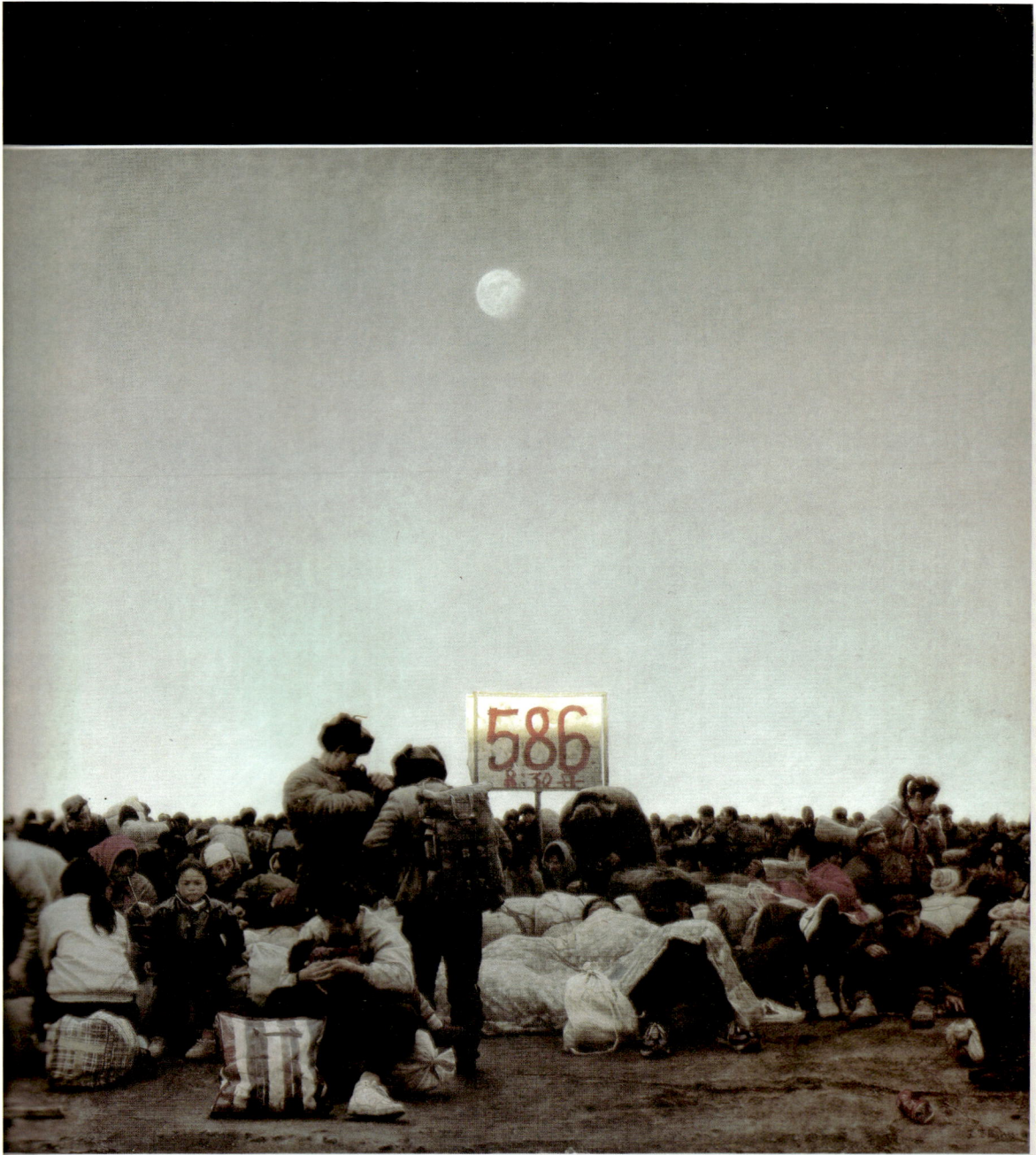

王宏剑　阳关三叠　199 × 179cm　金奖

2000.1

杜滋龄
中国画作品

2001

1月

《美术》本年第一期发行，封面为朱德群《拂晓》。报道了"中国版画百年展""2000年全国中国画作品展"。刊登了沈鹏《八大山人的"前"与"后"——领略〈大山人全集〉》、向南《有害的艺术》等文章。介绍了刘国辉的艺术。

2月

《美术》本年第二期发行，报道了"第二届深圳国际水墨双年展"。刊登了杨先让《丁井文与黄胄》、姚投《何去何来学术性》等文章。介绍了赖少其等的艺术。

3月

《美术》杂志社召开"21世纪西部大开发广西美术发展学术研讨会"。

《美术》本年第三期发行，刊登了孙韬、叶楠《我们亲身体悟的俄罗斯素描》，唐和《在新四军里边学边画》。介绍了杨可扬等的艺术。

4月

《美术》杂志社召开"21世纪海南美术发展研讨会"。

《美术》本年第四期发行，封面为沙耆《村落一景》。刊登了邵大箴《我们态度鲜明地说"不"！》、陈履生《走火入魔的前卫艺术》、陈永锵《哀莫大于心死》、李维世《"邪艺术"不是"前卫艺术"》、史国良《是精神还是神经》、朱青生《这是现代艺术》等文对"行为艺术"展开专题讨论。刊登了黄宗贤《关于西部美术的思考》等文章。介绍了孙宗慰等的艺术。

5月

《美术》本年第五期发行，刊登了黄苗子《艺术神的迷恋者——怀念张路》、杭鸣时《纪念杭稚英诞辰100周年》、詹建俊《中国油画的处境与选择》、李青《西部美术史研究方法及教育问题》、陶勤《谈新时期的中外美术交流》等文章。介绍了尹石等的艺术。

6月

《美术》杂志荣获"中国文联十佳报刊"称号。

《美术》本年第六期发行，刊登了王仲《关于"行为艺术"的讨论——人的行为和艺术还是应该趋向健康和阳光》、范迪安《警惕"非艺术"的颠覆》、王宏建《艺术的异化》、李维世《析朱青生博士的玄论》、廖少华《反常的行为和反常的理论——听朱青生传达"现实世界之外的消息"有感》，继续开展对"行为艺术"的讨论。刊登了《李政道博士致〈美术〉月刊编者和读者》、李一青《重视艺术教育的基本功》等文章。

7月

《美术》本年第七期发行，封面为孙滋溪《母亲》。介绍了陈政明、王颖生等的艺术。

8月

《美术》本年第八期发行，刊登了河清《西方现代艺术并不具有普世性》等文章。介绍了于小冬等的艺术。

9月

《美术》本年第九期发行，刊登了蔡若虹、王琦为《明朗的天：1937－1949解放区木刻版画集》《寒凝大地：1930－1949国统区木刻版画集》撰写的序，李树生《现代社会的魂魄——试论国统区的木刻版画艺术》等文章。

10月

《美术》本年第十期发行，封面为刘海粟《黄山一线天奇观》。刊登了邓维东《从风情再现到精神表现——20世纪中国少数民族题材美术研究》，邹跃进、李小山、朱为民《纪念鲁迅诞辰120周年中国新兴版画70周年1881至2001、1931至2001——试论解放区的木刻版画艺术》，刘新《与左翼木刻面对面——1930年至1940年代中国木刻的再发现》等文章。介绍了刘秉江、王赞等的艺术。

11月

《美术》本年第十一期发行，刊登了林木、孔新苗《走出对立思维——20世纪中国画变革文化视角转换的回顾》，吕品田《艺术理想与文化立场》等文章。介绍了藏族画家次仁多吉的艺术。

12月

《美术》本年第十二期发行，封面为洪凌《银雪》。刊登了翟万杰《在真善美的轨道中去创新——对当前艺术

创新若干现象的观察与思考》等文章。介绍了常沙娜等
的艺术。

2002

1 月

《美术》本年第一期发行，介绍了杨长槐等的艺术。

2 月

《美术》本年第二期发行，刊登了袁耕《黑龙江美术历史
的回顾》、于美成《黑龙江美术的现状》、赵毅《对黑龙
江美术的展望》，对黑龙江美术发展进行专题研讨。介绍
了王晋元、傅小石等的艺术。

3 月

《美术》本年第三期发行，刊登了董欣宾《中国画是末日，
还是来日方长》等文章，对当代中国画的发展进行讨论。

4 月

《美术》本年第四期发行，刊登了孙克《期待大师——中
国画的世纪思考》等文章。介绍了何水法等的艺术。

5 月

《美术》本年第五期发行，介绍了华拓等的艺术。

6 月

《美术》本年第六期发行，刊登了黄宗贤《在救亡的旗帜
下——抗战时期解放区与国统区的美术交流》等文章。介
绍了阿万提、卞国强等的艺术。

7 月

《美术》本年第七期发行，刊登了陈传席《论大师和高质

量艺术作品的标准》等文章。介绍了苏天赐、陈大羽等的
艺术。

8 月

《美术》召开编委会。

《美术》本年第八期发行，刊登了孙克《回顾马训班的毕
业创作——中国油画发展的一个重要台阶》等文章。介绍
了李翔等的艺术。

9 月

《美术》本年第九期发行，刊登了薛永年《在中西对比研
究中发展中国美术》、孙克《漫说油画的前景与中国油画
的定位》等文章。

10 月

《美术》本年第十期发行，刊登了尚辉《"9·11事件"——
后现代主义不可超越的经典》、刘悦笛《病树前头万木春——
评"艺术终结论"和"艺术史终结论"》、卫戈西《艺术"真
实"品质的三个层面》、易中天《论艺术标准》等文章。介
绍了李象群、潘絜兹、卢光照等的艺术。

11 月

《美术》本年第十一期发行，介绍了朱乃正、孔紫等的
艺术。

12 月

《美术》本年第十二期发行，刊登了金维诺《青州佛教造
像的艺术成就》等文章。介绍了德国艺术家伊门道夫。

封　面

2003.10

首届北京国际美术双年展

2003年9月20日——10月20日

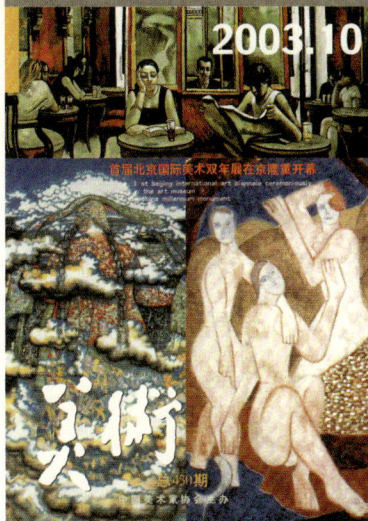

上：泰尔·萨拉霍夫（俄罗斯）《咖啡馆》（局部）
左下：纪连彬（中国）《黑土地之春》（局部）
右下：马尔科·德尔·雷（法国）《灌木丛6》（局部）

The Frist Beijing International Art Biennale open
Li Renyi Liwei Pengwei Hexuan Chaofan
The Frist Beijing International Art Biennale will be succeed   Tangling
The Second International Art Gold Color Exhibition

Selected works of　The Frist Beijing International Art Biennale
Selected Chinese ink paintings by Shen Fexin
Selected oil paintings by Liuxinjian

Art

9

2003

1 月

《美术》本年第一期发行，刊登了张文新《现实主义绘画它有着无限的生命力》、张宾雁《巴西美术的历史和现状》、刘曦林《在传统的时间隧道里——古代画学断想》等文章。

2 月

《美术》本年第二期发行，刊登了王泽庆《徐悲鸿论艺术与科学》、毕宝祥《再识徐悲鸿写实主义》、张朝阳《中国当代版画缺了什么——通过第十六届全国版展看当前中国版画》等文章。

3 月

《美术》本年第三期发行，刊登了朱金华《也谈"素描是一切造型艺术的基础"》、李忠芳《影响中国画艺术质量的六弊》等文章。

4 月

《美术》本年第四期发行，刊登了周荣生《魂牵梦绕是草原——兼谈地域性与我的艺术取向》等文章。介绍了孙志钧、刘中、李伟等的艺术。

5 月

《美术》本年第五期发行，刊登了罗剑钊《"融合中西"之路将向新世纪延伸——重温徐悲鸿改革中国画的理论与实践有感》、宋文翔《现代中国画的时代性——论徐悲鸿艺术精神与 21 世纪中国画之发展》、张安娜《"不息的变动"——贯穿刘海粟生命历程的艺术品格》等文章。介绍了谢志高等的艺术。

6 月

《美术》本年第六期发行，刊登了马鸿增《徐悲鸿写实主义思想体系的重新解读》、张曼华《徐悲鸿倡真求实的艺术观》、刘曦林《在传统的时间隧道里——古代画学断想（之二）扬州画派的历史坐标》等文章。

7 月

《美术》本年第七期发行，刊登了卢禹舜《风格与实践——兼谈欧洲写生的体会》、马欣《对中国动画片民族化的反思》等文章。

8 月

《美术》本年第八期发行，刊登了华君武《左翼漫画家蔡若虹》，王琦《昨日花朵芬芳犹存》，约翰·A·兰特、许颖《历史中行进的中国女漫画家》，丁涛《理念·生活·技艺——徐悲鸿艺术解读要方》等文章。

9 月

《美术》本年第九期发行，刊登了 20 位首届北京国际美术双年展策划委员答《美术》记者问、毕建勋《论水墨人物画及其造型问题》等文章。介绍了法国艺术家布朗库西的艺术。

10 月

《美术》本年第十期发行，报道了首届北京国际美术双年展并选登了部分作品。

11 月

《美术》本年第十一期发行，报道了首届中国北京国际美术双年展国际研讨会，刊登了王仲、刘曦林、汤姆·比克纳、巫鸿、水天中、范迪安等的论文。刊登了尚辉《论"当代性"——地域文化个性包容人类文化互融与进展（全球化）的过程》等文章。

12 月

《美术》本年第十二期发行，刊登了谢啸冰《当代贵州油画》、林木《一个重建民族自主与自信的展览——首届北京国际美术双年展有感》、刘星《现代性与审美异化》、李振才《契斯恰柯夫与苏派素描教学——重读〈素描教学〉》、朱维明《从版画中走来的凡高》等文章。

美术 | 2003.11

关于创新、继承与文化生态的思考

中国画艺委会秘书长 孙克

美术 | 2003.11

当代中国油画

中国艺术研究院研究员 水天中

中国当代实验艺术的"当代性"

美国芝加哥大学东亚艺术中心主任 巫鸿

北京国际美术双年展专栏

中国当代艺术的文化情境与语言资源

中央美术学院副院长 范迪安

中国油画的处境与选择

中国油画学会主席　詹建俊

以"20世纪中国油画展"为标志，中国油画勇敢地走完了它的百年历程，踌躇着时代的步伐，中国油画带着它的成就和问题，也带着对未来的理想与希望，跨入了新世纪的大门。

当今世界、经济全球化发展的浪潮影响着全世界许多方面的格局。趋势区、跟国家的全球化进程，使得整个世界的许多领域、各个层面都产生了相应的变化。在这一形势下，可以说，在新世纪的大门前，首选摆在我们面前的是全球化的挑战和变动中的文化格局。

势力强大的国家，特别是美国在物质与精神文化产品上的"泛滥"，造成西方文化是霸全球，构建了世界各地文化日益与欧美趋同的主要走向，同时，当前在各地的有识之士均感到了，由文化趋同而构成的文化单一化状态已经是一个世界性的文化危机，因为在经济全球化的进程中需要以多样性的民族文化来平衡人类的多元精神需求。区域文化在全球化时代有着重要的意义。江泽民同志指出："如何学习不能只有一种色彩一样，世界上也不能只有一种文明，一种社会制度，一种发展模式，一种价值观念。应本着平等、民主的精神，推动各种文明相互交流、相互借鉴，以求共同进步，"国际社会也主张文化多样性，反对西方一些政权将自己私的"消融全球化"、提倡文化多元的"积极全球化"。

因此，维护和发扬地区性民族文化特色和建立多元化秩序，是当今世界各国共同的选择。在世界现实状况之中的发展，中国当代性的文化艺术正受到严重威胁。

在我国，随着改革开放后西方先进的科技与物质产品的引进、各种意识形态的文化现象和价值观也随同时进入，我国的民族性的价值观与文化受到了强烈的冲击，反映在应用文化、大众文化上，影视、音乐、舞蹈、服装、饮食以至日常的行为，观念几乎无所不在，传统的民族文化形态和相应长期历史实践形成的中国独特的文化品格精神血液，都长受到挤拍而消解。有道理的是民族文化的生存空间加为消解，各面的基础与文明不同，价值观念不同，自然所求的艺术发展道路也会不同。

近期以来西方的一些艺术思想人物以提倡现代艺术，似乎当代艺术观念艺术才是唯一代性的，以致引出对某些地画的艺术在地位与作用的批判层出意和文化新发地对现阶段产生。西方的新思维认为（事实真如此吗）现代性对20世纪以来具有创新作意义的存在争斗中个体现观念和地画都是需要再重新估价的整理工作个人类观念地发展，它在文化形态上的变化，在艺术边界的扩展以及与科技的结合应用都有一定的意义与合理性。但是，这一发展模式与观念也只是一种实验，不足以证明那就是唯一的道路，各面的基础与文明不同，价值观念不同，自然所求的艺术发展道路也会不同。

当代西方文化的另一个突出现象是现代主义盛行、时尚式地艺术、行为艺术。标志艺术界对应当代艺术挑战动东、反映当代艺术的主流，也是当代国际整次之多的国际级绘画的主流，东西方艺术家既应需多方面的认识根源，东西方在地画进当代艺术思潮活动中，很事像大的经济实力在国际上具有影响的西欧美国国家，不论运用智慧观察天地万物的结果，因而感情真切，生动活泼地具有永远的生命活力，高原游牧民族的生活和文化的独特性，还表现在他们所给予表层蕴蓄一种特别的美。一种痉观现象对我们的精神，这种异美都是现在他们的形象、形体特征和他们的眼神、鼻孔、嘴角等外形体造象之中。线条极为饱满、生动、我常常有这种感受，觉得以至上许创造的美神、画家的笔意是得淋漓尽致。将这种最令看强力的美姿现得渐满足致这个时期，无疑，这种原始、质朴的"美"是"现代人"脸上无不见了，是不显得有分朴的精神健他但得以长期生存在这块世界最美的土地上，长线条和鲜艳的大色块构成的服饰与朱红及开的衣裙，对比强烈而又协调，这种特殊的服饰、实用而又夏大、大方、庄重，他们敷于佩戴珠宝、金银饰品，动物皮毛以及鲜艳的花布装扮于一身，藏族的文化和审美也充分体现在这个不同地域各具特色的服饰之中，形成独特的康巴文化，这真真藏——玛马族对大自然的一次挑战，作为画家，要通过人物形象的刻画将高原牧民的精神内涵充分表达出来是个难题，这是我长期写生中的深刻体会，故以我有了我几十次上高原身体力行，目的就是要踏进去，走入其内之深，到青藏高原写生的过程是一种精神德累的聚集和积累，这种拓剪亦能我在同人物与自然的交流中寻找技能的同时也身

《安多名寺拉卜楞》水彩 32×40.7cm 1997年

68

第二届中国油画展部分获奖作者创作谈

聊画三则

画家郭润文

郭润文

（一）

我的艺术轨迹简单而平凡。大学毕业那阵子，深感自己的基础还不够扎实，尤其是对油画语言和技法的掌握十分贫乏，因此，数年来我一成不变地钻研，其到寄状态犹如功夫人的跌打深度。出家人的念力打苦。我从不避讳在很长一段时间内，把学习欧洲古典绘画大师技法作为最重要的事情来做，我认为中国画太缺乏技术和技法这一油画表现的基础了，理应向大师们打牢师问道，掌握其精髓，为我所用，以此改变中国油画先天不足的状态。

我神爱于写实风格，一往情深。这与选择大概来自于忏悟。我是个精神上很自闭的人，善于冥想，喜欢追忆，对外界事物十分关注，但又因生性内向不好参与，却深信如能快生在一个能触及自己灵魂的领域里干点名堂出来，也算没有白活这个道理，故此，画画一向非常认真。

（二）

前些年中国美术波澜起伏，各类主张繁衍不息，流派纷呈。这股大潮所派生出一大批作品且不管好还是不好，但从意义上讲的确是大大拓宽了艺术的领域，体现出人类精神上互相交流的坦率。艺术语言的多样化使人类精神文明的内容也为之深化了。客观的说，这股大潮激发了人们在新时代、新形势下对文化艺术更深层次的思考，使中国美术勃起一股日新月异的势头，但又潜在着先天不足的危机。一方面

引发了人们对艺术观念更新的参与和意识，另一方面也促使一个相当范围的带有盲动性的参与，这已形成了一种惯性，激荡了许多人，其中也包括我。盲动的结果不言而喻，不知所云的道路，势必走向幻想的反面。我曾一度对所迷恋的绘画风格产生严重的怀疑，一种"无文化感"思绪常困扰着我，但自身的情感因素又无法对新观念的含义作出反应。我也尝试着改变以往的艺术风格，然而究竟不是出于本性，结果不但没有出现"奇迹"，挣脱以往的羁绊，反而作茧自缚，包根旧烛引思累，形成迷惘的心理状态，就如同被"新思潮"扫荡了一番，落得个"屋塌粮尽"的地境。由此得出一个结论，作为一个独立人格的艺术家必须面对现实、历史作出自己的选择，这种选择取向于艺术家个人的心理气质特点，对历史和社会的认识深度、感情因素，以及表达事物的能力等等。这种选择反是十分自然的。如果是不自觉性的，结果不再没有真我，主观强迫性的，便是"盲动"或者说是"盲从"，那就势必导致思想的迷惘和艺术风格选择上的不知所措。

（三）

这些年经过来自外界思潮的冲击和自身矛盾所造成的种种迷惘、困惑，然后回到自省，逐渐趋向冷静的思索几个阶段，以及对古典油画技法的潜心研究所带来的收获，使我开始把注意力集中于生存上重要的事物中，并努力将其转化到创作品里。

1992年我创作出油画《艺术家的故事》。我

25

美术 | 2005.1

高原
的召唤

中国美协副主席
中央美院党委副书记　吴长江

吴长江在青海果洛藏区写生

到高原藏族地区创作，更确切地说是一个学习、考察和积累的过程。位于中国西部的甘、青、川、藏地区是青藏高原的重要组成部分，是中华文化之源和多大河——黄河、长江的发源地与人文地文化的交汇之地。在这里居住着高大人、割牧，粗犷而凶夹又豪放具有许多多人，他们与大自然密和永存的生活形态构成了一幅幅充满活力的画面。而在他们平和、充实的精神生活中找到了人类基本素放自由和质朴的本质。而在他们处在世界上是极为独特的，这是因为独特的地域、自然环境及生活方式的所造成的，它与生偶来地融入人们民族，在建筑、雕刻、壁画、歌舞及节日庆典、映房的摆制、盛饰日常生活中无一不浸透着浓郁的宗教文化气息，藏民的宗教和日常生活的相互影响，体现在他们生活的各个层面，在青藏高原这片广阔的大地上，藏民族世代与大自然谋和共存的良好生活状态留给我们创作有许多可喜的、应思考的问题，在那里，人类许多珍美好的东西由于其独特的文化和地理愈得以完好地保存了下来，是他们对天独厚的文化和自然观察天地万物的结果，因而感情真切、生动活泼地具有永远的生命活力、高原游牧民族的生活和文化的独特性，还表现在他们所给予表层蕴蓄一种特别的美、一种痉观现象对我们的精神，这种异美都是现在他们的形象、形体特征和他们的眼神、鼻孔、嘴角等外形体造象之中、线条极为饱满、生动、我常常有这种感受、觉得以至上许创造的美神、画家的笔意是得淋漓尽致、将这种最令看强力的美姿现得渐满足致这个时期、无疑、这种原始、质朴的"美"是"现代人"脸上无不见了、是不显得有分朴的精神健他但得以长期生存在这块世界最美的土地上、长线条和鲜艳的大色块构成的服饰与朱红及开的衣裙、对比强烈而又协调、这种特殊的服饰、实用而又夏大、大方、庄重、他们敷于佩戴珠宝、金银饰品、动物皮毛以及鲜艳的花布装扮于一身、藏族的文化和审美也充分体现在这个不同地域各具特色的服饰之中、形成独特的康巴文化、这真真藏——玛马族对大自然的一次挑战、作为画家、要通过人物形象的刻画将高原牧民的精神内涵充分表达出来是个难题、这是我长期写生中的深刻体会、故以我有了我几十次上高原身体力行、目的就是要踏进去、走入其内之深、到青藏高原写生的过程是一种精神德累的聚集和积累、这种拓剪亦能我在同人物与自然的交流中寻找技能的同时也身

《安多名寺拉卜楞》水彩 32×40.7cm 1997年

68

美术 | 2004.2

启示的奥秘
——我的创作心路

中央美院教授　杨飞云

（正在画室）45×30cm 1988年

杨飞云在画室

燕画之于我，是自始从喜好开始的一路着欢过来，并在我的生命历程中一直伴随着我。它给了我无言的最大的，给我的生活增加了无以复次的色彩。所幸的是这么个爱好生成了我专事辛劳的职业，并和我这个人生价值联系在一起的时候，那种本能的、简单的自娱方式已不以来敬这个意义了。

因此，我钻进入了绘画的美妙中，从印象派与19世纪的写实主义进入，一步一步地模进去，20多年来游历历代大师锻造的博大精深的传统里，潜心地学习，探究妙理，尽情地吸取，使自己长大，加强入得越多，越感到自我的有知与可怜，我必须得自己打开去倒抱那真理，慢慢地将触刻到了绘画的源头。这里是古典绘画所折射出的光芒。他的内容与魅力深深地笼罩了我。

古典绘画是一种风格，也不是记录下别的风貌的一种样式，更不是现在人们所认为的一种时代，写实、漂亮、嘴圣的那个表层形态、古典是一种普当、是对古典绘画的索源、古典绘画上的最高峰、是人类绘画史上的那座高峰、在这些经典作事到我们想起的一切，不跃浅地说、所有的高原陆点占典前面的子孙、是从这里冒出来的、那种严谨精微的样式、起具有开阔单纯的视野、那种写实的外数却彼道以超越那外在的直观、那么一种表现却不显得堵拙、都常见人性的表达却又更直看那一种本质、也看不到丝毫动物感、那种我心里可触触的灵魂的激越起起人的思想与理想与信仰、古典绘画美妙遂的永恒的生命力、我感到要想看未必得法上的完美、就需要进入古典的经典宝库里、方得寐

足临画的奥秘。纵观人类绘画史上的几次繁荣不足的记忆、希望文明起、文艺复兴是、19世纪也是、塞尚时期前后的那个本质是、抓住了那个绘画的本质、那会导出真彼的画幅的能力。

每当我真诚地深入里面，用我的心灵与有限的智力和触碰我无限宽广博大与智慧的同时，我寄着的思潮越胭翻了我，我被深深地吸引了，一种解读脸画美妙的幸福感油然而生，研习的兴致倍增，那不是没投到了那份负担的境界比有我的境界更大、这是因为这些不足的年轻大、还有太大的局限性、但同时他又是一种无法消尽的持续性、每我得这个不足的关系、使我传统之切地觉得人太渺深重、主导那凝聚所需的营养得、主小投说越起了个体的局限性、能量就会源源不断地导到高质量的供给、研究留学大师无不如此、诸钟生先生说"创作热情的消失，就是创作才能的消失"，引申一下如何看者命活力才是那我就是创作热情的消失，我的生命活力着和那生命的大道畅通，好一只灯泡所包含着燃烧得久道上去那灿烂的永远不去看的亮光。

无须外在的动力与要求，更不需要坚持，努力等这样的字眼、忘掉了周围的事物、看不上那些此起彼伏的衍而物、我体悟到了那种负我的境界比有我的境界比有境界更大、这是因为这些不足的年轻大、还有太大的局限性、但同时他又是一种无法消尽的持续性、每我得这个不足的关系、使我传统之切地觉得人太渺深重、主导那凝聚所需的营养得、主小投说越起了个体的局限性、能量就会源源不断地导到高质量的供给、研究留学大师无不如此、诸钟生先生说"创作热情的消失，就是创作才能的消失"、我觉着的这块土地、否定到一种可怜、自己切断了生长的源头来

2004

1 月

《美术》本年第一期发行，专题报道了"中国美术家协会第六次全国代表大会""第三届中国油画展"。刊登了梁江《理直才能气壮——从北京双年展到当今的理论建设》、吕品田《艺术展览与国家文化战略——由北京双年展所想到》、陈晓光《主题性绘画平淡萎缩》、丁方《挑战与应战——第三届中国油画展小议》、胡光华《明清西方油画传入中国研究》等文章。

2 月

《美术》本年第二期发行，刊登了薛永年《二十世纪世界格局中中国美术的自主选择》等文章。

3 月

《美术》本年第三期发行，刊登了康书增《世界文化是民族文化的总和——浅谈首届"北京国际美术双年展"的得与失》、陶勤《面向世界体现文化主动性——回顾首届北京国际美术双年展》等文章。

4 月

《美术》本年第四期发行，介绍了陈醉、高卉民等的艺术。

5 月

《美术》本年第五期发行，报道了"中国当代油画发展的民族化道路座谈会"，并刊登了靳尚谊、刘大为、詹建俊、王仲、闻立鹏、宋惠民、邵大箴、刘曦林、孙克、水天中、王镛、张祖英、孙为民等十余篇专论，探讨中国油画的现实问题和未来发展。

6 月

《美术》本年第六期发行，刊登了许建康《固守与拓展——对全球化背景下〈美术〉杂志传播策略的一点思考》等文章。

7 月

《美术》杂志召开新编委会成立后的首次会议。新编委会由 16 位专家组成。

《美术》本年第七期发行，刊登了周爱民《延安木刻对外国美术的借鉴》、于安东《从俄罗斯"圣彼得堡美术年展——春季展"谈起》等文章。介绍了亚明、萧淑芳、韩国老画家金兴洙等的艺术。

8 月

《美术》本年第八期发行，刊登了龙圣明《从图像学看现代绘画形象创造的得失》、朱龙华《罗马文明与庞贝古迹》等文章。介绍了沈尧伊等的艺术。

9 月

《美术》本年第九期发行，刊登了河清《国际当代艺术在根本上是一种美国艺术》、毕建勋《关于促进重大题材美术作品创作的建议》等文章。介绍了修军等的艺术。

10 月

《美术》本年第十期发行，刊登了钱海源《也谈"文化全球化"与当代中国美术问题》、刘淳《解构后留下什么——西方后现代艺术的尴尬》等文章。

11 月

《美术》本年第十一期发行，刊登了马鸿增《"徐蒋体系"的精神内涵与现实意义》、高润喜《"全球化"下的美术教育》、许文厚《从历史走向未来——谈中国人物画的继承与创新》等文章。

12 月

《美术》本年第十二期发行，专题报道了第十届全国美展，刊登了部分作品，以及刘大为、杨力舟、郭怡孮等对展览的评论文章。刊登了王琦《悼罗工柳同志》、维拉尼卡·梁《共同振兴人类艺术的伟大现实主义传统——21 世纪中俄艺术对话》、尚辉《意象江南——从沈行工江南风景看中国油画价值标准的确立》、常沙娜《尘封不住的回忆——重读父亲的画作》等文章。

第16届国际造型艺术家协会代表大会召开
第二届北京国际美术双年展五特展开幕
中国中青年艺术家精品展开幕
第七届全国水彩水粉画展开幕
中国美术家为联合国60周年献礼

The 16th General Assembly Of IAA Held
The Special Exhibitions Of The 2nd Beijing Biennale Open
The Youths Exhibition Of The 2nd Beijing Biennale Open
The 7th National Exhibition Of Watercolor & Gouach Paintings Open
Chinese Artists' Offering On the 60th Anniversary Of the U.N.

美术

总455期
美术家协会主办

2005.11

2005

1月

《美术》杂志组织召开了"'现实主义'学术研讨会"。《美术》本年第一期发行，报道了第十届全国美展并刊登了部分作品。刊登了梁江《王朝闻先生生平》、吴长江《高原的召唤》、王仲《齐白石在 21 世纪的意义》等文章。

2月

《美术》本年第二期发行，刊登了罗中立《由印象派画展引发的思考》、周鸣祥《印象派的色彩成果是我国写实油画继续发展空间之一》、俞晓夫《小议印象派和中国油画》、奚静之《俄罗斯的"艺术世界"》等文章。介绍了邵大箴等的艺术。

3月

《美术》本年第三期发行，刊登了季羡林《东学西渐与"东化"》等文章。介绍了李青稞等的艺术。

4月

《美术》本年第四期发行，介绍了陈芳桂、陈连富、凌君武等的艺术。

5月

《美术》本年第五期发行，刊登了周卫平《塞黑三十天，陶艺语言沟通东西文化》、向思楼《浅谈中西古代版画之异同》等文章。

6月

《美术》本年第六期发行，报道了"关东画派中国画人物画大展""2005 中国意象油画邀请展"。刊登了尚辉《意象油画百年》、李维世《对印象派绘画也要一分为二》、郝文杰《论后印象画派艺术思维对中国当代油画的意义》等文章。介绍了姜宝林、于希宁等的艺术。

7月

《美术》本年第七期发行，刊登了黄宗贤《血与火的洗礼——抗战时期中国美术家审美态度的转捩》、云雪梅《金城与北京画坛》、裔萼《陈师曾与北京画坛》等文章。介绍了李传真等的艺术。

8月

《美术》本年第八期发行，刊登了王琦《难忘的回忆——纪念唐一禾先生诞辰 100 周年》、冯法祀《我敬仰的唐义精、唐一禾先生和他们创办的武昌艺专》、陈履生《比较列宾美术学院和巴黎美术学院》、杨丹霞《民国时期"京派"山水画溯源》、朱京生《京派绘画四题》等文章。

9月

《美术》本年第九期发行，报道了"造就更多的'中国的伦勃朗'——中国现实主义人物画研讨会""文艺与抗战——纪念中国人民抗日战争胜利 60 周年座谈会"。刊登了刘大为《当代人物画的艺术精神》等文章。

10月

《美术》本年第十期发行，专刊报道了"第二届北京国际美术双年展"。

11月

《美术》本年第十一期发行，报道了"第二届北京国际美术双年展（国外部分）""向抗战文艺老战士致敬——纪念反法西斯战争胜利 60 周年国际艺术作品展"。刊登了王琦《彦涵——艺术革新中的一员闯将》等文章。介绍了彦涵等的艺术。

12月

《美术》本年第十二期发行，刊登了陈传席《"艺术救国""物种进化"和"中国画改良"——为纪念徐悲鸿先生诞辰 110 周年而作》等文章。介绍了罗中立等的艺术。

2006

1 月

《美术》本年第一期发行，介绍了周顺恺、法国画家巴尔蒂斯等的艺术。

2 月

《美术》本年第二期发行，刊登了黄铁山《关于中国水彩画的思考杂记》、翟勇《"意象油画"之我见》、李青《建立当代中国美术史论的学术规范》等文章。

3 月

《美术》本年第三期发行，介绍了阿鸽、部分前苏联艺术家等的艺术。

4 月

《美术》本年第四期发行，刊登了王琦、奚静之纪念"苏里柯夫逝世 90 周年"的文章。刊登了梅墨生《大雅远去斯文犹在——读齐白石、黄宾虹"小品"札记》、王征《龟兹石窟壁画风格的划分》等文章。

5 月

《美术》本年第五期发行，报道了"俄罗斯艺术 300 年——国立特列恰科夫美术博物馆珍品展"。

6 月

《美术》本年第六期发行，刊登了陈履生《当代美术家能否适应重大历史题材美术创作》等文章。

7 月

《美术》本年第七期发行，介绍了许江等的艺术。

8 月

《美术》本年第八期发行，介绍了丁杰、朱全增等的艺术。

9 月

《美术》本年第九期发行，介绍了杨凯等的艺术。

10 月

《美术》本年第十期发行，介绍了赵望云、苏天赐、吴涛毅等的艺术。

11 月

《美术》本年第十一期发行，报道了"中国百年水彩画展"。刊登了黄铁山《中国水彩画回顾、现况和展望》等文章。

12 月

《美术》本年第十二期发行，刊登了李树勤《塞上艺术奇葩——宁夏版画》等文章。介绍了王明明等的艺术。

+ Ye Qianyu's Centennial Retrospective
Art Exhibition
+ Norwegian Arts Council Federation
Delegation Visited China
+ Fang Zengxian's Retrospective Art
Exhibition
+ Series Works of Beijing Landscape

中国美术家协会 主办

+ 总第 475 期

+ 叶浅予百年诞辰艺术展
　在京隆重举行
+ 挪威艺术协会联合会
　代表团访华
+ 2007 中国美术成都论坛
+ 方增先艺术回顾展
　在上海美术馆隆重开幕
+ 山水情韵 · 北京风韵系列作品

ABT '2007 7

+ 一九五零年创刊

+ 定价：26.80 元

+ 2007 年 7 月刊

2007

1 月

《美术》本年第一期发行，刊登了王仲《重振人类的伟大绘画艺术——对国际双年展历史的一点反思》等文章。

2 月

《美术》本年第二期发行，刊登了康书增《跨世纪的梦想——关于现代写实水墨画的几点思考》等文章。

3 月

《美术》本年第三期发行，介绍了郭北平、崔如琢等的艺术。

4 月

《美术》本年第四期发行，报道了"李可染诞辰 100 周年纪念会"，并刊登了李可染遗作《谈学山水画》。

5 月

《美术》本年第五期发行，刊登了李法德《知识与审美价值诸尺度下的现代后现代主义艺术本质》等文章。

6 月

尚辉任主编，张文华任副社长。

《美术》本年第六期发行，介绍了詹建俊、姚鸣京等的艺术。

7 月

《美术》本年第七期发行，刊登了邵大箴《恒定性与变化性——关于艺术现代性的思考》、薛永年《传统资源与文化身份》、孙克《民族美术传统与文化复兴的当下思考》等文章。

8 月

《美术》本年第八期发行，报道了"庆祝中国人民解放军建军 80 周年美术作品展览"。

9 月

《美术》本年第九期发行，报道了"庆祝内蒙古自治区成立 60 周年的美术展览"，并刊登了托娅《草原文化的审美塑造——内蒙古自治区 60 年美术巡礼》、杨森茂《内蒙古工笔人物画对 20 世纪中国画的影响》、郭继英《东西之间的文化抉择——日本当代绘画发展之我见》等文章。

10 月

《美术》本年第十期发行，报道了"第三届全国中国画展"，刊登了郭怡孮《观第三届全国中国画展对中国画发展的思考》、李光军《齐白石的韩国弟子——晴江金永基研究》、金容澈《齐白石对近现代韩国画的影响》、宛少军《中国连环画寻踪》等文章。介绍了张充仁、廖冰兄、陈燮君等的艺术。

11 月

《美术》本年第十一期发行，刊登了翟墨《中国设计忧思录》等文章。

12 月

《美术》本年第十二期发行，刊登了尚辉《新中国画院 50 年——北京画院、上海中国画院对民族传统艺术的凸显与创造》、葛玉君《20 世纪 50 年代初期中国画争论解析》、罗一平《欲佩三尺剑，独弹一张琴——论林风眠、关良、赖少其的艺术》等文章。

美术学 ART DISCIPLINE
+ 20世纪中国美术研究专题
+ CHINESE ART RESEARCH TOPICS IN THE 20TH CENTURY

中央美术学院博士 刘礼宾

民国早期现代雕塑考察

（一）雕塑专业留学生人数较少（表格共列出26位雕）

美术学 ART DISCIPLINE
+ 理论研究
+ THEORETICAL STUDY

本栏责编 陈平
电子信箱 artmagazinemw@sina.com

中央美术学院教授 邵大箴

民族美术传统的当下意义·中国美术成都论坛论文选登

恒定性与变化性
——关于艺术现代性的思考

美术学 ART DISCIPLINE
+ 理论研究
+ THEORETICAL STUDY

中央美术学院教授 薛永年

民族美术传统的当下意义·中国美术成都论坛论文选登

传统资源与文化身份

美术学 ART DISCIPLINE
+ 理论研究
+ THEORETICAL STUDY

中国美术家协会中国画艺委会秘书长 孙克

民族美术传统的当下意义·中国美术成都论坛论文选登

民族美术传统与文化复兴的当下思考

一 中国画应有的民族美术

二 在"西化"语境下的民族美术

2008

1 月

《美术》本年第一期发行，刊登了吴长江《时代呼唤"中国气派"的美术创作》等文章。

2 月

《美术》本年第二期发行，刊登了郎绍君《浅谈当代工笔画》等文章。介绍了孙为民、王宏剑、陈宜明等的艺术。

3 月

吴长江任社长兼主编，尚辉任执行主编，张文华任副社长。《美术》本年第三期发行，报道了"2007·百家金陵画展（中国画）"及学术研讨活动，并刊登了邵大箴评论文章及部分作品。

4 月

《美术》本年第四期发行，刊登了马书林《敦煌艺术展的启示》、侯黎明《守望与拓展——敦煌与中国美术的现代转型》、马强《敦煌壁画临摹中矿物颜料应用技法初探——以榆林窟西夏第 29 窟整理性客观临摹为个案》等文章。介绍了程允贤、曾成钢、吴为山等的艺术。

5 月

《美术》本年第五期发行，刊登了许江《学院的力量——中国美术学院改革开放 30 年记》、曹意强《传统的壁垒，学术的前沿——中国美术学院 80 周年回顾》等文章。

6 月

《美术》本年第六期发行，刊登了冯远《中国美术的当下发展态势和价值取向》、裔萼《梦萦雪域——略论 50 年以来的藏族题材中国人物画》、潘世勋《我画西藏 50 年》等文章。

7 月

《美术》本年第七期发行，刊登了张世彦《30 年壁画的总体观察》、徐虹《心灵的风景：从德国浪漫主义到当代艺术》等文章。介绍了孙家钵、许钦松等的艺术。

8 月

《美术》本年第八期发行，专刊报道了"第三届北京国际美术双年展"，并刊登了部分作品。

9 月

《美术》本年第九期发行，报道了"纪念中国改革开放 30 周年全国美术作品展"。刊登了萧桑、孙晓枫的《回顾与展望——改革开放 30 年美术理论与创作·中国美术广东论坛综述》，孔新苗《现代美术之路：从"主题"到"主体"——作为转折点的 30 年创作美学回顾》等文章。

10 月

《美术》本年第九期发行，刊登了殷双喜《走向人性与自然的深处——首届云南国际版画展观感》、杨飞云《启示的奥秘——我的创作心路》、李晓林《写生谈——我的黄土情结》、水天中《成长中的中国油画》、薛永年《在改革中发展　在开放中自觉——回首 30 年来美术史研究》等文章。介绍了田世信、张立辰、陈文骥等的艺术。

11 月

《美术》本年第十一期发行，刊登了詹建俊《中国现代油画的自主创新之路》、邵大箴《在融合与创造中探求现代艺术之路》等文章。

12 月

《美术》本年第十二期发行，刊登了黄治成《开放与传播——改革开放 30 年中国美术期刊的历史价值与作用》等文章。

/ 王冠军 《多雨季节》
中国画 180cm×280cm
（中国青年艺术家作品奖）

美術

since 1950
ART

2008 · 3

一九五零年创刊

中国美术家协会　主办
Sponsor _ Chinese Artists Association

总第 483 期

006 美術 ｜ 关注 Focus ｜ 本栏责编 李 伟 ｜ 特邀责编 郭兴华 ｜ artmagazinegz@sina.com

新春寄语

/ 靳尚谊

/ 吴冠中

/ 张仃

/ 王琦

我画西藏50年

中央美术学院教授 / 潘世勋

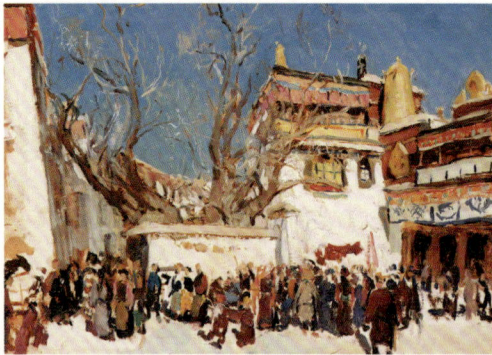

/ 潘世勋 《大昭寺与唐蕃》 油画 1964年

不仅要"说事"也要"说美"

中国美术家协会顾问 / 李焕民

/ 李焕民 《藏族老人》 素描 55cm×40cm 1953年　　/ 李焕民 《织花毯》 黑白木刻 28cm×19cm 1953年

/ 李焕民 《播青稞》 油印套色木刻 35.8cm×54.8cm 1957年

版画审美中的藏族人文形象

文 / 简辉

/ 牛文 《东方红太阳升》 32cm×30.5cm

一、纪实与理想的抒发

/ 牛文 《草地新征》 套色木刻版画 55.5cm×83.5cm 1979年

梦萦雪域
——略论1950年以来的藏族题材中国人物画

中国美术馆副研究馆员 / 霍琴

/ 吴作人 《负水女》 99cm×127cm 1954年

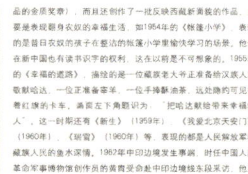

一、新西藏的礼赞（20世纪50年代至70年代）

1. 赞美农奴的幸福生活

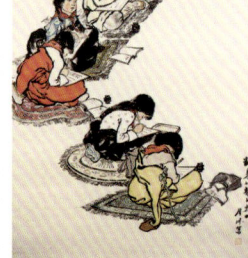

/ 周昌谷 《两个羊羔》 174.5cm×97.5cm 1962年

2009

1 月

《美术》本年第一期发行，报道中国美协第七次全国代表大会。刊登了范迪安《图像生态变迁中的中国艺术》、孙振华《走向开放的中国雕塑》等文章。介绍了朱乃正、姜宝林、杜大恺等的艺术。

2 月

《美术》本年第二期发行，刊登了高天民《反叛与建设——"新时期"中国画变革中的"反叛潮"及其影响》、赵权利《30 年中国画的转向与启示》等文章。

3 月

《美术》本年第三期发行，刊登了齐凤阁《30 年版画反思的三维视角》、李文秋《新时期连环画的发展脉络与思考》等文章。介绍了丁衍庸、何家英、陈孟昕的艺术。

4 月

《美术》本年第四期发行，刊登了黄宗贤《不朽的艺术是民族的精神图像》等文章。介绍了美国画家基塔和马克·坦西的艺术。

5 月

《美术》本年第五期发行，刊登了孔新苗《熔铸中国气派、塑造国家形象理论探讨之二 历史·现实·镜像——关于当代美术与"国家形象"的思考》，王立民《国家美术形象的塑造是当代中国艺术繁荣发展的重要标志》，吴方洲、陈炳辉《19 世纪以来澳门美术历程》等文章。介绍了李斛、刘大为、沈佳蔚等的艺术。

6 月

《美术》本年第六期发行，报道了"2009 年观澜版画国际双年展"。刊登了刘晓陶《美术作品的国家形象与民族气派》、邓旭《"80 后"一代如何塑造本土文化的自信》等文章。介绍了杨先让、晁楣等的艺术。

7 月

《美术》本年第七期发行，刊登了吴长江《要认真研究创作问题》、卢炘《熔铸中国气派、塑造国家形象理论探讨之四 强化 特色保持中国气派》、邵晓峰《复兴正大之美，展现中国气派——论当代中国画发展》、陈池瑜《新中国建设与绘画》、马鸿增《新金陵画派的发展历程、艺术特征与文化价值》等文章。介绍了韦启美、卓然木·雅森等的艺术。

8 月

《美术》杂志出刊 500 期。

《美术》本年第八期发行，报道了"第九届全国铜版、石版、丝网版画展"。刊登了张广才《重塑中国画的国家艺术形象》等文章。

9 月

《美术》本年第九期发行，刊登了吴坚《民族动漫产业建立与中国国家形象塑造》、徐永斌《回归艺术本体，构建包容自信的中国美术评价体系》等文章。

10 月

《美术》本年第十期发行，报道了"第十一届全国美展"并刊登了部分作品。刊登了梁江《熔铸中国气派、塑造国家形象理论探讨之七 民族精神：60 年中国画的魂魄》等文章。介绍了景育民等的艺术。

11 月

《美术》本年第十一期发行，刊登了邵大箴《熔铸中国气派、塑造国家形象理论探讨之八 艺术属于人民——新中国美术永远的宗旨》、殷双喜《艺术中的人民——对新中国美术 60 年的一点反思》、水天中《新中国油画 60 年》等文章。介绍了骆根兴、陈坚、李节平、赵培智等的艺术。

12 月

《美术》本年第十二期发行，刊登了吴长江《整合资源 彰显中国气派》、邵大箴《最重要的是人文精神》等文章。刊登了高天民《中国能为世界提供什么？》、程征《长安画派的新兴》、尚辉《新中国版画的三次审美转换》等文章。介绍了苏百钧、苗再新、周吉荣等的艺术。

美術

ART Magazine
Since 1950
China Artists Association

2009 · 2

一九五零年创刊　　　　　　　　　　　　　　中国美术家协会　主办

总第 494 期

图像生态变迁中的中国艺术

中国美术馆馆长 | 范迪安

在纪念改革开放30周年的日子里，回眸中国美术走过的历程，可以从许多角度透析它在这一伟大时代发生的历史变化与发展。尤其能够使我们在宏观的层面认识艺术创造与时代条件的关系，从而进一步明确中国美术当前发展的基本课题。

艺术创造总是艺术家个人的思想观念与时代文化情境相互作用而成的结果。而在时代文化情境中，比较直接地作用于视觉艺术创造的因素又是时代的图像生态。马克思曾经说过：历史的每一阶段都遇到有一定的物质结果，一定数量的生产力和人对自然以及人与人之间在历史上形成的关系，都遗留给每一代人。从中国美术生态变迁中获得的机遇与面临的挑战，似乎能够使我们在宏观的层面认识艺术创造与时代条件的关系。

大致可以把改革开放30年来中国艺术中的图像生态分为三个阶段。第一个阶段是改革开放初期的20世纪80年代末，各届记得当年分别在北京和上海举办的"法国19世纪农村风景画展"（1978年）、"美国波士顿博物馆美国名画原作展"（1981年）、"美国哈默收藏500年名画展"（1982年）以及"法国250年绘画展"（1982年）等一系列来自西方的大型艺术展。

走向开放的中国雕塑

深圳雕塑院院长 | 孙振华

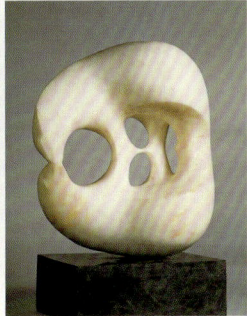

张德蒂《日日夜夜》大理石 50cm×40cm×30cm 1984年　　潘鹤自白《饮水前期》汉白玉 60cm×54cm×23cm 1984年

我们把1979年作为中国雕塑走向开放的重要时间节点。

这一时刻中国社会所出现的种种变化，可以有许多描述的角度，但从根本上讲，这种变化可以归结为中国的知识形态发生了变化。

中国雕塑在1979年开始的知识转型的过程中，实际存在着两个基本取向。

一是正本清源，接续西方古典雕塑的传统。具体表现为向西方古典雕塑典范传统的回归，即刻版形式相融的、单一的、意识形态化的雕塑样式。

十九世纪以来澳门美术历程

澳门艺术博物馆策展人 | 吴方洲 陈娟辉

乔治·钱纳利《澳门峨眉器路渔民有档》纸本水彩 17.5cm×13cm 约1839年　　马克安东·安东尼奥·华士达《澳门码头图》纸本水彩 铅笔蓝色水彩 16cm×22cm

澳门位处珠江口西南，自古以来是中国的领土。自秦代始，他们与其邻地区以及相邻的各地通商贸易。由于时期国十字山口曾经都，16世纪之始，澳门已是一个小渔村了。到16世纪中叶，葡人一个小渔村。

马克安东·安东尼奥·华士达《澳门内港风貌》纸本水彩 14.5cm×24.5cm 约1875到1880年　　佚名中国画家《澳门湾图》油画 44cm×75cm 约1880年

30年版画反思的三维视角

深圳大学教授 | 齐凤阁

郑爽《黑葡萄时分》版画 54.5cm×48.2cm 1979年　　张桂林《峡峪江月》版画 47cm×67cm 1979年

宋源文《不眠的大地》版画 52.5cm×78cm 1979年

中国版画在改革开放的30年间经历了一场全方位的变革，版画创作在视觉革命和语言变革中实现了由传统形态的现代化的演化；版画理论在本体自觉与建构中得到了者精神解放的重构；版画教育由精英化向大众型的普及演变中尝试着教育积累与教学样式的更新。本文从三个视角来对30年版画的反思、梳理，或许有助于人们回忆的清醒认识与深入思考。

美术

ART Magazine
Since 1950
China Artists Association

2009 · 5

一九五零年创刊　　　　　　　　　　　　　中国美术家协会　主办

总第 497 期

《太行烽火》创作札记

杨力舟 王迎春

王迎春 杨力舟《太行烽火》草图

王迎春 杨力舟《太行烽火》草图

由中宣部、文化部、财政部支持开发组织的"国家重大历史题材美术创作工程"，是改革开放30年来第一次由政府组织、拟定主题的美术创作活动。我们有幸参与，承担"战斗在太行山上"为主题的中国画创作。

构思立意

我们之所以要标志这一题材，是因为我们生于斯、长于斯、开曾在山西工作过……早在1970年，在北京军区组织下，创作过油画《半坡关大捷》。1976年我们赴太行山，到晋东南左权、武乡等抗日革命根据地作过深入的调查采访。1977年创作国画《太行铁壁》（未完成稿），参加了"第六届全国美展"获奖……1984年，我们又专为"第六届全国美展"版各年这……为连环画《小二黑结婚》搜集素材，再次奔赴太行山区，对太行山的山川地貌、风土人情、革命历史作了进一步的调查和体验。

作为重大历史题材的画家，《太行烽火》尺幅宏大……

（下接正文，文字细小，未能完全辨识）

把历史带到今天

——《陈独秀与〈新青年〉》创作谈

胡伟

对于构图的考虑

基于充分的背景史料收集，我认为《陈独秀与〈新青年〉》这幅作品，应该表现出适当的历史境况，而不应局限于某个特定的时间或空间……

胡伟《陈独秀与〈新青年〉》素描稿局部

胡伟《陈独秀与〈新青年〉》素描稿局部

（正文文字细小，未能完全辨识）

《黄河大合唱——流亡·奋起·抗争》创作随笔

詹建俊 叶南（本文由叶南执笔）

詹建俊 叶南《黄河大合唱——流亡·奋起·抗争》（局部）
油画 200cm×435cm×2 332cm×285cm 2009年

听说詹建俊意邀请我作为他的助手，参与国家重大历史题材美术创作的工程，完成油画"黄河大合唱"时，我颇显兴奋……

（正文文字细小，未能完全辨识）

历史画诚有忧患乎？

——《1937·12·南京》创作感想

许江 孙景刚 崔小冬 邬大勇（本文由许江执笔）

一

《1937·12·南京》的创作于在烛煌，巨大的画幅从里上而下，几十个人一道拍到风雨凄然安装的内核。整幅平宽，180多天……

许江 孙景刚 崔小冬 邬大勇《1937.12南京》（局部）

（正文文字细小，未能完全辨识）

穿越血与火的战友情
——谈《共和国的将帅们》题材创作

　　　　　■ 陈坚

　　1955年中国人民解放军首次实行军衔制，它是我军正规化建设的重要组成部分。《共和国的将帅们》这幅作品以这个重要的历史事件为背景，展示了共和国和人民军队的缔造者们也这一辉煌时刻的风采。

　　根据史料记载，当时授衔授勋仪式是在中南海怀仁堂内进行的，有三位元帅没有参加〔叶剑英在辽东半岛主持军事演习，

油画《历史的审判》的构思与探索

　　　　　■ 郑艺

　　1980年11月20日至1981年1月25日，最高人民法院特别法庭对林彪、江青反革命集团案进行公开审判。这是中国五千年历史上从未有过的一场大审判。这场大审判不但载入了中华人民共和国和中国共产党的历史，同时也将载入中华民族的历史。油画《历史的审判》就是用端正的写实手法，艺术地再现了这一重大历史事件。

　　1981年，我刚好20岁。虽然经历了这一重大历史事件，但对这一事件的认识及印象却不是底蕴。接受这一创作任务后，我首先通过各种渠道收集当时的相关资料。从解放军画报社到邮摊店市场，我每个星期天都穿梭其间，苦苦搜寻，为寻觅点点流趣的文字及图片资料而成意。随着资料的考虑，我慢慢地打开了这一历史的大门，走进历史当中，熟悉、理解那个当时的历史史实，逐步对事件了一个整体的认识……当时的特别法庭的地点设在北京正义路一号的公安部礼堂。为此，我分析的研究了当时会场的剖析图、平面图，以便能够从多角度地审视和选择。充分占有充实的资料和对历史事件的真实感受，是创作激情和灵感的源泉。随着研究的深入，在我的脑海中逐渐形成了以审判大厅为画面的场景，以特别法庭宣判对名主犯的判罚和宣罚画面为画面主要内容进行的艺术构思。最后，我设计了现在的对称构图，画面的空间比之当年的审判大厅更高、更宽，使之更庄严、更有气势，更庄严肃穆。

　　整幅画面由三大块构成，上部占的前一半，以审判门后方的灰色幕布和两侧的法窗为衬垫。大幕正中国悬挂巨大的金色国徽。幕布上那笔直垂下的褶皱似

肥肥利剑衬托着神圣肃穆严谨的气氛。它寓意法制社会的无比稳固，国家政权的不可动摇，人民意志的不可侮。中间是横贯画面的地毯，约占画面的三分之一，以鲜艳的红

郑艺《历史的审判》油画 340cm×600cm 2009年

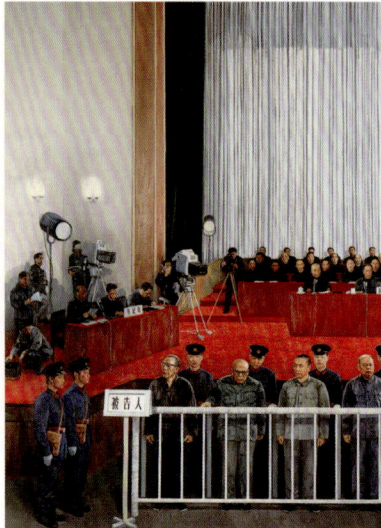

印象·历史的追忆
——《百万雄师过大江》创作体会

　　　　　■ 陈树东 李翔

陈树东 李翔《百万雄师过大江》草图之五

　　主题性创作是当今美术创作中非常重要的创作类型和表现手法，它已经成为当今艺术界不可或缺的一部分，它常常以其深刻的主题思想和强的艺术感染力而受到很多当代观者的青睐。历史重大历史题材作品的征集是极有意义的一件事，相应着越都着的意义和价值。题材是规定的，我们创作《百万雄师过大江》，主题确定以后我们在翻阅了大量的历史图像、文献、史料等更多准备历史事件。作为军旅画家，虽然在主题性创作方面有着很多的经验，但是我对深知要想创作出真正打动人的主题性作品难度极大。一番相应的创作是对于历史主题的学习、理解、思考、发现到艺术的过滤、归纳、凝练、概括，表现的全过程。

　　我们的油画属"写实"这个大原则，然而在所谓的"写实"

陈树东 李翔《百万雄师过大江》草图之六

一、以艺术真实性突出历史印象感

　　历史画的创作，其立足点于历史事实，又不应是历史原型的简单翻版。历史的真实受制约的，而艺术的真实却是触动这种真实的更为热切的力量。古代人没有亲身经历的历史，从知的途径仅仅是有限的图像相关记载。因此，对于历史题材的表现，《百万雄师过大江》的构思中，我们力求以当代的视角和理解来触起与观者精神上的沟通和心灵的共鸣，对对大量历史事迹、图像属心思考的基础上，努力追求的启示，揭题主题和表现之间的契合点，极力呈现百万雄师过大江原样饱心动魄的历史瞬间。历史画中特有了典型的个体形象，而强化了整体筑置面的宣染，以实出历史印象感和的渲染，这种历史印象来渲通之艺术与观者对历史知知和感悟上的有效沟通。弱化典型形象的同时渲染出整体的力量感，强化出一种虚空间感和观者更千军万马的整体力量感相结合表现百万雄师过大江这样的主题，会使景观思想性显现更为直接起深刻。

二、以个性化模式强化符号语言

　　绘画是创作者的独创性活动，思想方式灵活，并有着超越现斯自己其昌或现实身奇特形态指的某种特质。因此，美术创作强调个性化，排斥一体化，杏刚，个性真失寻弱入倾化模式。苏珊·朗格认为，艺术，是人类语言的符号形式的速过。牛西尔斯认为符号是人类生存世界的一部分，有功能性价值。符号代人表对事物的一种价值评价，因为它蕴着一颗心灵、一生命、一次力的冲动的出现，以一种艺术见面所谓的"绘画语言"。一种艺术风格的构造，往往是经过反复艺术家的人格、情，经历、风格演进的过程，是艺术家主观选择和意志的结果。艺术家存立奇的表现风格中，注往显为解决具体艺术主题而选表现出的一种对别心风格以抬度。

直线与曲线——创作随笔

　　　　　■ 施大畏 施晓颉

施大畏 施晓颉《永生·1941年1月14日皖南》苎麻画（局部）

　　珠连同行。绘画式艺术发展到今天，它们都在用一种新的视角看待世界。人们汇不再满足于模仿描绘"真实"的照相式复制，需要走这个网络时代先让宣泄自己的情感，感觉这个时代内他的影响。从原地地讲述一个故事，发现到在叙事中更加富自的心

施大畏 施晓颉《永生·1941年1月14日皖南》残缺画（局部）

关于绘画的价值

　　胸与情感，同时观者也不满足在一个艺术作品中，仅仅是看到自己熟悉的历史事实，他们更需要的共鸣、互动——这是当代人生存的需要。

　　艺术，主要不是社会功利的需求，却是人类生存的需要，情感奇托的需要。

　　原始的壁画，是原始人精神的巫术。地们画给别的巫术，看定不是为了留给我们考古，而是自己精神的满足。

　　希望人需要为美爆时全，使廉能够得到了发展；罗马人和欧洲人需要为真人"黑帕"，发现了肖像画，掌握仓重与自己同时的二个故事，又发展了历史画。今天的人，生活在信息社会里，任何东西都可以在电脑中找到地自己心爱的信息，包括更早期的电话、广播、电视，享部是信息共享的方式得以传播，而人的需要的是信息日下的有效交流。因此，上世纪三十年代流行的表现主义，是其存在价值的。

　　从加索的艺术发展，可以看到人类社会进步的轨迹。艾菲尔铁塔在世博会的出现，是时代工机年机械时代的化证。在这一个时期，毕加索、勃拉克等艺术家获得了一幅纯粹主义的作品。我想到了马克思主义的基本原理——存在决定意识，艺术创作价高不不久决定理。

关于艺术创作与社会以及自然科学的关系

　　世界的艺术宝藏有了很多回到创的艺术发展史，其实也是发现史，从艺术是回到同上的。古人原始的创作方式，经过漫长的岁月积累，发展到今天的二度（多维）的思维，也就是说，从原相本能的平面观念，发展到今关科学的认知所产生的二维思考（多维）。

　　多维思维与二维思维，如同数学中的二进位的天地特别广，是有理相的组合能力，涵涵单越复杂的层面。

　　我的一位艺术家朋友讲解着一个故事，让我想了闹入。毕加索和说回斯相，几乎是在同一个时期，大概闻后相差两三年的时间，从科学和艺术的两个领域，完成了人类的进步，就是改变了传统的时间与空间的观念。

　　相同思路与二度思维，如同毕加索的绘画我们的理解，那确实是对艺术时空的突破，以后的各种创作，包括文学，均是大转折。

　　中国绘画发展到今天，同样重要研究一个"科学"，从科学的角度来看待艺术发展中中建树的问题，从中就推出出真正的艺术观念。

60华诞，承前启后
——纪念《美术》创刊60周年座谈会回顾历史、总结经验、展望未来

本刊记者｜贺绚 整理

2010年，作为新中国美术史上的重要刊物，《美术》杂志迎来了她的60岁生日。忆往昔峥嵘岁月稠。60年来，《美术》杂志见证了新中国美术的发展历程，她不仅是时代政治风云变幻的晴雨表，而且肩负着传播党的文艺方针、政策以及引导美术创作方向的任务，这本与共和国同行的刊物不仅是讨论当代中国美术理论问题的阵地，更是党和画家、读者间的沟通桥梁。为纪念《美术》杂志伴随共和国走过曲折而光辉的历程，3月25日上午9时，纪念《美术》创刊60周年座谈会在京隆重举行。文化部党组成员、副部长、中国艺术研究院院长王文章，中国文联党组成员、副主席、书记处书记冯远，中国文联副主席、中国美协主席刘大为，中国美协分党组书记、常务副主席吴长江，《美术》杂志编委以及部分在京理论家出席了座谈会。会议由《美术》杂志执行主编尚辉主持。

（王文章与冯远讲话全文另发。）

 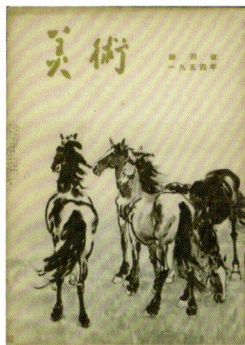

1950年《人民美术》创刊号　　1954年《美术》创刊号

只有研究艺术本体问题，艺术才能发展

靳尚谊（中国美协名誉主席）：记得在上世纪五六十年代，整个美术界首先关注的是普及工作。当时《美术》杂志很活跃，没有过多的批判，而是多家立言，各种观点都可以发表。我国近30年或者60年发生了很大变化，每个时期探讨的问题不一样，某些时期的争论也很激烈，这很正常也很自然。我不主张用现代的观点说哪个时候什么对，什么不对。作为任何刊物在任何时代，都与所在时代的政治和经济密切相关，除了"文革"是个错误，每个时期做法很难说是正确的和不正确的。办刊得根据时代的政治形势、经济形势来决定发表什么。中国社会近百年来，是一个革命和改革的时代，并非一个稳定发展经济的时代。尤其在革命时代，思维方式是由革命思维、政治思维主导的，在学术领域也

是这样，这是没有办法的。

西方因为比我们提前进入现代社会，而比较早地习惯用学术思维研究学术，而非以政治思维，所以他们研究学术本体问题比较多。而目前发表的文章中有一些文章是刚刚开始摆脱政治思维的角度，一些还没有。当下的《美术》杂志不但要遵从党的文艺方针，并且要坚持下去，但应清楚的是党的文艺方针并没有限制研究艺术本体问题，只有研究艺术本体问题，艺术才能发展。希望我们的《美术》杂志和其他有关艺术的杂志能在艺术评论上，从艺术本体与艺术品的好坏来评论，在发展艺评的同时促进我们的创作。

面临着更多的机遇和考验

刘大为（中国文联副主席、中国美协主席）：在纪念《美术》杂志创刊60周年之际，首先要向为这本杂志做出贡献的历届

接第6页

化理论批评、服务社会需求"的主线，遵循"关注大事、把握大势、研究问题"的原则，发挥好喉舌、窗口、阵地的主导作用；希望杂志积极关注、及时反映重大美术活动，宣传精品力作，注重调查研究，深化本体理论建设，加大批评、评论力度，发挥好美术媒体、学术核心期刊的领头作用；希望杂志密切关注、及时反映美术动态、美术热点、美术思潮和观点，进一步丰富专题、栏目，扩大信息量、增大覆盖面，做好宣传征订工作；希望杂志

编辑人员加强学习、提高理论素养、掌握政策方针、丰富专业知识、提升研究问题和选题策划能力，强化内部管理，进一步提高办刊效率和质量；希望杂志充分利用刊物平台，广泛团结体制内外的美术家，群策群力，为打造宣传、展示国家艺术新形象的国内一流、国际知名刊物，立足高端、站定主流，把《美术》杂志办成既庄重严肃又生动丰富，一册在手，天下美术动态了然于心，广受读者喜爱的读物。

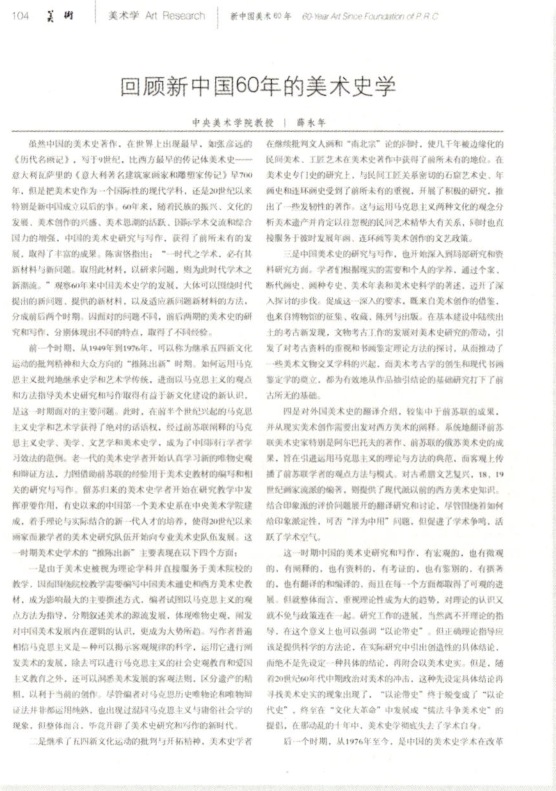

104 美术 美术学 Art Research 新中国美术60年 60 Year Art Since Foundation of P.R.C
回顾新中国60年的美术史学
中央美术学院教授 | 薛永年

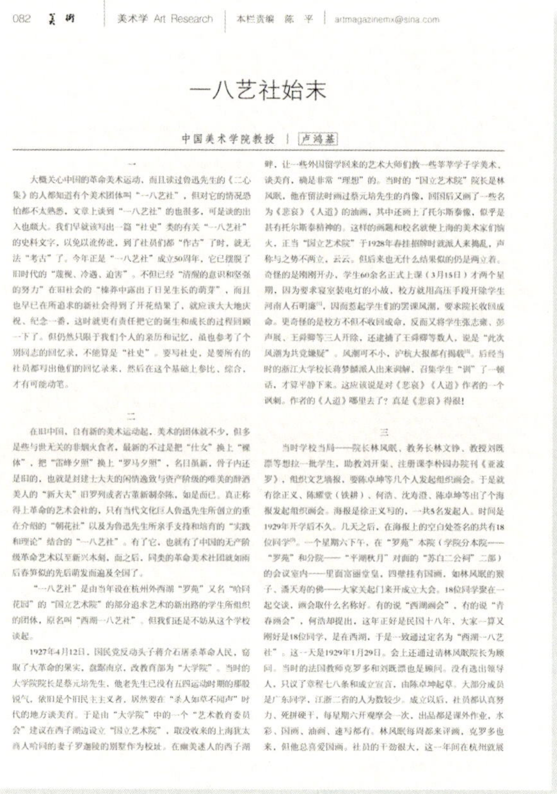

082 美术 美术学 Art Research 本栏责编 陈 平 artmagazinemx@sina.com
一八艺社始末
中国美术学院教授 | 卢鸿基

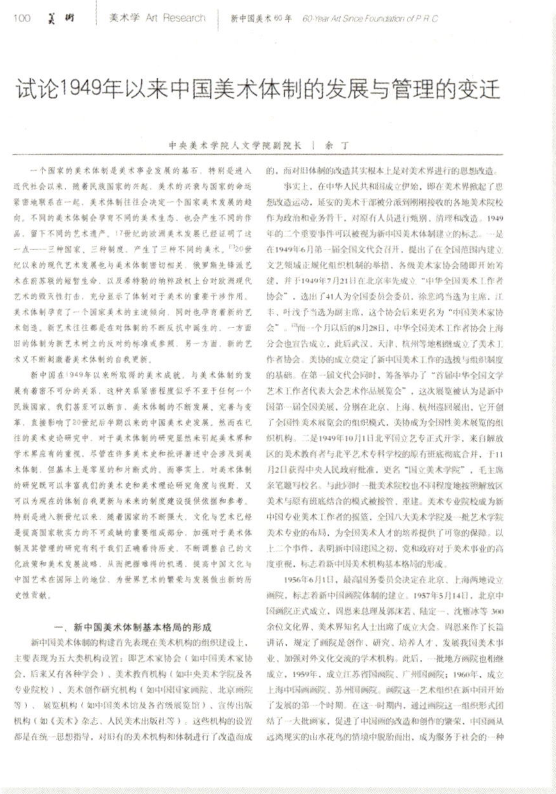

100 美术 美术学 Art Research 新中国美术60年 60 Year Art Since Foundation of P.R.C
试论1949年以来中国美术体制的发展与管理的变迁
中央美术学院人文学院副院长 | 余 丁
一、新中国美术体制基本格局的形成

美术 107
改革开放以来中国的外国美术史研究
清华大学美术学院艺术史论系副教授 | 张 敢
从拜占廷到毕加索
德斯佩泽尔与福斯卡著
欧洲绘画史
History of Painting
德斯佩泽尔 福斯卡《欧洲绘画史》
路曦 万明 吴俊才 邵小宇译

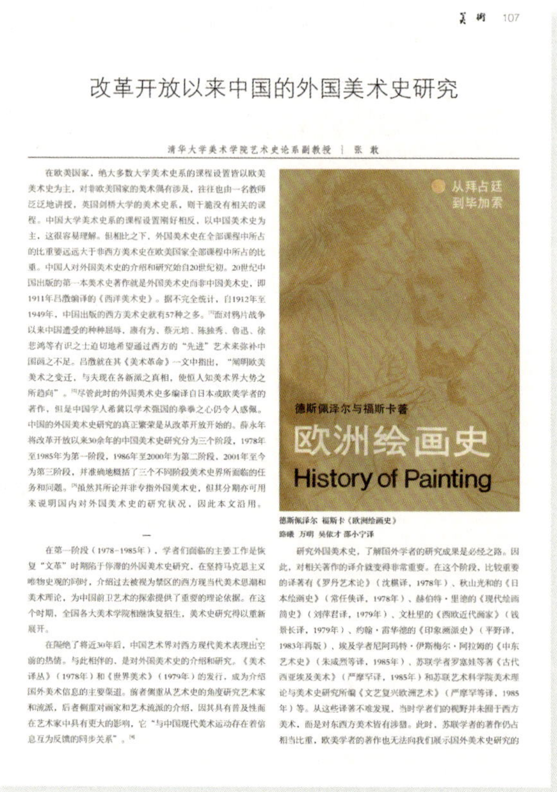

吴长江《乐手约多》水彩画　56cm×76cm　2006年

谭平《无题》铜版画 34cm×80cm 1999年

谭平《无题》铜版画 29cm×36cm 2009年

2010

---

1 月

《美术》本年第一期发行，报道了"灵感高原——中国美术作品展"。刊登了黄宗贤《新中国西部民族题材美术创作扫描》、尚辉《中国藏族美术与藏族题材美术概况》、宋晓霞《藏族题材与当代中国艺术》、赵昆《雕塑中的青藏高原》等文章。

2 月

《美术》本年第二期发行，刊登了参与"20 世纪重大历史题材美术创作工程"的杨力舟、詹建俊、许江、胡伟、陈坚、施大畏、陈树东、郑艺、孙韬、赵振华、王仁华等的创作感想，并刊登了刘曦林《历史题材与历史经验》、邓平祥《宏大叙事——历史和现当代》、张祖英《对中国写实油画当代属性的思考》等文章。

3 月

"纪念《美术》创刊 60 周年座谈会"在京举行。

《美术》本年第三期发行，刊登了林木《近 30 年中国画大趋势——从第十一届全国美展中国画展谈起》、蒋跃《历史画纵横谈——对国家重大历史题材美术创作工程部分作品的思考》、薛永年《回顾新中国 60 年的美术史学》、张敢《改革开放以来中国的外国美术史研究》等文章。

4 月

《美术》本年第四期发行，刊登了余丁《试论 1949 年以来中国美术体制的发展与管理的变迁》、赵力《新中国美术品市场的历史与发展》等文章。专题报道了张仃的艺术，介绍了丁方等的艺术。

5 月

《美术》本年第五期发行，刊登了罗中立《在原生态中追寻艺术的多元格局》等文章。

6 月

《美术》本年第六期发行，刊登了潘耀昌《轻快的旋律——新中国水彩画 60 年》、陈坚《对当代中国水彩画艺术问题的思考》、赵权利《水彩画不应如此沉重》等文章。

7 月

《美术》本年第七期发行，刊登了陈向兵《底层视角：表现、隐喻与再现——广东现代版画会的艺术趋向与形态变革》等文章。

8 月

《美术》本年第八期发行，专题报道了华君武的艺术，并刊登了王文章、冯远、吴长江、邵大箴、董小明、华端端等人撰写的纪念文章。刊登了凌承纬、张怀玲《抗战漫画运动和"八人漫画联展"》、高荣生《插图艺术现状评说》等文章。

9 月

《美术》本年第九期发行，专题报道了吴冠中的艺术，并刊登了多篇纪念文章。刊登了陈琦、陈永怡《来自泥土的芬芳——新中国农民画运动及演变轨迹》、卓然木·雅森《日本近现代美术的窗口——"日展"在日本美术发展中的作用及特点》等文章。

10 月

《美术》本年第十期发行，刊登了杨先让《中央美术学院年画、连环画系成立始末》、陈传席《绘与画及其创始考》等文章。介绍了美国画家约翰·沃克。

11 月

《美术》本年第十一期发行，专刊报道"第四届北京国际美术双年展"，并刊登了部分作品。

12 月

《美术》本年第十二期发行，报道了"庆祝深圳经济特区建立 30 年美术作品展"。刊登了李松《知己有恩——齐白石诗画中的师友情》等文章。

李长春参观吴冠中纪念特展并发表重要讲话

德艺双馨　无愧于时代和人民的文艺家

社会各界深切追思纪念吴冠中先生

红色写生之旅系列报道之三

农民画时代　时代画农民

Mr. Li Changchun visited the special exhibition of commemorating
Mr. Wu Guanzhong and had the important speech
AS the artist with the high reputation both in morals
and art skill and　the artist feeling no qualms to the times and the people
Keenly recall Mr. Wu Guanzhong around the country
series report Ⅲ : the travel of sketch
The farmer drawing the times and the times drawing the farmer

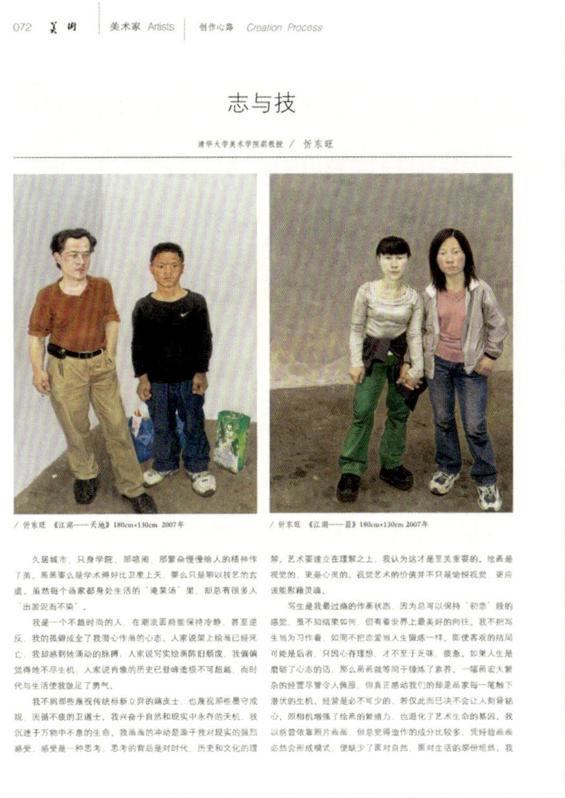

072 美术 美术家 Artists 创作心路 Creation Process
志与技
清华大学美术学院副教授 / 忻东旺
/ 忻东旺《江湖——天地》180cm×130cm 2007年
/ 忻东旺《江湖——竖》180cm×130cm 2007年

078 美术 美术家 Artists 创作心路 Creation Process
人类形象之美
南京大学美术研究院油画教研室主任 | 丁方
丁方《为精魂而流泪》综合材料 180cm×280cm 1992-1993年

070 美术 美术家 Artists 创作心路 Creation Process
学习山水画自述
中央美术学院教授 | 崔晓东
崔晓东《太行山写生》中国画 34cm×43.5cm 2006年

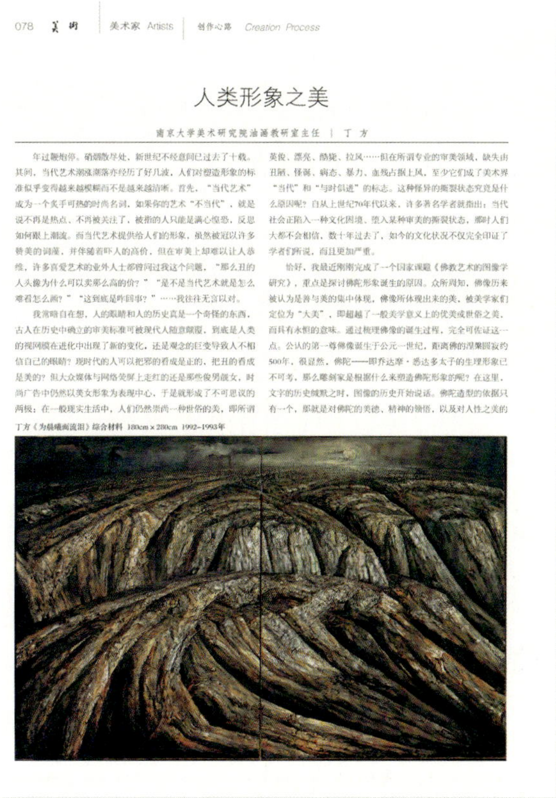

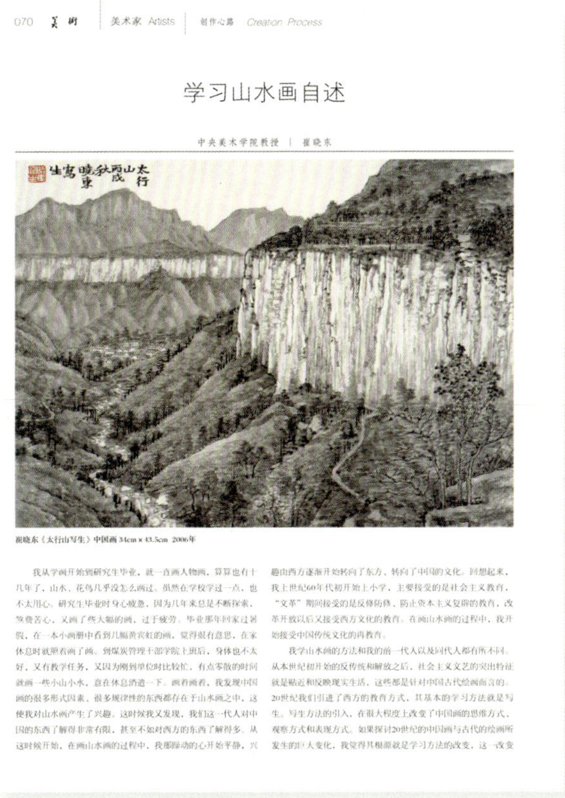

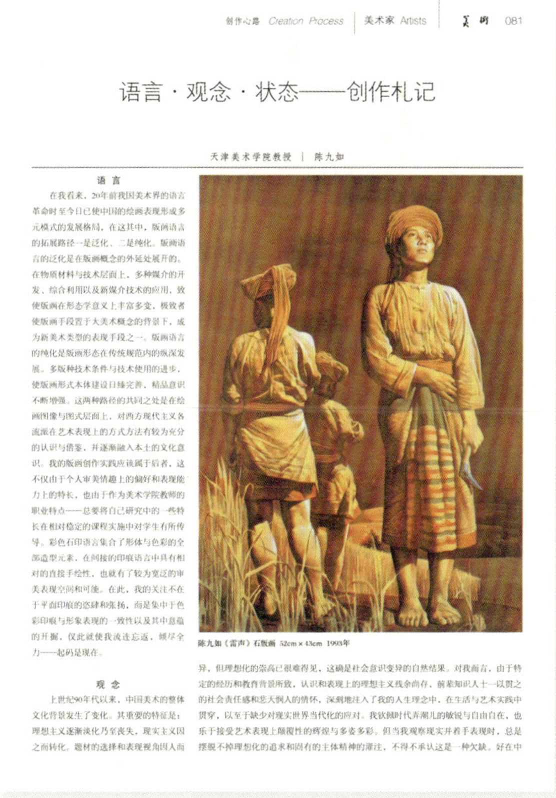

创作心路 Creation Process 美术家 Artists 美术 081
语言·观念·状态——创作札记
天津美术学院教授 | 陈九如
语 言
观 念
陈九如《雷声》石版画 52cm×43cm 1993年

2011

1 月

《美术》本年第一期发行, 报道"阳光新疆——写生作品展", 并刊登了部分作品。刊登了吴长江《尊重美术规律, 深化创作研究》、乔纳森·海《齐白石: 三个问题》、洪再新《"中国画的至宝"——齐白石研究外文文献叙要》等文章。

2 月

《美术》本年第二期发行, 报道了"第九届全国水彩、粉画展"。刊登了唐勇力《为中国画——中央美术学院中国画学院教学与创作发展思路》、袁宝林《感动与启迪——写在林风眠 110 周年诞辰》、陈池瑜《林风眠、张仃与吴冠中水墨画创作的现代性之路》等文章。介绍了宋步云、刘金贵等的艺术。

3 月

《美术》本年第三期发行, 刊登了姚玳玫《自我画像: 一条贯穿共和国 60 年女性美术的叙述脉络》等文章。介绍了汪刃锋、王沂东等的艺术。

4 月

《美术》本年第四期发行, 封面为黄永玉《荷》。刊登了常欣《写意论》、华夏《怀念王朝闻——兼论〈新艺术创作论〉阐述的美学思想》等文章。

5 月

《美术》本年第五期发行, 刊登了陈妤姝《红掌拨砚近人间——从"白鹅画会"看民国时期社会美术教育的成因及特征》、于洋《积极"求异"的审美——从潘天寿早期画论看 20 世纪中国画的现代策略》等文章。

6 月

《美术》本年第六期发行, 介绍了王式廓、文国璋、张颂南、胡明哲等的艺术。

7 月

《美术》本年第七期发行, 报道了"庆祝中国共产党成立 90 周年美术作品展览""纪念西藏和平解放 60 周年美术作品展"。刊登了尚辉《从革命美术到主流美术——中国共产党对于建立与发展人类新型艺术形态的探索》、黄宗贤《美术与社会: 主体的变奏与建构——"延安美术"之再

美術

ART *magazine*
China Artists Association

一九五零年创刊　中国美术家协会主办

总第 517 期 **1**
2011

· 尊重美术规律 深化创作研究
· 新疆美术写生汇报展在京举行
· 油画艺术与当代社会—中国油画展作品
· 浙江美术馆隆重举办吴冠中艺术回顾大展
· 中国当代美术观的自觉与建构

· Respecting the Regular of Art Deepening the Research of Creation
· Exhibition of the Sketching Works in Xin Jiang Held in Beijing
· Works from "Oil Painting and Contemporary Society" Exhibition
· Retrospective Exhibition of Mr. Wu Guanzhong
　Held in Zhe Jiang Art Museum
· Realization and Construction of China Contemporary Art Concept

认识》、林木《在传统与生活间创造——新中国五六十年代的中国画变革》等文章。介绍了何孔德、蔡亮、沈尧伊等的艺术。

8 月

《美术》本年第八期发行，刊登了凌承纬、张怀玲、郭洋《中共中央南方局与大后方抗战美术运动》，赵辉《鲁迅艺术之痕——从鲁迅收藏看他的艺术世界》，曹江、古安村《刀笔激情——回望古元在东北》等文章。

9 月

《美术》本年第九期发行，报道了"第三届观澜国际版画双年展"。刊登了郭怡孮《推进中国画大发展、大繁荣》、罗必武《论"共生"原则对当代学院版画语境的影响》等文章。介绍了林墉、卢辅圣、翁振新等的艺术。介绍了加拿大艺术家理查德·汉密尔顿。

10 月

《美术》本年第十期发行，报道了"传承西北·吾土吾民系列油画邀请展""化境长城外·吾土吾民系列油画邀请展"。刊登了徐晓伟《隋唐以前河西与东北地区壁画粉本交流的北方通道探微》等文章。介绍了妥木斯、宋慧民等的艺术。

11 月

《美术》本年第十一期发行，专题报道了彦涵的艺术，并刊登了吴长江、杨先让、宋源文、广军、彦东的纪念文章。刊登了彦杰《战火硝烟下联袂书写的历史——抗战时期重庆报纸的木刻副刊》、张军《抗战时期苏北地区新四军木刻艺术研究》、乔丽华《鲜为人知的新兴木刻运动先驱张明曹》等文章。

12 月

《美术》本年第十二期发行，报道了"天山南北——中国美术作品展"，并刊登了部分作品，刊登了刘曦林《先行者的足迹——20 世纪 30 至 70 年代新疆题材绘画概述》、尚辉《壮阔与崇高——新时期新疆题材美术创作的审美开拓》、罗世平《天山南北：艺术在丝路的对话》、宋红雨《新疆少数民族民间美术研究现状》等文章。

102 美术学 Art Research 当代美术研究 Contemporary Art Research

"中国画的至宝"
——齐白石研究外文文献叙要[1]

美国圣方济海湾大学艺术系教授 | 洪再新

1936年2月27日，蔡元培在为《国际剧院主办中国现代画展》目录撰写的序文中指出："欧洲之研究东方文化者，往往因陶醉于我国古代之艺术品，对于中国现代艺术未有所研究，甚且有讲我国现代无艺术之可言，殊属谬妄。"作为上世纪30年代中国政府支持、筹划中国现代绘画在欧洲巡回展览的核心人物，蔡元培高瞻远瞩，强调我国现代艺术在东学西渐过程中的重要性。而海外收藏、介绍、研究齐白石艺术的状况，恰成为了解20世纪中国画在海外占据地位和影响的一个重要窗口。

齐白石的"大器晚成"和20世纪中国与世界的文化发展息息相关。自上世纪20年代初开始，齐白石在海外的知名，从一个侧面反映出"文人画复兴"所经历的过程。与19世纪齐白石作品在国际艺术市场上流通的情形相比，经由私人和政府团体赞助齐白石推向世界艺术台，一个跨世纪的"冷战"格局下，中国出版发行的外文介绍齐白石的专集、画册日和论文，与海外的"齐白石热"形成了一定规模的网络。而海外方面，除了日本、建构出一定规模的网络。而海外方面，除了日本、建的几位镇托了明最终的"齐迷"的做诚、鼓吹外，还有一批华裔"齐迷"们了的鉴介入和共同维护了对人们对现代中国画的理解。

众所周知，齐白石艺术生涯中最早的海外联系即于日本。

这层互动关系要从引导齐白石衰年变

右图：《齐白石在中国年轻画家作品展览会上》，北京，年代不详
右图：[朝鲜]金永基与齐白石在北京合影

098 美术学 Art Research 古代美术 Ancient Art

由文人雅集图向官员雅集图的成功转换
——析明代《杏园雅集图》中的转换元素

中国人民大学副教授 | 付阳华

（传）谢环《杏园雅集图》（镇江本）中国画 镇江市博物馆藏

112 美术学 Art Research 国外视线 Overseas View 本栏责编 张鹏 artmagzinegs@sina.com

浪漫与科学的碰撞
——格林伯格艺术批评思想中的德意志因素

中国美术学院艺术人文学院教授 | 张坚

格林伯格的批评思想深受德意志近代美学和艺术史学思想的影响，体现出一种浪漫与现代科学实证主义相结合的特点。

096 美术学 Art Research 新中国美术60年 60-Year Art Since Foundation of P.R.C

编者按：
2008年，正值改革开放30周年，由浙江省美术家协会和中国美术学院共同主办的"江水如蓝——博巴油画训练班文献展暨学术研讨会"

半个世纪的求索
——"博巴油画训练班"的履迹

浙江万里学院 | 陈琦

博巴《出工》油画 尺寸不详 1960-1962年
博巴《静物》油画 70cm×90cm 1962年

美術

ART magazine
China Artists Association

一九五四年创刊　中国美术家协会主办

第518期

2011 2

中国文联中国美协赴海南 "送欢乐 下基层"

中国美协少儿美术、雕塑艺委会和美术理论委员会换届

为中国画 中央美院中国画学院教师作品展

第九届全国水彩 · 粉画展

从海外看 "中国形象" 的塑造

· CAA's Visiting Group to Grassroots Organization in Hainan

· Children Art Committee, Sculpture Committee
  and Art Theory Committee of CAA had General Election

· Exhibition for Tutors of China Central Academy of Fine Arts

· The 9th National Watercolor and Water Engrave Painting Exhibition

· Building of "China Image" from Oversea Viewpoint

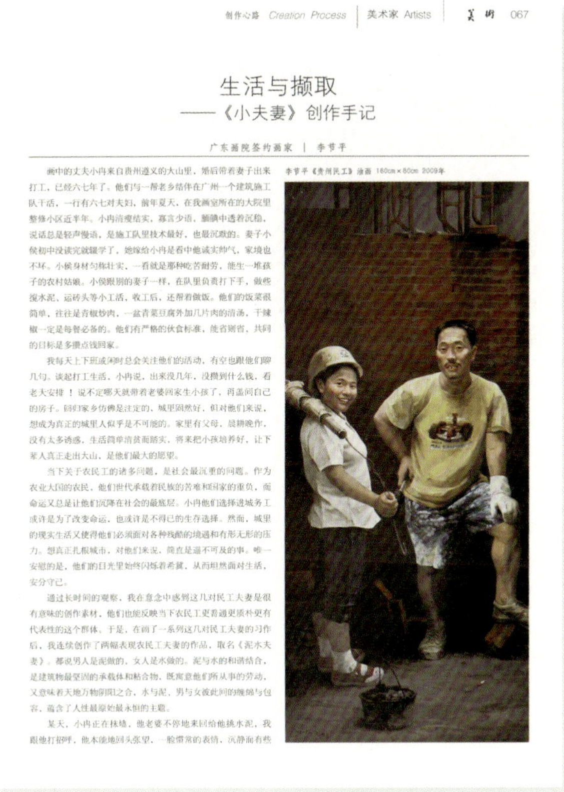

创作心路 Creation Process | 美术家 Artists | 美術 067
生活与撷取
——《小夫妻》创作手记
广东画院签约画家 | 李节平
李节平《贵州民工》油画 160cm×80cm 2009年

070 美術 | 美术家 Artists | 创作心路 Creation Process
艺途随想
新疆师范大学美术学院 | 赵培智
赵培智《春消息》油画 180cm×180cm 2008年

080 美術 | 美术家 Artists | 创作心路 Creation Process
灾难无情　人间有爱
——《2008.5.12》与《生死时速》的创作体会
景德镇陶瓷学院 | 孟福伟
孟福伟《生死时速》陶艺 150cm×140cm×52cm 2008年—2009年

076 美術 | 美术家 Artists | 创作心路 Creation Process
矿物色在我创作中的应用
天津画院画家 | 孙震生
孙震生《郎木寺的钟声》中国画 180cm×140cm 2008年

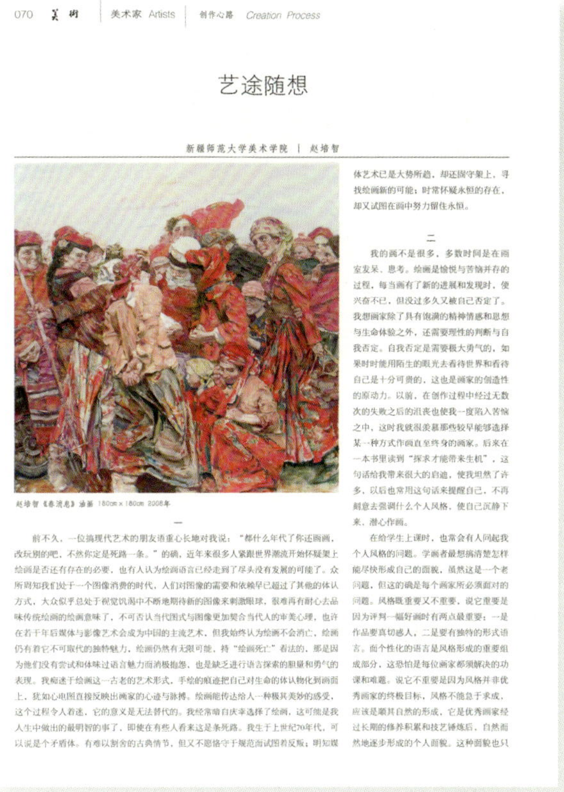

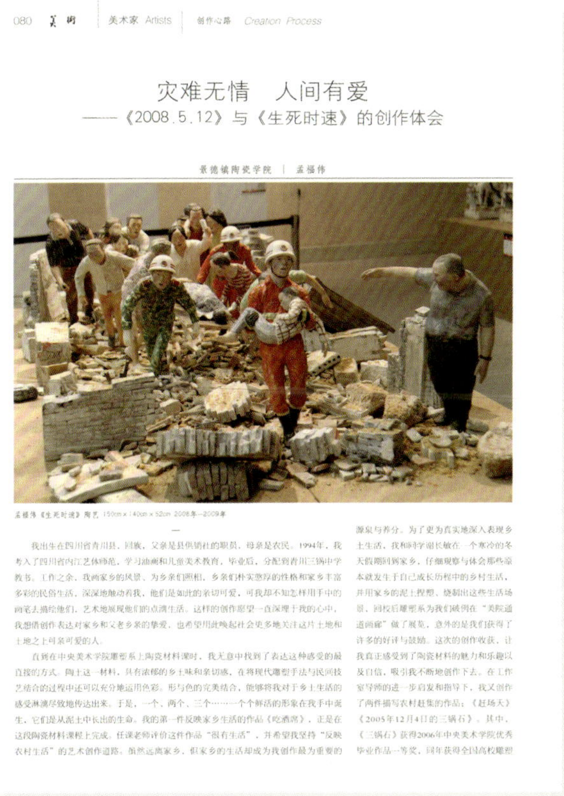

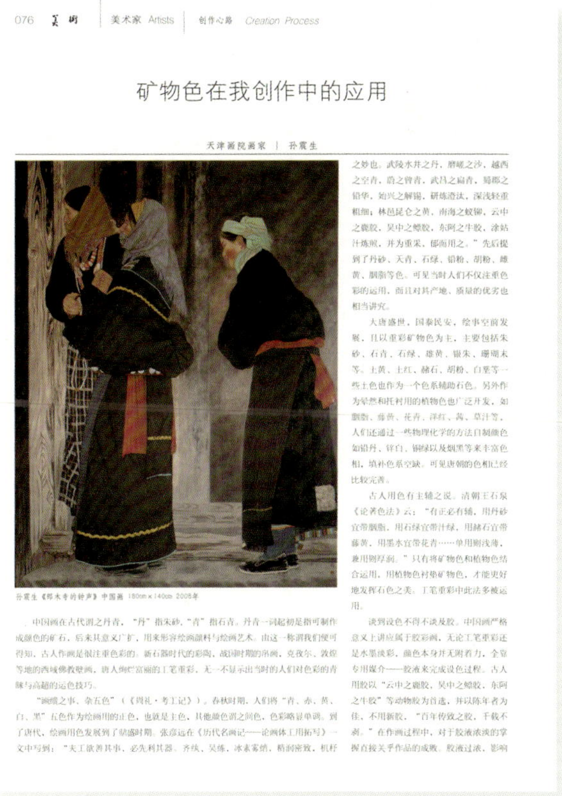

崔小冬《等菜》油画 160cm×138cm

杨参军《历史的残页——戊戌六君子祭之三》油画 260cm×230cm

邓艺《田野》油画 150cm×160cm

第二届全国美展中国画展作品选登

雷进《建设中的京沪高速铁路》
中国画 180cm×300cm

陈治 武欣《帮忙》
中国画 186cm×203cm

第11届全国美展壁画展作品选登

孙景波，助手、云丹 王晓伟 白晓刚 吴啸海 曹巍 叶剑青《一代天骄·蒙古民族的英雄》（局部）壁画 450cm×5120cm

魏娟敏《国珩计划》壁画 200cm×400cm

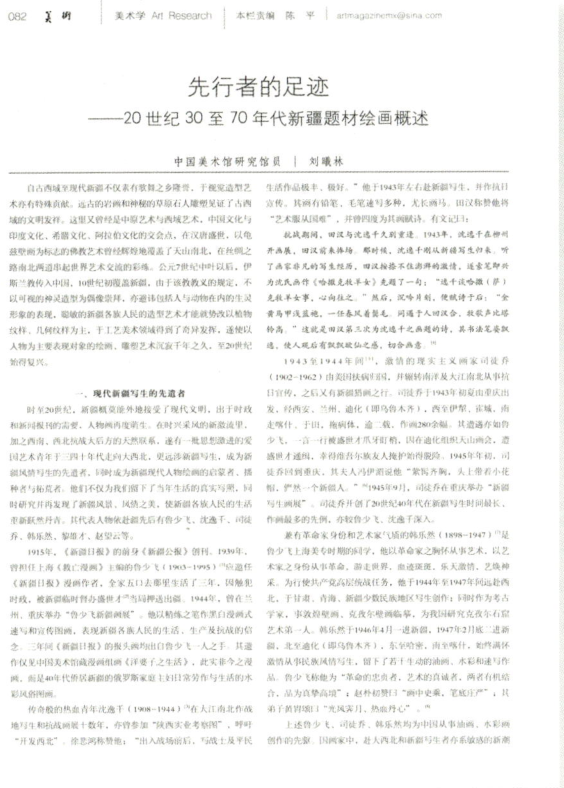

先行者的足迹
——20 世纪 30 至 70 年代新疆题材绘画概述

中国美术馆研究馆员　刘曦林

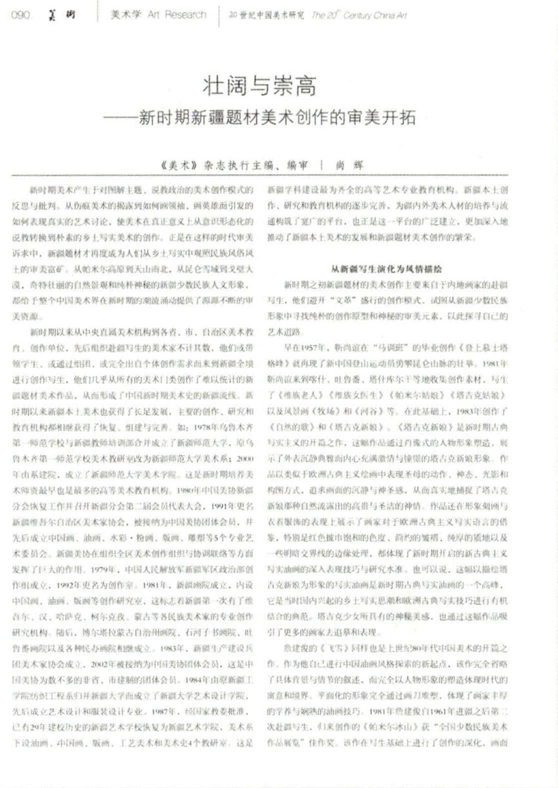

壮阔与崇高
——新时期新疆题材美术创作的审美开拓

《美术》杂志执行主编、编审　尚辉

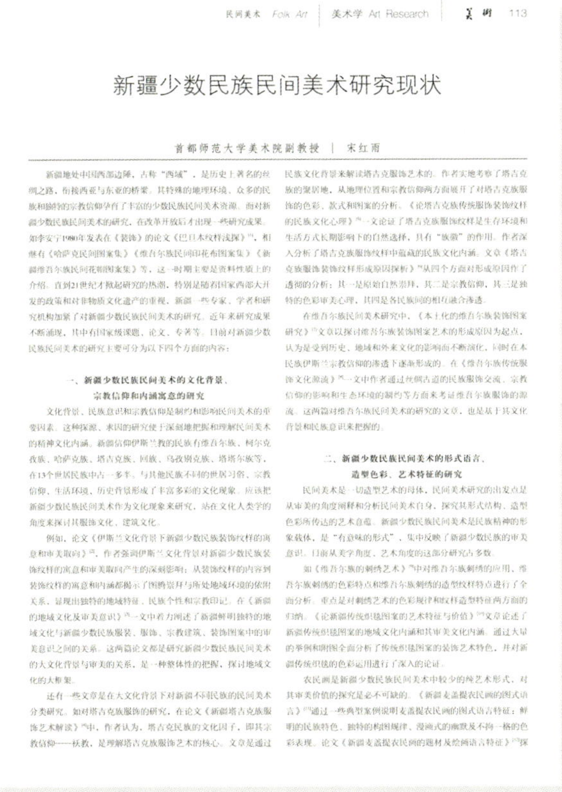

从新疆写生演化为风情描绘

新疆少数民族民间美术研究现状

首都师范大学美术学院副教授　宋红雨

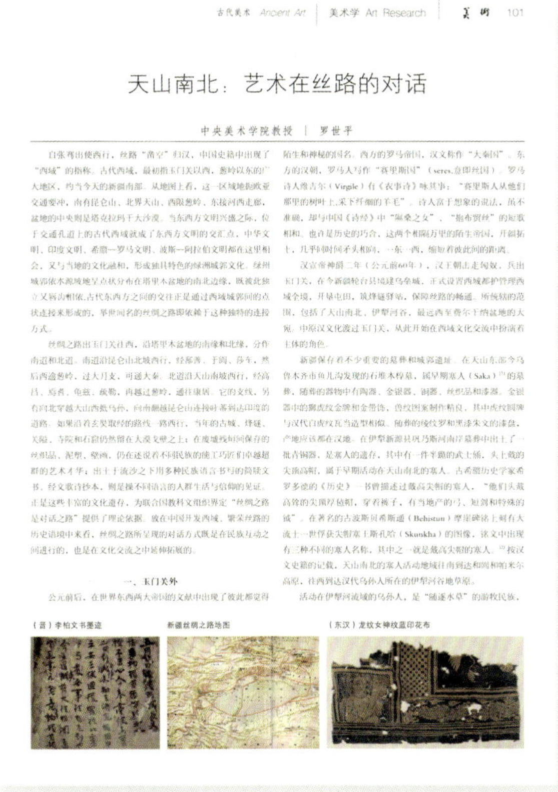

一、新疆少数民族民间美术的文化背景、宗教信仰和内涵寓意的研究

二、新疆少数民族民间美术的形式语言、造型色彩、艺术特征的研究

天山南北：艺术在丝路的对话

中央美术学院教授　罗世平

一、玉口关外

〔晋〕李柏文书墨迹

新疆丝绸之路地图

〔东汉〕龙纹女神线蓝印花布

天山南北·中国美术作品展选登

司徒乔《套马图稿》油画　59cm×98.5cm　1944年

叶浅予《乌恰群众集会》
速写　13cm×18cm　1950年

叶浅予《维吾尔人以接眉为美》
中国画　102cm×70cm　1980年

庚寅春日太行写生记

中央美院中国画学院教授 | 陈平

陈平《太行写生1》中国画 2010年

穿底村

陈平《太行写生2》中国画 2010年

金灯寺

写生作品化

中央美术学院中国画学院副院长 | 李洋

李洋《惊天图》中国画 180cm×80cm 2004年

李洋《迎花轿》135cm×88cm 2000年

回到写生

| 陈丹青

李骏《金发着紫衣的女郎》油画 107cm×85cm 1957年

写生的恩赐

中国艺术研究院油画院院长 | 杨飞云

司提芬《船》油画 54.5cm×71cm 1925年

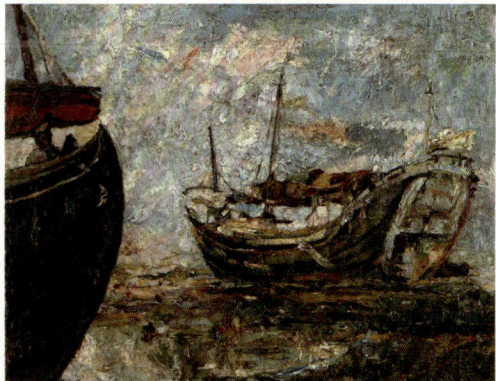

068　美术　美术家 Artists　名师风采 Famous Artist

自画实说

中国艺术研究院博士生导师　姜宝林

姜宝林《长江的儿子》中国画 144cm×375cm 1980年

052　美术　美术家 Artists　名师风采 Famous Artist

葵园，一种历史渴望拯救

中国美术学院院长　许江

美术　071

从平凡中发现美

中央美术学院教授　马常利

马常利《特战太行》油画 150cm×250cm 1976-1977年

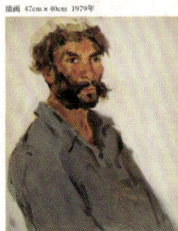

马常利《维族老汉》油画 47cm×40cm 1979年　马常利《雪润城院》油画 44cm×32cm 1980年　马常利 油画 55cm×39.5cm 1979年

056　美术　美术家 Artists　名师风采 Famous Artist

我的版画创作活动实践回眸

中国版画家协会副主席　吴帆

吴帆《北方的草原》版画 58cm×86cm 1960年

018 美术 | 关注 Focus | 展览观察 Art Review

020 美术 | 关注 Focus | 展览观察 Art Review

焦洋《铜的城》中国画 308cm×208cm　　刘立勇《大山之恩》中国画 230cm×190cm

秦擘亮《三江口的平筏》中国画 185cm×815cm

美术 023

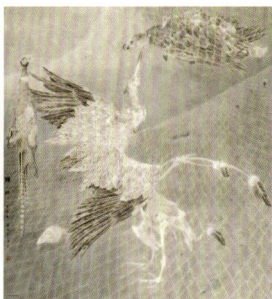

沈宁《世界尽头与冷酷仙境》中国画 397cm×155cm　　张建智《渔贝》中国画 176cm×160cm

刘永涛《眺望遥望到风景大上海NO.47》中国画 45cm×75cm

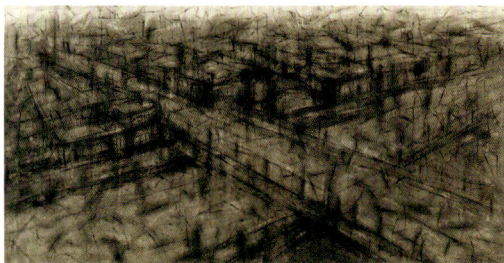

展览观察 Art Review | 关注 Focus | 美术 015

第
四
届
全
国
青
年
美
术
作
品
展
览
选
登

牛力 原乡《富士摄枝》
中国画 230cm×207cm

王立枕《梨花暮春》
中国画 123cm×200cm

邵磊磊《寻》雕塑　28cm×86cm×85cm（作品选自第四届青年美术作品展）

为了维护读者利益，凡出现印刷、装订的差错，
本刊承印单位北京三益印刷有限公司一律予以调换。
联系人：北京三益印刷有限公司
地　址：北京市朝阳区东三环南路弘燕路
山水文园A5号楼7号底商
邮编：100021
电话：010-87367537
传真：010-87367382

Beijing Sanyi Press Corporation Ltd undertaking presswork will
replace reader a new one if any fault found in press and bound.
Contact   Li Yuan Beijing San Yi Press Corporation Ltd.
Address   Shanshui Wenyuan A5# No.7 building,
Hongyanlu of East 3rd Ring South Road, Chaoyang District ,
Beijing Postalcode 100021
Phone   010-87367537
Fax   010-87367382

美術

总529期　2012·1

Vol 529 Jan 2012

2012

1 月

《美术》本年第一期发行，在"美术学"板块新开设"笔谈中国美术的自觉与主体精神"子栏目。刊登了王林《民族文化的自觉与主体精神的确立》等文章。

2 月

《美术》杂志 2012 年度编委会召开。

《美术》本年第二期发行，在"美术学"板块又新开设"批评与争鸣"子栏目。刊登了黄宗贤《承扬和创获——中国美术在现代转化中的自觉精神与自强意识》等文章。

3 月

《美术》本年第三期发行，刊登了高天民《走向世界与主体精神——中国美术话语建构初探》、李维世《写实只是手段，不是绘画的最终价值——与写实画派交流》、张华清《新中国青年美术家留苏史》等文章。

4 月

《美术》本年第四期发行，刊登了王琦《无尽的怀念——悼力群同志》、华夏《悼念力群同志》、董其中《百年力群 风范长存》、广军《始终如一的版画关怀》、郑工《主体性、主题与其他》、毕建勋《"死亡"的不是绘画》等文章。

5 月

《美术》本年第五期发行，刊登了江文《解放区美术创作实践的摇篮和基地——延安"鲁艺"》、巩雪《延安时代的漫画》、左红卫《新疆抗战美术活动及影响》等文章。介绍了冯远、闻立鹏、杜键、朱训德的艺术。

6 月

《美术》本年第六期发行，报道了"从延安走来——纪念《讲话》发表 70 周年美术作品展"。刊登了吴长江《挖掘人民生活的丰富矿藏 探寻美术创作的源头活水》、张敢《反思、借鉴与重构——建立新的中国美术范畴体系》、王嘉《拒绝"伪批评"》等文章。介绍了谢志高、杜滋龄、李翔的艺术。

7 月

盛葳任副主编，张瞳任办公室主任。

《美术》本年第七期发行，报道了"同在蓝天下——为农民工塑像中国画主题创作展"。刊登了王文章《为农民工塑像》、宋文翔《艺术批评的目的》等文章。介绍了韩美林、宋玉麟、卢禹舜、吕品昌的艺术。

8 月

《美术》本年第八期发行，刊登了冯民生《从中国油画本土化看中国美术的自觉》、李昌菊《警惕当下绘画创作的题材类型化现象》等文章。介绍了刘国辉、唐勇力、邵大箴、水天中的艺术。

9 月

《美术》本年第九期发行，报道了"庆祝建军 85 周年全国美展暨第 12 届全军美展"。介绍了杨可扬、赵宗藻、谌北新等的艺术。

10 月

《美术》本年第十期发行，刊登了代大权《论中国版画的自觉》、宛少军《当代中国油画创作中的媚俗现象》、廖媛雨《陈洪绶行乐图与遗民心态》等文章。介绍了美国艺术家托马斯·哈特·本顿。

11 月

《美术》本年第十一期发行，专刊报道了"第五届北京国际美术双年展"，并刊登部分作品。

12 月

《美术》本年第十二期发行，报道了"南京艺术学院百年华诞美术作品展"。刊登了李魁正《当代中国工笔画形态与其自觉精神》、孔新苗《"画派"三辩》、张敢《对震惊效果的迷恋——西方当代艺术的策略》、王维佳《德国"新莱比锡画派"艺术分析及启示》等文章。

一九五零年创刊
中国美术家协会主办

美術

总第 533 期
2012 / 05

Art Magazine
China Artists Association

笔谈中国美术的自觉与主体精神

编者按：

伴随着中国综合国力日益是在世界各种事务中影响力的不断增强，中国文化的发展终于从对于"他者"的参照中解放出来，民族文化的自觉与中国主体精神的确立已成为当下不容置疑的一个重要话题。这个话题的提出，显然是以党的十六届六中全会提出的建设社会主义文化强国的战略目标和先进文化的发展要求的学术话语。中国美术的自觉与主体精神，关是建中国文化的自觉与主体精神的一个组成部分。那么，什么是中国美术的自觉？中国美术的主体精神应当放在哪些方面？而在这种自觉自信中如何认识与处理"他者"的文化？中国美术的自觉的民族人美之术来源的方面？等等，这就是我们值得探讨的重要课题。本刊从本期起特辟"笔谈中国美术的自觉与主体精神"栏目，以展开对这一问题的讨论，欢迎读者踊跃投稿，积极参与。

民族文化的自觉
与中国主体精神的确立

四川师范大学美术学院院长 ｜ 林 木

现在来讨论民族文化自觉与中国主体精神的确立之说……（正文内容细小难辨）

笔谈中国美术的自觉与主体精神 之 二

承扬与创获
——中国美术在现代性转化中的自觉精神与自强意识

四川大学艺术学院院长、教授 ｜ 黄宗贤

20世纪以来，百年中国美术的现代性转换过程也就是文化自觉与寻找自强之路的过程……（正文内容细小难辨）

一、反省与体认

中国美术的现代转换……（正文内容细小难辨）

笔谈中国美术的自觉与主体精神 之 三

走向世界与主体精神
——中国美术话语建构初探

潘天寿纪念馆馆长 ｜ 高天民

1917年，康有为发出中国画"衰弊极矣"的呼吁之后，遂引发陈独秀"美术革命"的呼喊……（正文内容细小难辨）

走向世界与走向未来

"走向世界"本身已经成为一种语汇深深地融入了中国人的心里……（正文内容细小难辨）

笔谈中国美术的自觉与主体精神 之 六

反思、借鉴与重构
——建立新的中国美术范畴体系

清华大学美术学院副院长 ｜ 张 敢

中国美术的历史源远流长，在发展过程中逐渐形成了自己的美学范畴体系……（正文内容细小难辨）

美術

一九五零年创刊
中国美术家协会主办

总第 536 期

2012 / 08

Art Magazine
China Artists Association

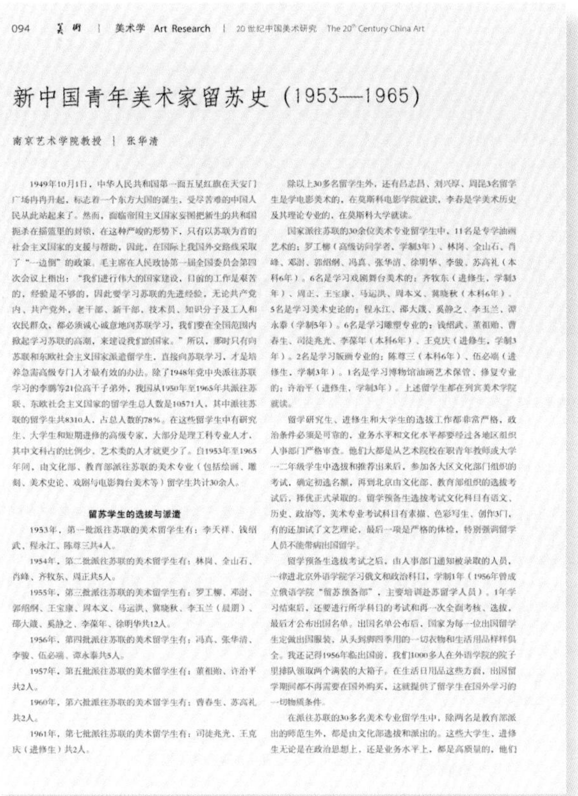

新中国青年美术家留苏史 (1953—1965)

南京艺术学院教授 | 张华清

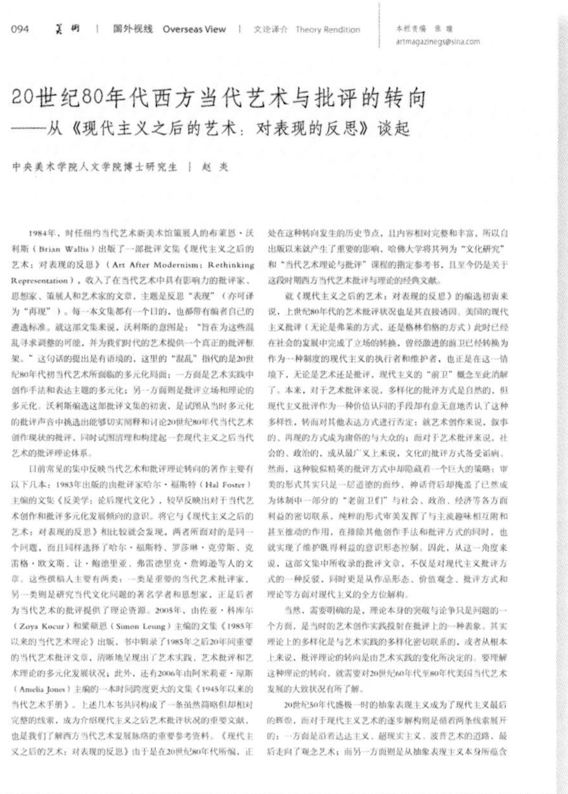

留学生的选拔与遣送

20世纪80年代西方当代艺术与批评的转向
——从《现代主义之后的艺术：对表现的反思》谈起

中央美术学院人文学院博士研究生 | 赵炎

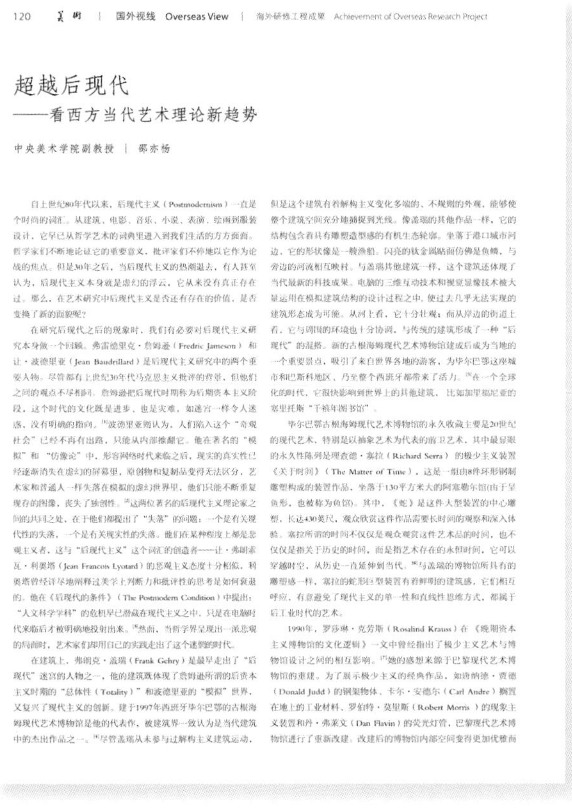

超越后现代
——看西方当代艺术理论新趋势

中央美术学院副教授 | 邵亦杨

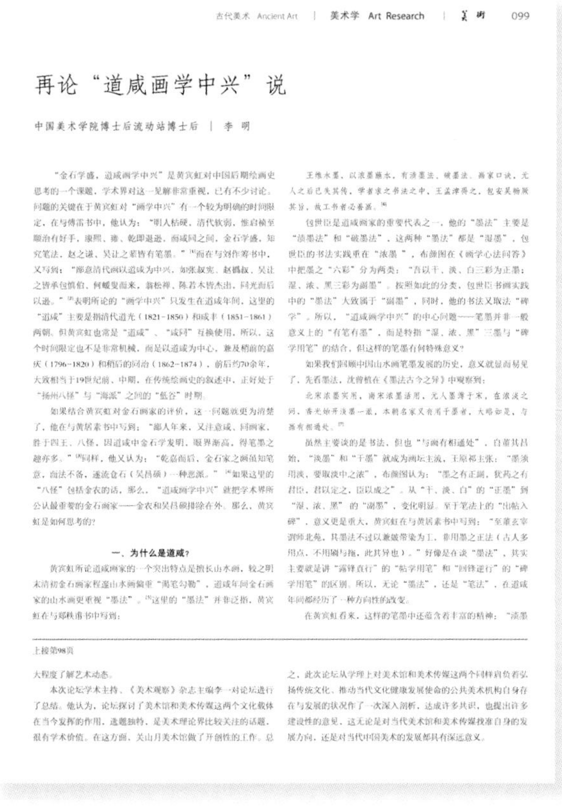

上接第98页

再论"道咸画学中兴"说

中国美术学院博士后流动站博士后 | 李明

一、为什么是道咸？

美術

一九五零年创刊
中国美术家协会主办

总第 539 期

2012 / 11

Art Magazine
China Artists Association

印度当代艺术特展

呈现普世审美

印度国家美术院供稿

古老神秘的印度文明代表东方的传统精神，其令人耳目一新的当代艺术，具有多样、多元的特征。长久以来，印度当代艺术在中国鲜有集体展示，此次在2012·第五届中国北京国际美术双年展这个平台上以特展形式集中呈现。本中印之间构建了一座具有现实意义的文化和艺术交流的桥梁。印度特展共派出11位杰出的当代印度艺术家的作品，他们通过"时间"的概念来阐发"未来与现实"的展览主题："过去"总能触及报答的回忆，"现在"天哪无所不在打通着与未来的通道，而"未来"则是众多美好可延续的混合体。

通过视觉强化和心理暗示来表现"未来与现实"的展览主题，正是西为·特利《幽会》系列作品的特色。他的玻璃纤维装置作品，用"命悬一线"的蝴蝶，表达对生态系统未来画的。天地的阶状，开显现这种形状的普遍性。在她的另一件作品中，画布上用综合材料塑造的相与缠缠的树木、色彩以及、工艺复杂、精致的细节馨受过后，允满了神秘感。

雕塑家坎古拉帕里·斯里卜·拉达克里布市，通过用分钟定未来的"现实"来表现展览主题。他的作品《慢升的雷米克》和《下降的人物作为上升的结构》是一种形式化的艺术设计。有现实意义的文化和艺术交流的桥梁·一这场展出最好地融合的线条。

另一位艺术家迪帕皮·艾文德罗·致她的创作热情由第七权激发。他的作品以系庄作为主题创作。致她令大家看到了在地球和动物中引发种种行动所拍摄的典型形象。通过摄绘人和动物，以从公正立场出发的艺术激情，完成对生态系统未来画画。

NN·瑞姆拉翁 NN Remyon《印度》《密封的盒》装置 160cm×172cm×180cm 2007年

亚美尼亚当代艺术特展

通过传统和试验的语言

亚美尼亚特展亚方策展人 | 阿拉·艾塔扬

虽然年轻的亚美尼亚共和国建国仅有20年，但她有丰富的文化传统和独特的当代艺术种类。由了国家宣传有限，亚美尼亚艺术鲜为外界所知，也很少在国际舞台上展示。2012·第五届中国北京国际美术双年展，是亚美尼亚当代艺术第一次以特展的形式，在国际美术舞台上亮相。

这次特展的策划的自2011年夏天，当时亚美尼亚文化部和亚美尼亚驻华大使馆合组织们以音乐会和美术展览为主要形式的"亚美尼亚文化节"，这给亚尼亚当代艺术提供了一个特别的机会来了解中国古老而丰富的文化。亚美尼亚文化部派当代艺术局向以示，亚尼亚当代艺术水平之高，尽管战争之路上的重要角色之一。这些因素和塑造一个民族的特性具有决定性意义，因此从历史上重又包就是小型细密的不对文化间的桥梁。

亚美尼亚的地理条件非常苦苦。因此在20世纪"一战"之前，亚美尼亚艺术不得不在苏联境亚美尼亚和其他国家建立的亚美尼亚族民社区中，发展自己的艺术事业。因此在19世纪末、20世纪初，法国、意大利、美国、俄罗斯等国发生的国际艺术运动中，亚美尼亚艺术家都参与其中。这极大丰富了亚美尼亚民族。

到北京双年展这个平台上前，亚美尼亚当代艺术进入门国际舞台，从而给亚美尼亚艺术家提供形式多样的文化合作机会。

今年也是中建建交20周年。我们庆幸，这次特展将为加深中亚两国的联系作出贡献。

从历史上来看，亚美尼亚在高度一直是人国因宗教和政治冲突的交汇处。在过去的17个世纪里，这个民族曾是了罗马人，拜占庭、阿拉伯人、土耳其人、波斯人和俄罗斯人的统治。同时，亚美尼亚也是挑选这条路上的重要角色之一。

加雯科·卡拉佩镇 Garik Karapetyan《D23G780》布面丙烯 150cm×300cm 2011年

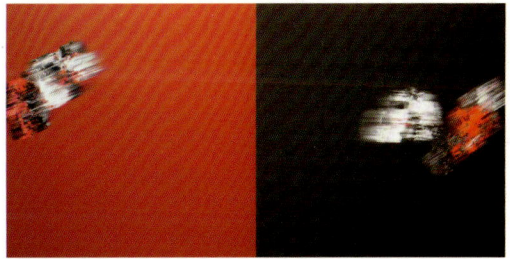

弗朗西斯科·戈雅 版画展

战争与奇想
——弗朗西斯科·戈雅的版画世界

意大利艺术品收藏家·朱塞佩·马里诺
北京君中联合文化发展有限公司首席执行官 | 冯 骁

弗朗西斯科·戈雅年轻时即通过自己的作品，赢得世人尊敬。毕同时他超着那个时代的步来发展方向。他同时代的西牙。艾尔·格雷科、透艾·委拉斯贵支引领着西西牙的艺术界。艾尔·格雷科是风格主义和西班牙艺术复兴风格的天键人物，委拉斯贵支是巴洛克风格的代表人物，西艾雅一方面是两代们巴洛克艺术的由代表之一，另一方面又开始了一个向自由表展主义的过渡，成为了超现实主义、印象派、浪漫主义、表现主义的始祖和创作灵感的源泉。

戈雅那个年代的西班牙是政治格局动荡的年代。在艾历了法国大革命和波艾王朝的覆灭后，世人大怀中引期大震期的变化。1789年的法国大革命、戈雅目睹着当代法王权统治的终结、革命者的精神国家地那响了卷入欧洲，启蒙思想、人一个呈现出牙一个国。

戈雅那个年代的西牙自信，就是所有创作思想的基础。他理性思维的最大核，不是他的绘画类型品，而是他的加呱版画作品构成的《奇型集》（Capriccio）。这套作品是一部编绘西班牙社会儿风的绘画。西班牙有深厚的版画传统其中以17世纪的阿塞，透·里尼拉为代表，另一因为方宗了安的的局外，也是为了表达己的理念，戈雅在创作中心里。戈雅的《奇型集》中的一些片画，是艺术史上的名作。

"Capriccio"原本是巴义大利文"幻想"的意思。经过戈雅的诠释，而且了种寸现地道行的意悲。《奇型集》中的作品，是展现了与生俱恋中的西画，通过版画的工艺足表示在西亚可着普及的呈现，这些小作品最早呈报在任时代，不是在世界代表早呈发，希望表达一种自心的理念，无论是作品的形式还是内容，都是可感。

另一位艺术家以东彩作品《都市一景》这些片画，展现的神城市记回忆。

弗朗西斯科·戈雅 Francisco José de Goya《哀伤的一步》铜版画 16.5cm×26cm 1812-1815年（1863年第一版）

弗朗西斯科·戈雅 Francisco José de Goya《战争的绘画》铜版画 16.5cm×26cm 1812-1815年（1863年第一版）

墨西哥当代艺术特展

视觉艺术选集
——墨西哥财政和公共信贷部的艺术收藏

墨西哥特展墨方策展人 | 拉夫尔·阿尔方索·佩雷斯·佩雷斯

艺术博物馆的存在有助于构建文化认同的漫漫之路。引前，为了完成一任务，艺术博物馆价意识到它们作为发言人的角色。这意味着，博物馆在鉴定艺术品是否具有稳定意义的过程中，永远充为当代艺术的收藏机构。换句话说，在展览会中，艺术作品的意义这让高额的文化积淀更要更。它有以这样的方式被理解为一个体味流糖且意义的合集。在此背景下，墨西哥政府以共信贷部管的这些藏品实现了它们的门入，大部分作品部包括在展览和收藏中、而展览和收藏又组成了名为"财政和公共信贷部藏品"（Colecciones de la SHCP）的重要馆口。自这正是艺术遗产的标志。

实物支付和世裘文物藏品

只有少数几个墨西哥机构拥自以豪地拥有在系统收藏机构。事实上已经不是什么秘密，事上，财政和公共信贷部也是其中之一。从建立了"实物支付"财政体制开始，该机构就创立了收藏系统。从1937年起，墨艺术家提出了诠释开始，中央创立括人卫·阿尔法罗·西盖罗斯，这又·里维拉和钓兹·奥大加诺，1975年，包括人艺式通过诗财政付款，从那一刻开始至同代，纹绞版了代表了这40年间最重要的艺术作品。

多年来，以作品作代替税收的实物支付收藏体系的操作基础制就赠送文付收藏机制，以代替税收的实物支付收藏机制。这种作品消出晚这多请适行审核评估，如这。

批准，它们就确认为文化遗产。

同时，财政和公共信贷部监督组和推动创立了另外一个名为"世裘文物藏品"的艺术遗产的收藏机构（成立于1982年）。这一地，"持复世裘文化遗产项目"被再次确定。其门的是以对财政和公共信贷部的历史和美学遗产进行整理。恢复和分类工作。在此种状况下，"世裘文物藏品"扩大为一系列不同类型的艺术品，如办公桌、铁制品、装饰品、瓷器品、应用艺术品、绘画、雕塑、纸质和古币。这冤养了这种机构关于文化财富的历史记忆与积藏。艺术家把他们自己的艺术作品，使这种遗产继续得到丰富。这样的方式，使这政收藏系统得以强化为，从而强化了公共对该部收藏艺术品的信任。

国家造型艺术的起源与符号

由于主题的多样性，要想对20世纪下半叶的墨西哥艺术进行全面的梳理实属困难。然而，也有一种方法可以绕越繁与困的艺术系统进行梳理，方法是与艺术家同年代、地理位置、艺术形态响和临创的艺术形式和艺术观念等不同的方式进行分类。比如，反映生的现代现实主义的品，或者被称为"墨西哥民主义"的墨西哥雕塑。虽随任任何文义的意义不变。有一点是非常清楚的，自20世纪50年代列主义流派之后，艺术作品关于个性的大门已经打开。

这些艺术领域中的总体分类，是由其对美和理论家为了构造这诠诠起的方法创造的。目的是为了寻找一种普遍拿过去理解被称为墨西哥文化的地域之艺术创造。

迪艾·里维拉 Diego Rivera《都市一景》油画 109.5cm×143.5cm 1956年

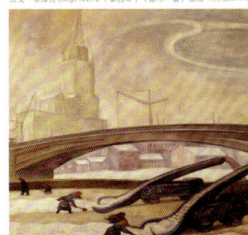

笔谈中国美术的自觉与主体精神【十二】

草原文化与内蒙古美术的崛起

内蒙古师范大学民族艺术学院院长 | 乌力吉

在中国美术史上有不少以地域命名的画派，如海派、岭南画派等，但从来没有人以"中国北方草原画派"来标举过北方少数民族的草原画派，直到20世纪八九十年代，美术史论家在论及契丹绘画时才出现"北方草原画派"的提法。由于历史原因，"北方草原画派"这一概念中国美术史上没有得到充分地阐述和确认，但它却是一个客观的存在。《宣和画谱》中涉录的�件作品就有65件，而他"鞍韂番马"，"其余穿戴服饰、帐幕器械，强弓毅箭，或随水草游牧，或在獯逐飞鹰，而又朝大悲涕，沙碛平远，能曲尽塞外不毛之景象。"虽然这一画派的画迹遗存今天已寥寥无几，但从这些论述及胡瓌的《卓歇图》《沙碛打围图》《射骑图》，耶律题子的《飞骑图》《犟猎图》《运牧图》等作品中的缩描受到其所展现的北方草原广阔视野和丰富独特的低温以及在草原画派初步形成方面的开拓。

早在旧石器时代，在今甘肃嘉峪关和内蒙古阿拉善左旗旗旗雅山缘了复杂了草原艺术的信息，在那里制作的手形岩画，标志者草原艺术的萌芽和最初的形态。自新石器时代，经青铜时代、早期铁器时代，在北方草原各地制作的千里岩画画画，标志着北方草原已经遍地开花。这些由由于上方的猎牧民集体创作的岩画巨像以及存秦统国夏汉代制作的石刻青铜艺术和大批石雕人像，无疑为草原画派的进步奠定了基础，开草原画派之先河，直至其后发展而成草原画派。其若干多数民族画家，以云雨、青铜艺术、石雕人像为灵光，创作了大批美术作品。

从唐五代至元，草原画派人才辈出，胡瓌、胡虔、王仁寿、高益、耶律倍等辈出，自成体系。由于辽代风俗画的需要，专门从事这一创作的各种草原画画家日益增长，草原画派在画史上占有重要的地位。契丹高度发展了那些地域特色的绘画文化，契丹族画家所推动的北方草原游牧民族绘画创作的生活。北方草原画派推向新阶段，契丹族的社会文明也成为北方草原经济文化繁荣的一个高峰。

新中国成立后，内蒙古自治区少数民族画家的艺术素养和创作水平有了很大的变化，最初的老一代艺术家，为内蒙古美术的发展奠定了良好的基础。创作出一批反映草原新生的好作品。与此同时，全国各艺术院校的毕业生先后来到内蒙古工作，再加上兄弟省区、市频来支援边内蒙古自治区与经济合作有经济协商的一批美术力量，使内蒙古美术队伍迅速壮大，到上世纪50年

代中期，已初步形成一支颇为可观的美术创作队伍，从而创造了内蒙古美术最初的辉煌。

20世纪60年代，在中央美院学习多年的哲木斯哲者高超的技艺到到家乡，成为内蒙古油画发展的新动力，他不仅深刻影响着青年一代画画子，还涉及初步比他年长的一代人。哲木斯的油画画作，大大提升了内蒙古油画的总值，从而使内蒙古油画的发展进入了一个新的阶段。1981年，哲木斯油画展"在北京举行，这是内蒙古美术进入了新时期的第一个标志。这时其中台看完展呈接受记者采访时说："我们感到内蒙古北方草原画派已在形成！"从此在哲木斯的影响和带养下，崛起的新一代画派部或出这个时期"油画草原画派"的中坚力量"，作为领军人物，哲木斯本由于有个别的成功契机，不仅在本区内产生广泛的影响，也在全国产生了极大的影响，内蒙古油画家作为群体都有出色的表现。

与此同时，由于北方草原特有的地理环境和文化风貌具有的魅力，生活在内蒙古这片土地上的"油画草原画派"以外的画家们，同样以以草原为主体绘画的最高的的创作激情。我们认同学生以惊艳变幻的物相成—邀啊略感客教着的味话的《蒙古黄昏之歌》(1933年12月，五季三期)，影响很大，1936年秋，沈逸千应南下"星洲日报"《星版》上海《大公报》约请，作为新闻记者再度赴内蒙古、察、绥、杭三地举行"蒙古察绥写生画展"。

1934年，赵望云受《大公报》的约请开始了塞上写生之旅，其

现代草原民族形象的人文记录

《美术》杂志编审 | 尚辉

内蒙古草原是中国游牧民族的发祥地。20世纪中国社会的现代文明进程也促使这门记录的土地发生了历史的巨变。现代文明不仅激励着社会制度、生产关系以及建立在这种基础上的政治、经济、文化对于人的自身的关系；而且意味着对于根据的文化量是。正是对于人的自身的关系，而且意味着内蒙古北方草原民族形象，正是20世纪中国社会现代文明的推进而展开的游牧民族种种变迁的视觉文化记录。一方面，美术作品记录的这些视觉形象，完整地体现了以内蒙古自治区为中心区域的中国北方草原在20世纪进行的现代文明跨越；另一方面，由内陆美术家和草原本土美术家创作的这些作品本身，就是现代文明对多民族文化融合与发展的一个见证。当我们从中国现代美术史的长河中去梳理草原题材美术创作时，看到的正是美术史中草原民族的人文记录。

激越浪漫的生活图景

内蒙古草原在20世纪30年代开始被纳入中国现代美术的审美视野。1933年，沈逸千为声援"察北抗日同盟军"的成立，深入察、绥、绥和察绥一带进行旅行写生。"途中作了敷百张素、速写，内蒙的写生画"，南归后即次旅行写生作品在京、沪两地展览，并由上海《时代画报》编辑出版了《蒙边西北写生》（1933年12月，五季三期)，影响很大。1936年秋，沈逸千应南下"星洲日报"《星版》上海《大公报》约请，作为新闻记者再度赴内蒙古、察、绥、杭三地举行"蒙古察绥写生画展"。他以写生铅笔画的画家亲切了"察绥西蒙写生展"。

1934年，赵望云受《大公报》的约请开始了塞上写生之旅，其

回山西大同北上赴内蒙古草原写生，有《入蒙的荼待运情形》《蒙古人》和《蒙族家庭》等发表于《大公报》，以纯朴的笔触记录了那个时代的草原民生。1940年至1941年春，陕甘宁边区政府民族委员会曾组织安置古文化促进会组织史考察团赴河套，内蒙古一带考察、焦心河、朱本和陈书亮三位美术家随行，这是现代社量身的赴蒙文化考察团的一次行动。当年，焦心河创作了《蒙的牧》《凤雪》《守卫》《蒙古人与嗷呦》和《妇女与羊》等作品。朱本的写实的黑白木刻语言，真实地反映了草原牧民的生活。这些作品于1941年5月参加了在延安文化俱乐部举办的"边区美协一届美展"。[3]沈逸千、赵望云和焦心河等在抗战期间通过内蒙古旅行写生创作的美术作品，是现代美术史呈现内蒙古草原民族形象的起点。

更多表现草原牧民生活的美术作品，还有待于故乡结束后本地美术家的培养以及美术组织的建立。1946年在内蒙古自治运动联合会建立的翌年，成立了"内蒙古文化工作团"，尹瘦石、张凡夫、张少柯等由华北抗大和延安的艺术家到内蒙古，组建内蒙古文工团美术组，并吸收了文浩、乌恩、乌勒、孟和巴特尔等一批较好美术的少数民族草原步的青年参加到美术组。当时，美术组主要工作是配合内蒙古解放战争、土改运动等教授的中心任务，主要工作是配合内蒙古解放战争、土改运动等教授的中心任务，主要工作是配合内蒙古解放战争、土改运动发展教授的中心任务主要工作是配合内蒙古地区解放战争、土改运动等教授的中心任务，主要工作是配合内蒙古解放战争创作和通俗宣传。播影日月、杯云等天象符号的岩画，图形还是属于古宫文字，推知属于人在东部草原的活动符，察昭当与乌盟岩画相近，后来还有焊古祖阶福的图像、左边还有莲花、乐明之际为草原喇嘛教传播时期的活动。

1948年4月，内蒙古自治区第一个美术周刊《内蒙古画报》创刊，尹瘦石任第一任社长兼主编。《内蒙古画报》发行初期，主要发表通俗、形象的画刊形式宣传的中心美术工作、时政，受到广大基层牧民的欢迎。

沈逸千《江国图》
中国画 147cm×79cm 1936年

尹瘦石《暮风雪》中国画 58.5cm×170cm 1953年

内蒙古自治区美术65年来的发展历程

内蒙古自治区美协副主席兼秘书长 | 托娅

内蒙古自治区是新中国成立最早的自治区。内蒙古美术伴随自治区65年的发展历程，从形成、成长、成熟，再到辉煌、发展、成熟，在祖国北方这片广表、浩瀚的国度里，留下了自己坚实、饱含激情的艺术足迹。

一、新中国曙光中的美术轻骑兵

内蒙古美术诞生在中国人民解放战争的硝烟里和新中国建立的曙光中。

在中国共产党的领导下，内蒙古自治运动联合会于1945年10月在张家口市成立，1946年4月，成立了"内蒙古文化工作团"（以下简称内蒙古文工团）。受中国共产党委派，尹瘦石、张凡夫、张少柯等由华北抗大、延安奔赴内蒙古，组建内蒙古文工团美术组，并吸收了文浩、乌恩、乌勒、孟和巴特尔等一批好美术的少数民族草原进步青年参加到美术组。

当时，美术组主要工作是配合内蒙古地区解放战争、土改运动等中心任务，绘制图画、出版画册、宣传画、书写标语，在部队、牧民群众中进行宣传、鼓动工作。在部队、内蒙古美术训练班，在内蒙古青年美术工作者中普及、素质绘画基本知识；编辑、出版不定期刊物《画刊》，在宣传党的中心工作的同时，为青年美术工作者提供创作的成果的园地；培养少数民族青年美术工作者，组建内蒙古新的美术创作队伍，为自治区艺术的新生注入了新的活力。

1947年8月1日，内蒙古自治区人民政府在乌兰浩特成立。内蒙古美术工作者配合自治区人民政府参加了绘制大型宣传画，设计自治区政府标志、自治区临时纸币等创作任务。这一时期，凌凡、牧人、超鲁、耶拉、满达、旺亲、布和朝鲁、布

和玛雅尔等青年也加入到内蒙古的美术队伍中。

1948年4月，自治区第一个美术周刊《内蒙古画报》创刊，尹瘦石任第一任社长兼总编辑。《内蒙古画报》发行初期，主要发表通俗、形象的画刊形式宣传的中心美术工作、时政，受到广大基层牧民的欢迎。

1949年7月，中华人民共和国成立之前夕，中华全国美术工作者协会（简称中国美术家协会）成立，尹瘦石当选为委员；尹瘦石的木刻画《打狼除害》、年画《人畜两旺》两件作品代表内蒙古自治区参加首届全国美展。《人民美术》杂志、《美术》杂志创刊号刊载了尹瘦石的年画《人畜两旺》及内蒙古的木刻、年画。《内蒙古画报》社出版了尹瘦石、乌力吉图、乌勒、超鲁等美术工作者的出品这个第一批年画。

1950年至1952年，出版尹瘦石、乌力吉图、官布、文浩、旺亲、布和朝鲁的作品等。尹瘦石的年画《劳模会见毛云泽》获中国文化部首届新年画创作评奖乙等奖；乌力吉图的《人人敬爱毛主席》、布和朝鲁的《建设美丽的内蒙古建设成绩》获奖等。1951年，为庆祝《内蒙古画报》创刊四周年，举办了"抗美援朝保家卫国"宣传画、漫画展览，编辑、出版了反映内蒙古人民政府成立及其本土美术创作成果的《内蒙古建设》。1950年，乌勒的年画《建政权选好人》等内蒙古美术作品被中国文化部选派到莫斯科举办的中国艺术展览会上；乌力吉图的年画《人人敬爱毛主席》、桑吉雅的年画《牛羊兴旺》由天津杨柳青画店再版，并被中国文化部选送到日本展出。

旺亲《奖励的牛》年画 1957年

草原风
——内蒙古美术遗产述要

中央美术学院教授 | 罗世平

20世纪的学术大发现，丝路文明和草原文明是一对孪生姐妹。丝路文明因这区域两族民族间的贸易及文化交流而闻名，草原文明因游牧民族的兴衰迁徙而显示出独特色。按格鲁鲁《草原帝国》的描述，游牧文明的历史以俄罗斯草原，匈牙利草原、蒙古草原为发祥地，西接伊朗高原，东连黄河流域文明，既远阔壮阔，又复心动魄。随逐水草的游牧民在阿勒泰西北的下了奇鲁里安文化（cimmerians）、斯基泰文化（scyth）、萨尔马特文化（sarmatians）；在伊犁河谷留下了匈奴文化、乌拉尔文化，突厥文化，在蒙古高原留下了东胡文化、鲜卑文化、契丹文化、克烈文化，蒙兀文化……随着历史的足迹，以草原为舞台，竞相走向历史的前台。二十四史纪写了他们的散放门声，写下幕墓横扫千军的草原马背民族，几乎是同期地迸进着的草原马背民族，几乎是同期地迸进着的草原马背民族，有力动物为主，创造着一种以骏马为首的游牧文明，那是一种这样的特殊着自然的方物资源之中，创造出一种以骏马为首的游牧文明，那是一种这样的走向内陆，千年积之，进而形成被定义的麦种形态。

随逐水草的马背民，戎狄人、匈奴人、东胡人、鲜卑人、突厥人、柔然人、契丹人、女真人、蒙古人……随着远去的足迹，以草原为舞台，竞相走向历史的前台。二十四史纪写了他们的散放门声，写下幕墓横扫千军的草原马背民族，古城堆堆里了骨经的辉煌、古城堆堆里了骨经的辉煌，只有草原鹰之最的高原门，引导了中国历史上"胡骑骑斗"的改变格局；当蒙古千辟保神雕大军的写过时，引发了世界历史上最大的蒙古民众浪潮。曾八阿打，草原文明后昨所未有门度和成度影响着世界历史之门向，也影响着古代文化的进程。草原文明的活力要比丝路文明得来的特久。

二、阴山岩画

阴山岩画集中在张山阴阿拉善旗至乌拉特的群中部，单体的岩达万数之多。这些岩画主要出现在墓门峁间隔，堑硬平整的岩面上，年代不同，图形各异，有着的地方画迹叠压。阴山岩画的制作时间，上限可推到新石器时代，下限晚至18世纪。

循阴山岩画指东北行，在乌兰察布草原再次见到集中绘画的岩画群。乌兰察布岩画，层积的时代与阴山岩画相邻。日喀尔登戈壁查苏木伊和美素噶查乌林乌苏昭

《佛顶尊胜佛母》木版唐卡 [10世纪13世纪] 黑水城遗址

《阿弥陀佛》丝质唐卡 [10世纪17世纪] 黑水城遗址

2013

1 月

《美术》杂志与大路美术群体举办座谈会。

《美术》本年第一期发行，报道了"浩瀚草原——中国美术作品展"，并刊登了部分作品。刊登了乌力吉《草原文化与内蒙古美术的崛起》、托娅《内蒙古自治区美术 65 年来的发展历程》、尚辉《现代草原民族形象的人文记录》、罗世平《草原风——内蒙古美术遗产述要》等文章。介绍了胡勃、李爱国、龙力游的艺术。

2 月

《美术》入选 2012 年版"复印报刊资料"重要转载来源期刊。

《美术》本年第二期发行，刊登了陈坚《短见令水彩画仍在原地打转》、蒋跃《坚守水彩画的底线》、齐凤阁《黑龙江省美术馆 50 年馆藏版画遮谈》等文章。介绍了李少言、张漾兮、牛文、吴山明的艺术。

3 月

《美术》本年第三期发行，报道了"2012·中国百家金陵油画展"。刊登了陶勤《为中国形象造型》、殷双喜《关注作为个体的农民形象——新中国美术中农民形象的变迁》等文章。介绍了于希宁、朱乃正等的艺术。

4 月

《美术》本年第四期发行，刊登了马鸿增《古今画派研究的学术思考》、吴杨波《中国早期油画〈木美人〉考辨》、陈滢《18 至 19 世纪的广州外销画家及其艺术》、高蓓《丢失的记忆——土山湾孤儿院美术工场拾遗》等文章。介绍了孙滋溪、吴凡、王铁牛等的艺术。

5 月

《美术》本年第五期发行，刊登了赵澄《徐悲鸿与高剑父"艺术革新"的相似性》、华天雪《此行有多远——徐悲鸿最后一次出游南洋考》等文章。介绍了王琦、杨力舟、王迎春、刘进安等的艺术。

6 月

《美术》本年第六期发行，刊登了胡莺《民国时期湖北美术教育初探》、凌承纬《严师、慈父与学子——陈烟桥早期版画艺术活动研究之一》、鲁明军《两幅〈离婚诉〉——

古元的视觉叙事》等文章。介绍了阿鸽、梁时民等的艺术。

7 月

《美术》杂志被国家新闻出版广电总局评选为全国"百强报刊"。

《美术》本年第七期发行，报道了"第四届全国中国画展""美丽台湾——台湾近现代名家经典作品展"。刊登了郝斌《构蓝图创新局——五年来中国美术的发展思路与整体构想》、牛传成《中国当代雕塑的几个问题》、吴步乃《永怀新兴木刻运动的先驱者黄荣灿》、郭尹蓝《渡台西画家与 20 世纪 50 年代台湾三大美术运动》等文章。介绍了秦宣夫、童中焘、冯健亲、李乃蔚、旷小津、吕品田等的艺术。

8 月

《美术》本年第八期发行，报道了"丰域西南——吾土吾民系列油画邀请展""自我生成——来自四川美术学院的实验和实践""千里之行——中央美术学院优秀毕业生作品展"。刊登了孙明道《勾画统一的多民族国家艺术形象——五年来中国少数民族题材美术创作的历史梳理与当代启示》等文章。介绍了张世范、罗中立、庞茂琨等的艺术。

9 月

《美术》本年第九期发行，报道了"在时代的'现场'——全国写生作品展""第四届观澜国际版画双年展"。刊登了林煜峰《深入生活、聚焦现实——五年来中国美术的创作和展览》、张仃《写生创作谈》等多篇写生专论。刊登了杨先让《也谈徐悲鸿 1938 年至 1941 年间的经历》、李青《百年沧桑、铁笔留痕——汪占非先生艺事记略》、罗秋帆《追忆我的父亲罗映球》等文章。介绍了石虎等的艺术。

10 月

《美术》本年第十期发行，报道了"侯一民两幅历史画解析展""新疆油画作品展""首届黑龙江油画双年展""宋庄油画作品展"。刊登了吴端涛《出人才、出精品——中国美协五年来以多种方式扶持青年美术家成长》。刊登了菲利普·杰奎琳、姜苦乐、苏文惠、陈传席、王文娟撰写的 5 篇文章进行徐悲鸿专题研究。介绍了黄永玉、陈文灿等的艺术。

浩瀚草原
——中国美术作品展选登

王颖生《盛装》中国画　180cm×97cm　2012年

谢郴安《鄂尔多斯婚礼》油画　120cm×55cm　2012年

11 月

《美术》本年第十一期发行，报道了"中华文明历史题材美术创作工程草图观摩展"。刊登了张瞳《积极凸显中国美术的国际艺术形象——五年来中国美协中外美术交流的多样探索与深层互动》、孔新苗《土成长·泛传播·马赛克效应——论中国美术走出去的路径与策略》、陈坚《成长与转型并存的中国水彩》等文章。介绍了李宏仁、曹春生、梁明诚等的艺术。

12 月

《美术》本年第十二期发行，报道了"第十届中国艺术节·全国优秀美术作品展""亚洲策展人论坛"。刊登了牛克诚《"工笔"源流探究（上）》等文章。介绍了刘健、班苓等的艺术。

美術

2013
06
总第 546 期

一九五零年创刊　中国美术家协会主办

第十二届全国美展调研工作相继展开

全国各地美术界情系雅安

中国画学会举办第一届全国中国画学术展

第十六届大路画展

中非艺术家的创作与交流

The Research Work of the 12th National Arts
Exhibition Started
The Art Circles all over the Country Care about Ya'an
Chinese Painting Institute held
the First Chinese Painting Academic Exhibition
The 16th Road Exhibition
Creation and Exchange between Chinese and African Artists

ART Magazine

Since 1950 China Artists Association

ISSN 1003-1774

《匡庐图》与北方派山水画样式及其影响
——兼谈唐代水墨山水屏风画在五代时期的发展

法国东亚研究中心历史与文献学博士 | 张惠明

荆浩作为五代时期中国北方山水画坛最杰出的理论家和画家宋代以来就一直备受推崇，他的山水画论《笔法记》为宋代宫廷所收藏。同时，有两幅分别题为《匡庐图》和《雪景山水图》的画作传为他的作品。实际上，保留至今的五代时期山水画作品寥寥之少，因此，客观上为探讨研究荆浩的山水画风格及其艺术无解增添了不少困难。

有关荆浩的出生地和生卒年虽然有一些文献记载，但多数语焉不详，因此，长期以来众说纷纭。据多方面推测与分析研究，完成于公元11世纪后期的两部画史著作《五代名画补遗》和《图画见闻志》，仍然为今人提供了较为可靠的相关信息资料。

著名的《匡庐图》一直被传为是五代山水画家荆浩的作品。此图右上角有"荆浩真迹神品"6字，据阴澜和陈葵藏家朴承译鉴定以及南宋理宗赵昀（1107-1187）的笔迹。

关于荆浩的传世画作，除《匡庐图》外，还有一幅出自一幅北方古墓的绢本山水画《雪景山水图》存藏以为是他的作品。此图现藏于美国堪萨斯城纳尔逊·艾京斯美术馆。

上左图：荆浩《匡庐图》绢本 185.8cm×106.8cm 台北故宫博物院
上右图：佚名《雪景山水图》绢本 75.5cm×38.3cm 美国堪萨斯纳尔逊·艾京斯艺术博物馆
下图：《朱家道壁画水墨山水屏风》壁画 唐 陕西富平县朱家道唐墓墓室四壁

中国早期油画《木美人》考辨

广州美术学院艺术与人文学院讲师 | 吴扬波

在中国早期油画传入史上，有着至今身世仍然扑朔迷离的作品——《木美人》。这些作品分两种，用油性颜料和明暗技巧，描绘了两位与真人等大，部部以典型妆画两种特点的女子。她们身穿汉服，相对而立。据传，这是出现在明朝洪武年间（1368-1398）的作品。同时期的欧洲，正处在凡·艾克兄弟（Jan Van Eyck, 1385-1441）发明油画技法前后。

最早的中国油画记录，目前有确切文献记录的就是1610年澳门上川文物所论，现藏《利玛窦像》。公元1583年，利玛窦来华，登陆广东。在广东生活多年，第一次在中国人面前展现了利玛窦像，引起了美术界的关注；2000年，梁江撰写的博士论文《广州口岸与西画东渐》。

一、《木美人》概说

山东嘉祥华人曾七加（1750-1816）于乾隆四十六年（1781）游历广东，在新会县赐西洋木美人肖像，并记下其笔记体文字《小豆棚》中，列入"怪异志"之门。1985年，油画家、学者姜仁宏次对《木美人》进行了研究，引起了美术界的关注。

上接第95页

作，但不反对对实事求是的培育和扶持。当然其中难免要引起误导，乃至恶于尊崇，那正是尊重的尊。如在当代多元荟萃，浮躁繁冗的时空里，地域画派的自然存在。

计》，2003年第7期。
[2] 李方才，《江西与扬州画派》、《昆仑堂》杂志，2003年第3期（总第7期）。
[3] 马鸿增，《扬州八怪的承前启后》、《光明日报》，1962年2月15日、16日。
[4] 马鸿增，《论石涛画派的变化、构成与特色》，《美术史论》，1989年第4期。
[5] 马鸿增，《郑金陵画派五十年》，江苏美术出版社，2008年版。
[6] 当今正在打造、研究的地方画派主要有：陕西画派上派品、辽宁关东画派、黑龙江北大荒画派、广西漓江画派、湖北长江画派、四川巴蜀画派、新疆天山画派、云南滇池画派、江苏新金陵画派、河南中原画派、海南画派、山东齐鲁画派、江西新吴门画派、无锡太湖画派等。

注释：
[1] 马鸿增，《20世纪中国画地方派画派研究》，《美术与设

陈洪绶行乐图与遗民心态

江西师范大学美术学院讲师 | 廖媛雨

行乐图为陈洪绶人物画作品中较为独特的一种绘画题材，是陈洪绶与其他画家合作，是当时文人物画的图像与真实作品。对此类题材的深入研究，将有会于我们深入了解陈洪绶作品的风格及精神内核。

关于陈洪绶行乐图的研究，有在Orientation杂志在2007年第三期关于《南生四乐图》的介绍文章，文章通过分析画中题跋与陈洪绶的风格，以及陈洪绶在此图中运用人物的历史、文学及艺术。

明仁画，陈洪绶与流沈编的绘画作品合了明显的即印。如知有天风的即印、李概绘天的即。偶是生住不某得有红叶。宣家书桥，亦不须而至画人入、南取的画会图。

陈洪绶《宣生鲁四乐图》卷 绢本 30.8cm×289.5cm 苏黎世里特伯格博物馆

两幅《离婚诉》
——古元的视觉叙事

四川大学艺术学院美术学系讲师 | 鲁明军

1941年和1943年，古元先后创作了两幅木刻版画《离婚诉》，已成为中国美术史上的经典之作。画家以《延安木刻艺术研究》和李桦的《抗战时期延安木刻版画流派特色研究》将鲁明社会文中都作出相好的系统的梳理。而早稚《离婚诉》，王立民写过一篇文章《从古元的〈离婚诉〉看新妇女本初的政治理念与民间文化记力》。

对古元而言，下乡是最直接的变化就是对画面题材和风格的转变，特别是画面风格。比如创作于1939年的《播种》和1940年的《挑水》。

古元《离婚诉》木刻版画 11.4cm×13cm 1941年

古元《离婚诉》木刻版画 9cm×11cm 1943年

006 | 关注 Focus | 特 稿 Special Dissertation | 本栏责编·郝 斌 artmagazinegz@sina.com

中国美术5年发展巡礼·之一

构蓝图 创新局
——五年来中国美术的发展思路与整体构想

本刊记者 | 郝 斌

今年年底，全国美术界即将迎来第八次全国美术家代表大会。在大会即将召开之际，认真回顾和梳理5年来中国美术的发展道路，对于继续推进中国美术的繁荣发展具有重要意义。为推进新世纪中国美术事业的健康发展，2008年召开了中国美协第七次全国代表大会，规划布局中国美术5年来的发展蓝图。中国美协分党组书记、常务副主席吴长江向大会作了题为《熔铸中国气派、塑造国家形象，进一步推动美术事业的繁荣发展》的工作报告，并将"熔铸中国气派、塑造国家形象"作为了中国美协5年来工作的指导思想。

自2008年至今的5年间，是中国美术持续发展繁荣的5年，美术事业的各个方面都取得了显著发展。在中国经济腾飞和宽松的文化政策指导下，全国美术家以开放自信的心态和多元多样的审美取向积极开展创作，涌现出一大批体现当代中国精神风貌、充满创造热情和探索精神、具有"中国气派"的精品力作；全国美术展览活动丰富多彩，有力引领和推动了美术创作的健康发展；美术理论探索持续活跃，为中国美术的发展构建理论基础；美术出版行业也保持了很好的发展势头，无论在数量还是质量上都有了较大发展；全国美术馆基本实现了免费开放，美术馆的公共服务得到了很大提升；美术类文化产业也十分活跃；中国美术的国际交流日益频繁，中国美术家走出去、外国美术家走进来及各种

国际性展览的举办等都呈现出前所未有的好势头。而面对日益多元多样的国际视野，如何探寻中国美术自己的发展道路，增强中国美术的国际影响力，提升中国美术的国际话语权，塑造美术人文的国家形象，已成为我国美术发展亟需解决的重要课题。因此，中国美协在第七次美代会上适时地提出了"熔铸中国气派、塑造国家形象"的指导思想，就是要在当前日益多元的全球艺术生态中继续坚持弘扬民族传统、坚持以"人民为中心"的主流美术创作道路，努力构建中国美术的评判标准和价值体系，探寻中国自己的美术发展道路，推进我国美术事业的繁荣发展。

宏观思考规划，布局发展蓝图

"熔铸中国气派、塑造国家形象"的提出，可以说正是中国美协回应在全球化和多元化背景下中国美术发展所进行的宏观思考与规划。作为中国美协5年来工作的指导思想，"熔铸中国气派、塑造国家形象"的提出，引起了美术界的广泛共鸣。对此，中国文联副主席、中国美协主席刘大为指出，随着我国综合国力的提升，我国综合国力尤其是经济的影响力日益提高，然而，我国在文化艺术上的国际影响力却与经济上的国际影响力不相称。近代以来，我国一直处于落后挨打、被动学习的境地，随着接受西方的科学技术，西方的文化艺术也对中国产生

第十一届全国美展获奖及优秀作品展开幕式现场。 "未来与现实——第五届北京国际美术双年展"在京开幕。

006 | 关注 Focus | 特辑 Special Dissertation | 本栏责编·邵斌 artmagazineg@sina.com

中国美术5年发展巡礼·之二

勾画统一的多民族国家艺术形象
—— 五年来中国少数民族题材美术创作的历史梳理与当代展示

本刊记者 | 孙明道

从2008年西藏主题美术创作的梳理，到2009年西藏主题绘画在意大利展出；从2009年大批美术家深入新疆边地写生，到2010年两部少数民族美术人才发展计划的实施；从2011年西藏、新疆两个主题美术作品展览的成功举办，到2012年"浩瀚草原"北方草原题材美术作品展览的酝酿……五年来，"少数民族题材美术创作"逐渐成为中国当代美术发展的一个关键词。

2009年10月，"雪域高原——中国绘画作品展"在意大利罗马博尔盖塞画廊展出。

2009年11月，"灵感高原——中国美术作品展"在北京中国美术馆展出。

2010年11月，"阳光新疆——写生作品展"在北京中国人民革命军事博物馆展出。

2011年6月，"纪念西藏和平解放60周年美术作品展"在北京中国美术馆展出。

2011年11月，"天山南北——中国美术作品展"在北京中国美术馆展出。

2012年11月，"浩瀚草原——中国美术作品展"在北京中国美术馆展出。

五年来，围绕"少数民族题材美术创作"这一命题，中国美术家协会展开了对少数民族美术创作的历史梳理与当代展示。

一. 围绕大局，树立形象

在北京中国美术馆，从2009年开始，五年都会有一个令人难以忘怀的少数民族题材美术大展：……

---

006 | 关注 Focus | 特辑 Special Dissertation | 本栏责编·邵斌 artmagazineg@sina.com

中国美术5年发展巡礼·之三

深入生活 聚焦现实
—— 五年来中国美术的创作和展览

本刊记者 | 林煜峰

在过去的五年里，适逢中华人民共和国建国60周年，毛泽东同志《在延安文艺座谈会上的讲话》发表70周年，中国共产党成立90周年，辛亥革命100年等纪念，以及北京奥运会、澳门回归10周年、上海世博会等一系列重大庆典活动相继到来，中国美协多次组织全国美术家深入生活写生创作。

深入生活 以写生带动创作

今年7月29日，由中国文联、中国美协共同主办的"在时代的现场"——全国写生美术作品展"在中国人民革命军事博物馆开幕。

---

006 | 关注 Focus | 特辑 Special Dissertation | 本栏责编·邵斌 artmagazineg@sina.com

中国美术5年发展巡礼·之四

出人才 推精品
—— 中国美协五年来以多种方式扶持青年美术家成长

本刊记者 | 吴墉涛

五年来，中国美协加大力度、持续关注对中青年美术家的发现和培养，并将其视为发展整个美术事业的重心。

组织开展现状调研，重启"全国青年美展"

---

006 | 关注 Focus | 特辑 Special Dissertation | 本栏责编·邵斌 artmagazineg@sina.com

中国美术5年发展巡礼·之五

积极凸显中国美术的国际艺术形象
—— 五年来中国美协中外美术交流的多样探索与深层互动

本刊记者 | 张瞳

对外交流一直是中国美协坚持的一项长期工作。五年来，作为中国美协的两大对外美术交流品牌项目："中国美术世界行"覆盖了世界五大洲。

一. "走出去"，积极扩大中国美术的世界影响

中国"写生"美术百年

中国美术学院教授 ｜ 杭间
中国艺术研究院博士研究生 ｜ 王晓松
清华大学美术学院博士研究生 ｜ 马晓飞

一

　　画家捕获形象，体会对象及其背后的含义，首先要靠眼睛观察和画笔的记录，培养这种心手合一的途径之一便是写生。写生的表述，作为一个词汇和概念的演变并不是一成不变的，写生的指涉既有其在中国美术史上的历史渊源，又反映了19世纪末20世纪初西方视觉文化引进后的艺术观念的冲突和融合，对这样一个词语观念史和实践过程的梳理，可以触摸到整个百年中国美术史的脉络。

　　中国有自己的观察绘画独特传统。在相当长一段时间内主宰中国美术作品品评的是南朝谢赫在《古画品录》中所列出的"六法"，"六法"者何？气韵生动、骨法用笔、应物象形、随类赋彩、经营位置、传移模写，"六法"之中，直接描述写生有三，但由"六法"奠定的中国绘画传统是一个系统论，六法不是单独存在，而是互为关系，所以传统的写生并非一定是具体限定的时间概念，而可以是记忆、回味和针对物象记忆的再创作，这也构成了中国传统绘画有别于欧美的独特传统。

　　历史上，绘画种类、对象不同，写生所代表的内容也各不相同。从"应物象形"这个角度来说，在中国美术史上最发达的时期当属宋朝，追求视觉的真实，这与宋人格物致知、喜好观察物理的思想倾向有关，在画史上也留下很多有关宋人绘画如何穷究物理的故事，写生包含"写其生意"和"对景写生"两层意思，"写生赵昌"之所以突出是因为他能够同时具备这两个条件。从五代开始，"写生"已经作为写实的花鸟画的代称出现在画论

叶浅予《苏联专家导演话剧》纸本铅笔　14.5cm×19.3cm　20世纪50年代

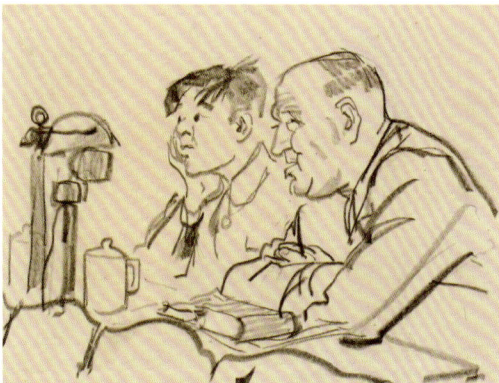

中。而对人物肖像的绘画，由"写真"、"写相"等词语来担当，人物画的写生方法与作为人的对象的特殊性有关，比如说它还会参照相术所总结的人的外表与气质之间关系的经验，而非简单地以形状貌。中国中古以后的绘画理论，从根本上来说是以山水画为主线展开的，"外师造化，中得心源"，写生是师造化，大量的画论是讲如何在师造化的基础上将它规律化和经验化，对象特征的表现是通过不同的审美气息体现出来的，这也是南北山水不同的区别之一。所以，写生在中国美术史上具有复杂性和多义性特征的概念。

二

　　19世纪、20世纪之交，当东方遇到西方的时候，军事、政治、经济领域内的冲突和比较逐渐扩大到文艺领域，在如何对待"国故"的问题上，学术界基本可以划分为文化保守主义和文化虚无主义两个阵营，而救亡的紧迫性、生物进化论的影响则使人们易于走向彻底的自我批判和拥抱科学的进步。1918年，陈独秀在《新青年》杂志上对吕澂有关改良中国画问题的回应，首先拿清初山水画家"四王"（王时敏、王鉴、王翬、王原祁）的山水画开刀，"革王画的命"，正式掀起对20世纪中国美术具有深远影响的"美术革命"的讨论。以陈独秀为代表的革命派，在元明之后被打压的北派山水中、在北宋的花鸟画中，找到了与西方科学的精神相对应的写实传统。以康有为、陈独秀、蔡元培、徐悲鸿为代表所倡导的"美术革命"提出了中国文人画传统的科学性和合理性的不足，呼吁引进西方现代的科学观念，倡导绘画中的写实主义。以陈师曾、丰子恺等人为代表的画家，则从传统中寻找合理的因素以促进国画的前进，论证文人画的科学性。"美术革命"的发起者中美术家并非主要力量，即使后来的发展也不单单是美术的问题，它与之前的"文学革命"，之后的"科玄论战"，一并成为五四新文化运动的有机组成部分。一些倡导美术革命者认定中国画已衰败到极，必然要以科学的观念对其进行彻底的革命，而"革命的利器"就是科学的写实观念，具体方法就是放弃陈陈相因的临摹而改用直接"对景写生"。俞剑华说："欲求国画之发展必须写生，欲挽回国画之颓运亦必须写生。"

　　其实，写生背后的新视觉体系早已随着明清传教士零碎、缓慢地进入中国，清宫画家郎世宁就在透视、色彩等方面传播以及在创作上将它们与中国传统审美要求相结合的方面都做了很多工作，也曾协助年希尧研究透视理论，但对中国的视觉观念

写生创作谈

我坚信不疑生活是艺术源泉

张仃

多年来，我坚信不疑生活是艺术源泉的观点，这个观点，现在、将来都不会过时。明清以来山水画之衰落，原因虽多，但最根本的原因是脱离了生活，闭门造车，强调师承，绝少创造，形成公式化、概念化的山水画八股。我坚持写生，并不主张照搬生活。写生过程，就是艺术创造过程，有取舍，有取舍，更要使理想使物象个人，以意造境，达到"情景交融"。对於写生，是分析了是创作？界线难以划清。对中国山水画而言，画家画的其实波抽象来是明它的最本的认识。中国山水画与西方风景画其艺术要求、审美层次、造型语言都有根本的区别。古代画家强调"行万里路，读万卷书"，目的是加深生活感受，提高艺术修养，甚至改变气质，促进人品。画品的升华，这些都是有益的经验、很好的传统。

山水画创作中，少不了造险。欲去何求？从人自然中来，从自己的感受中来，如此，其险向可钩。

我平近花甲之时，决心小学生做起始，纯以焦墨写生，就如对自然"描白"，练眼、练手、练心、促使眼、手、心合一。从我焦墨中悟到，石涛的"一画"设并非去虚，联系列"答画同探"论，更觉有以为造型手段、终过不断实践，有所收获。不知不觉十几年又过去了，艺术劳动，可能也有限度，人到年老写以焦墨写生意得心应手，画欲罢不能了。当然，画焦墨有一定的难度，比起水墨来，在画云水烟霞时更...

张仃《焦墨写生》中国画 41cm×56cm 1994年

写生是我一生恪守的信念

刘东江

如今很少有人再去实地写生了。照像机代替了速写...

青海写生记感

孙景波

孙景波《泽库的藏族老汉》油画 78cm×54cm 1979年

形意相守

田黎明

写实油画的生命力——从写生说起

忻东旺

忻东旺《气质》两集 160cm×80cm 2012年

写生之道

许江

写生的恩赐

杨飞云

谈写生

谢东明

人物画的一种解读

中国美术学院教授 / 刘国辉

应编者之约，写一篇关于人物画的文字，我心中……

我们曾经有过的人物画

刘国辉《机上的织娘》120cm×68cm 2002年

再谈工笔画的写意性

中央美术学院中国画学院院长 / 唐勇力

一、中国画的写意精神

唐勇力《敦煌之梦·青春的苦旅》中国画 145cm×142cm 1993年

大路漫漫

中国国家画院一级美术师 / 谢志高

1958年，正值全国农村成立"人民公社"，并推行"大跃进"……

谢志高《祝福》中国画 132cm×98cm 1985年

谢志高《乡村喜事》中国画 180cm×180cm 1990年

感悟心境

中央美术学院教授 / 孙滋溪

一、关于生活

"生活是艺术的源泉。"这话千真万确，我的画都是来自生活的……

孙滋溪《雅鲁龙舟》速写 25cm×35cm 1961年

孙滋溪《人民大会堂·河南代表姜毓水墨》速写 24cm×30cm 1959年

18至19世纪的广州外销画家及其艺术

广州艺术博物院研究员 | 陈滢

18世纪中叶至19世纪中叶，在中国最大的港口广州出现了大批特殊的画人。他们或直接描绘舶来的欧洲画家之作，或以当时随舶师传入的西方绘画为范本，以"兼采中西"的绘画技法描绘中国社会的风物。他们的绘画经商贩外销到欧洲和美国，因此得名为"外销画"。外销画随着广州画业而兴盛而盛了100多年。外销画真实记录了18世纪至19世纪中国（主要是珠江三角洲流域）的风俗、地貌，记录了当时渐的中西贸易状况，是极为珍贵的历史图像，一直受到中外史学界、博物馆界的重视。这一二十年来，外销画进入中国美术史的研究范围。

新中国版画的三次审美转换

艺术史学博士 | 尚辉

徐悲鸿和法国学院派绘画

法国杰奎琳艺术中心 | 菲利普·杰奎琳
法国佩皮尼昂大学文学硕士 | 董智弘 译

北平艺专画学沉浮与我见

中央美术学院副教授 | 曹庆晖

美術

Art Magazine

时代画卷
TIMES SCROLL PAINTING

CHINA LITERATURE
AND ART FOUNDATION
中国文学艺术基金会 资助项目
中国文学艺术发展专项基金

编者

《美术》杂志社

编委 [以姓氏笔画为序]

丁　宁　王　仲　王宏建　田黎明　孙　克　吕品田　刘　健　刘曦林　李　一
邵大箴　吴长江　吴为山　张文华　张晓凌　陈履生　杭　间　易　英　尚　辉
范迪安　郎绍君　诸　迪　徐　里　徐　涟　殷双喜　梁　江　盛　葳　薛永年

编辑

盛　葳　孙明道　郝　斌　吴端涛　林煜峰

平面设计

王天宁

图书在版编目（CIP）数据

美术：时代画卷 /《美术》杂志社编 . -- 北京：人民美
术出版社，2014.1
ISBN 978-7-102-06942-5

Ⅰ.①美… Ⅱ.①美… Ⅲ.①美术史—中国—现代
Ⅳ.① J120.97

中国版本图书馆 CIP 数据核字（2014）第 197245 号

美術 时代画卷

编辑出版　人民美术出版社
　　　　　（北京北总布胡同 32 号 100735）
　　　　　http://www.renmei.com.cn
　　　　　发行部：（010）56692193　56692185
　　　　　邮购部：（010）65229381

编　者　《美术》杂志社
责任编辑　霍静宇　王　远
装帧设计　王天宁
责任印制　赵　丹
制版印刷　浙江影天印业有限公司
经　销　新华书店总店北京发行所

版　次　2014 年 9 月第 1 版第 1 次印刷
开　本　889mm×1194mm 1/16　印张：16
印　数　0001—2000
ISBN 978-7-102-06942-5
定　价　128.00 元

如有印装质量问题影响阅读，请与我社联系调换。